현장에서 바로 쓰는

행정심판
설명서

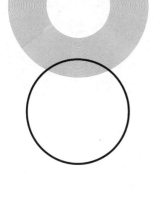

박태식

박영사

머리말

변호사가 된 후 변호사라면 무조건 송무(재판)만 해야 하는 줄 알았습니다. 공무원 생활 1, 2년차까지만 해도 '이렇게 법정에 안 나가도 되는 건가' 하는 불안한 마음이 없었던 것은 아닙니다. 그런데 그렇게 한 해 두 해 시간이 쌓이다 보니 어느새 다른 법률가들이 가질 수 없는 특별한 경력이 생겼습니다.

광주광역시청과 같은 큰 조직에서 8년여. 여기서 쌓은 것은 행정심판, 소청심사 분야의 전문성뿐만 아니라 정책은 어떻게 입안되며, 문제는 어떻게 해결되는지에 관한 통찰력이었습니다. 어느덧 공무원 조직에서 강산도 변한다는 시간을 보내고 나니, 그간의 경험을 기록으로 남기는 것도 의미 있겠다 싶어 용기를 냈습니다. 그 시작이 바로 이 책입니다.

매달 행정심판위원회를 개최하다 보니 행정심판 전반에 대한 지식뿐만 아니라, 행정심판 관계자가 아니면 쉽게 알 수 없는 실무 요령이 생겼습니다. 이 책 곳곳엔 제가 8년여 행정심판위원회를 운영하면서 쌓았던 경험들이 녹아 있습니다. 여러분이 행정심판을 청구하게 된다면 그 과정에서 이 책이 도움이 되리라 확신합니다. 행정청으로부터 처분을 받았거나, 신청을 받은 행정청이 아무런 조치를 취하지 않을 때 이 책을 활용해 보기를 바랍니다.

책을 쓰면서 부족함을 느꼈던 분야는 중앙행정심판위원회나 특별행정심판위원회 사건에 관한 것이었습니다. 아무래도 시·도 행정심판위원회를 운영하다 보니 행정심판위원회 운영에 관한 사항이나 언급한 사례 대부분이 시·도 행정심판위원회 사건에 치우치게 되었습니다. 이 부분은 더 공부하여 보완할 계획입니다.

이 책은 우선 전국 560만 자영업자와 행정청에서 처분을 받고 고민하는 일반인을 대상으로 하였습니다. 자영업을 하면서 뜻하지 않게 처분을 받은 경우 슬기롭게 그 상황을 벗어나는 것이 중요합니다. 또한, 행정청에 어떤 신청을 했는데 행정청이 거부하거나 아무런 조치를 취하지 않은 경우 원하는 결과를 얻어내야 합니다. 그때 이 책은 유용하고, 큰 힘이 될 것입니다. 그리고 이 책은 행정심판위원회를 운영하는 공무원에게도 도움이 될 것입니다.

제1부에는 딱딱한 행정심판을 이해하기 쉽도록 각 챕터마다 사례를 시작글로 적었습니다. 행정심판 청구부터 재결에 이르기까지의 행정심판 과정에서 마주할 수 있는 내용을 담았습니다. 행정심판을 청구하기 전에 먼저 제1부를 읽어보면 행정심판이 무엇인지에 대해 감을 잡을 수 있을 것입니다.

제2부에는 실제 재결사례와 사건별 맞춤형 실무 팁을 제공하는 한편, 대표적인 사례에 대한 행정심판청구서 기재례를 담았습니다. 실제 재결사례와 실무 팁을 활용하면, 행정심판위원회에서는 어떤 부분에 중점을 두어 판단하는지와 어떻게 전략적으로 행정심판을 진행해야 하는지에 대해 알 수 있습니다. 실제 기재례는 사안이 제각각이므로 참고할 정도로만 작성했으니 이를 바탕으로 자신의 사례에 살을 붙여

활용해 보기를 권합니다.

　제3부에는 행정심판법과 행정심판 관련 서식을 준비했습니다. 이 책을 읽다보면 행정심판법과 관련 서식이 자주 언급되는데, 그때마다 해당 내용을 인터넷 등에서 찾아야 하는 번거로움을 줄이기 위해 마련한 것입니다. 또한, 대표적인 행정심판위원회 인터넷 주소를 실었으니 참고가 될 것입니다.

　과연 이 책을 세상에 내어놓아도 될 것인지 고민이 많았습니다. 용기를 낼 수 있도록 격려해준 사랑하는 가족에게 고마움을 전합니다. 아울러 이 책의 출간을 위해 도움을 주신 임재무 상무님, 이면희 위원님, 이후근 대리님을 비롯한 박영사에 감사드립니다. 마지막으로 8년여 동안 저와 행정심판위원회 운영 업무를 함께했던 동료들에게도 감사의 마음을 전합니다.

2020년 10월
박태식

차례

제1부
행정심판의 모든 것

제2부
분야별 행정심판의 실제 – 사안별 재결서, TIP, 행정심판청구서 기재례

제3부
부 록

제 1 부

행정심판의 모든 것

들어가기에 앞서

> 청소년에게 술을 팔았다는 이유로 구청에서 영업정지 2월 처분을
> 내렸어요. 눈앞이 캄캄하네요. 사실은 그 청소년이 다른 사람의 신
> 분증을 도용해서 성인인 줄 알았거든요. 법원에서 벌금 30만 원 형
> 이 내려져서 납부까지 했습니다.
> 이제 다 끝난 줄 알았는데 영업정지 2월 처분이라니요. 가게까지
> 쉬게 되면 당장 생계가 막막합니다. 어떻게 해야 하죠?

     어렵사리 가게를 열어 적은 매상에도 네 식구의 생계를 책임
지며 열심히 살던 홍길동 씨에게 청천벽력 같은 일이 생겼습니다.
평소 가게를 이용하던 A가 옆 테이블 손님과 시비가 붙었는데, 경
찰이 출동해 인적사항을 확인하던 중 성인인 줄 알았던 A가 알고
보니 청소년이었던 것입니다. 더 기가 막힌 것은 A가 다른 사람의
신분증을 도용해 성인인 척 주류를 제공받았다는 것입니다. A에게
소주 1병, 마른안주를 팔아서 얻은 수익은 고작 10,000원도 되지
않았고, 이번 일로 법원에서 약식명령이 내려져 벌금 30만 원을 납

부했는데, 구청에서는 가게 영업을 두 달이나 쉬라고 합니다. 너무 억울한데, 어떻게 해야 할지 막막합니다.

구청에서 온 영업정지 처분 명령서에는 "이 사건 처분에 불복하고자 하는 경우 이 사건 처분이 있음을 알게 된 날부터 90일, 이 사건 처분이 있었던 날부터 180일 이내에 ○○광역시행정심판위원회에 행정심판을 청구할 수 있습니다."라는 내용이 보입니다. 행정심판? 난생 처음 들어보는 말입니다. 착실하게 살아온 홍길동 씨에게 행정심판이라는 용어는 굉장히 낯설기만 합니다. 억울한 홍길동 씨는 그제야 행정심판에 대해 검색해 봅니다.

2020년 5월 기준 통계청 경제활동인구조사에 의하면 전국 자영업자 수는 약 560만 명으로 집계되었습니다. 2020년 기준 대한민국 총인구가 약 5,178만 명이니, 국민의 10% 이상이 자영업자인 셈입니다. 자영업을 하다 보면 관련 법령에 따라 지켜야 할 기준이 다양합니다. 예를 들어 일반음식점을 운영하는 식품접객업자는 청소년에게 주류를 판매하면 안 되고, 유통기한이 경과된 식품을 조리 목적으로 보관해서도 안 되며, 당초 신고한 영업장 면적을 무단으로 변경해서도 안 됩니다. 뿐만 아니라 원산지 표시를 하지 않은 재료를 이용해 음식을 제조해서도 안 되고, 손님들에게 음향반주기기를 제공해서도 안 됩니다. 또한, 담배소매업자는 청소년에게 담배를 팔아서는 안 되고, 노래연습장을 운영하는 사람은 손님에게 술을 팔거나, 접대부를 제공해서도 안 됩니다. PC방 업주는 청소년 출입금지 시간에 청소년을 출입시키면 안 되고, 게임제공업자는 손님들의 게임머니를 환전하는 식으로 사행행위를 도와서는 안 됩니다. 공인중개사는 중개의뢰인에게 중개대상물에 관하여 설명해야 하고, 자동차매매업자는 자동차의 매매를 알선할 때 자동차의 구조·장치 등의 성능을 점검한 내용을 그 자동차의 매수인에게 서면으로 고지해야 합니다.

열거하기 힘들 만큼 자영업자들이 지켜야 할 규정이 많습니다. 영업을 하다 보면 고의로 이러한 법규를 위반하기도 하고, 과실로 법규를 어기기도 하며, 때론 종업원이 실수를 저지르기도 합니다. 이로 인한 책임은 고스란히 영업주가 지게 되는데, 그 책임은 시정명령부터 영업정지, 과징금, 이행강제금, 영업취소, 시설폐쇄, 자격정지, 자격취소 등 다양합니다.

굳이 자영업자가 아닌 일반인에게도 일상생활에서 행정처분과 관련된 문제가 생기는 경우는 비일비재합니다. 내 땅에 집을 짓고자 건축허가를 신청했는데 행정청으로부터 불허처분이 내려집니다. 행정청에 신고하지 않고 집을 증축했는데 적발되어 시정명령처분을 받게 됩니다. 필요한 정보가 있어서 행정청에 정보공개 청구를 했는데 비공개 처분을 받습니다. 옆집에서 건축허가를 받아 건물을 짓는 바람에 일조권, 조망권이 침해됩니다. 행정청에서 지적재조사사업을 진행했는데 뜻밖에 내 토지의 면적이 줄어듭니다. 매년 공개되는 내 땅의 개별공시지가가 터무니없이 낮게 책정되었습니다. 장애재판정 기한이 되어서 장애정도 심사청구를 했는데 전보다 등급이 떨어집니다. 음주운전으로 적발되어 자동차운전면허 정지처분을 받습니다. 행정청이 토지보상을 해줘야 하는데도 아무런 조치를 취하지 않습니다. 토지보상금으로 책정된 금액이 너무 적습니다. 소득세가 나왔는데 너무 많이 부과되었습니다.

이처럼 자영업을 하거나, 일상적인 사회생활을 하다 보면 행정청과 관련된 여러 가지 일이 발생합니다. 통상 행정청에서 하는 일이어서 적법할 것이라고 생각할 수 있지만, 행정청에서 하는 일이 모두 그러한 것은 아닙니다. 사람이 하는 일이기 때문에 실수도 있고, 법령에 맞게 일처리를 했다고 하더라도 내 상황에 비추어 가혹할 수도 있습니다. 이렇게 억울한 일을 당했을 때 그저 참고만 있어야 할까요? 행정청으로부터 받은 처분 또는 부작위(행정청이 신청을 받고도 아무런 조치를 취하지 않는 것)에 대해서 다투는 방법은 무엇이 있을까요? 대표적인 것이 바로 행정심판입니다. 행정심판은 행정청의 위법·부당한 처분이나 부작위에 관한 불복에 대하여 행정기관이 심판하는 제도입니다(다른 방법으로 행정소송이 있는데, 행정심판과 행정소송의 차이점에 대해서는 뒤에서 자세히 살펴봅니다).

개괄적인 행정심판 진행 과정은 다음과 같습니다.

(취소심판의 경우)

행정청의 처분 또는 부작위 → (처분이 있음을 알게 된 날부터 90일 또는 처분이 있었던 날부터 180일 이내에) 행정심판 청구 → 행정심판위원회 심리 → 재결

(무효등확인심판의 경우)

행정청의 처분 또는 부작위 → (기간 제한 없이) 행정심판 청구 → 행정심판위원회 심리 → 재결

(의무이행심판의 경우)

행정청의 거부처분 → (처분이 있음을 알게 된 날부터 90일 또는 처분이 있었던 날부터 180일 이내에) 행정심판 청구 → 행정심판위원회 심리 → 재결

행정청의 부작위 → (기간 제한 없이) 행정심판 청구 → 행정심판위원회 심리 → 재결

(행정심판에서 인용 또는 일부 인용 재결이 내려진 경우)

행정청에서 재결 취지에 따라 재처분

(행정심판에서 각하 또는 기각 재결이 내려진 경우)

행정심판위원회 재결에 불복할 경우 재결서의 정본을 송달받은 날부터 90일 또는 재결이 있은 날부터 1년 이내에 법원에 행정소송을 제기

행정심판을 통해 인용 또는 일부 인용 재결이 내려진 경우 행정청은 재결 취지에 맞게 재처분을 하게 됩니다. 그런데 행정청에서 재처분을 하지 않는 경우에는 어떻게 해야 할까요? 행정심판법은 이 경우 간접강제라는 제도를 두어서 행정청으로 하여금 재처분을 내리게 하거나, 행정심판위원회에서 직접처분을 내릴 수 있도록 규정하고 있습니다. 한편, 안타깝게 원하는 결과를 얻지 못한 경우에는 법원에 행정소송을 제기할 수 있습니다. 행정심판은 심급제도가 없어서 한 번으로 끝나는 데 반해, 행정소송은 3심제가 적용되어 세 번까지 재판으로 다툴 수 있습니다.

뜻하지 않게 행정청으로부터 불이익한 처분을 받은 경우, 행정청이 처분을 내려야 함에도 아무런 처분을 내리지 않는 경우 등

에는 행정심판을 떠올려 볼 필요가 있습니다. 행정심판에 대해 잘 알지 못하더라도 이 책을 보면 자신의 상황에 맞게 행정심판을 진행할 수 있게 됩니다. 특히 자영업자라면 평소 행정심판에 대해 기억하고 있다가 어려운 일이 생겼을 때 이 책을 활용해 보기를 권합니다.

"아는 것이 힘. 유비무환." 이런 말들은 평소에는 공허한 외침에 불과해 보일지 모릅니다. 하지만 어려운 상황에 처했을 때 도움을 받을 수 있는 지식이 가까이에 있다면 얼마나 큰 힘이 될까요. 이 책은 바로 그때를 위한 것입니다.

행정심판이 도대체 무엇인가요?

> 청소년에게 술을 팔았다고 구청에서 영업정지 2월 처분을 내렸습니다. 처분서를 보니 이렇게 적혀 있었습니다.
>
> "이 처분에 불복하고자 하는 경우 처분이 있음을 알게 된 날부터 90일 또는 처분이 있었던 날부터 180일 이내에 ○○광역시행정심판위원회에 행정심판을 청구할 수 있습니다."
>
> 사실은 청소년이 성인 신분증을 제시해서 속아서 술을 제공한 것입니다. 곰곰이 생각해 보니 사건이 발생하기 전 그 청소년이 옆 가게 사장과 이야기하는 모습을 봤는데, 아무래도 경쟁 업소에서 청소년을 사주해서 이런 일을 벌인 것 같습니다.
>
> 행정심판을 청구해서 다투어야 할 것 같은데, 행정심판이 도대체 무엇인가요?

　　평소 송사에 휘말릴 일은 없다고 생각했는데, 청천벽력 같은 일이 생겼습니다. 분명히 신분증을 확인하고 술을 팔았는데 알고 보니 청소년이었던 것입니다. 처분서를 읽어보니 식품위생법에 따라 두 달 동안 가게 영업을 쉬라고 합니다. 두 달 동안이나 가게를 쉽게 된다면 당장 생계가 막막해집니다. 종업원들에게도 월급을 주기 어려우니 그들의 생계도 힘들어집니다. 매달 들어가는 임대료는 어떻게 해야 할지, 대출을 받아서 가게를 열었는데 그 원리금은 또 어떻게 갚아야 할지 한숨이 절로 나옵니다. 곰곰이 생각해 보니 경쟁 업소에서 그 청소년을 사주해서 이런 일을 벌인 것 같습니다. 너무 억울합니다. 처분서에 나온 대로 행정심판을 청구해 봐야 할 것 같습니다. 그런데 행정심판이 도대체 무엇인가요?

❯ 행정심판의 정의

행정심판이란 행정청의 처분 또는 부작위로 인해 권리 또는 이익을 침해받은 국민이 불복하는 경우 행정기관의 심판을 통해 구제받을 수 있도록 하는 제도를 말합니다. 여기서 행정청은 쉽게 말해서 구청장, 시장, 군수, 보건복지부장관, 국토교통부장관 등을 말합니다. 이들은 행정에 관한 의사를 결정하여 외부로 표시하는 국가 또는 지방자치단체의 기관입니다.

또한, 처분이란 행정청이 행하는 구체적 사실에 관한 법집행으로서의 공권력의 행사 또는 그 거부, 그 밖에 이에 준하는 행정작용을 말하는데(행정심판법 제2조 제1호), 예를 들어 앞서 본 사례의 영업정지 처분과 같은 것으로 과징금, 이행강제금, 시정명령, 정보비공개, 건축불허가, 장애정도 미해당결정 등을 말합니다. 어떤 것이 처분인지 아닌지에 대해서는 처분의 정의보다는 구체적인 예시를 기억하는 것이 더 낫습니다. 그리고 부작위는 행정청이 당사자의 신청에 대하여 상당한 기간 내에 일정한 처분을 하여야 할 법률상 의무가 있는데도 처분을 하지 않는 것을 말합니다(행정심판법 제2조 제2호). 부작위의 예를 들면, 집을 짓고자 건축허가를 신청했는데 담당공무원이 허가도 불허도 하지 않는 경우, 정보공개 청구를 했는데 담당자가 아무런 답변을 하지 않는 경우 등이 여기에 해당됩니다. 부작위 또한 이러한 예시를 기억하는 것이 훨씬 좋습니다.

여기서 한 가지 중요한 것은 행정심판은 앞에서 본 정의에 맞아떨어져야 한다는 것입니다(이것은 비단 행정심판에만 국한되는 것은 아니고, 법학의 모든 분야에서 동일합니다). 따라서 행정청이 아닌 기관(일반 회사, 개인 등)에서 한 행위는 행정심판의 대상이 되지 않습니다. 또한, 행정청에 민원을 넣었는데, 단순 회신이 온 경우는 처분이 아니어서 행정심판으로 다툴 수 없습니다(이에 대해서는 제7강 참조). 벌써 머리가 지끈지끈 아파 오나요? 그렇다면 이것만 기억하면 됩니다. 구청(또는 시청, 군청, 중앙행정기관 등)에서 나에게 무언가 불이익한 조치를 했을 때 행정심판으로 다툴 수 있다는 것입니다.

▶ 행정심판과 구별해야 할 것― 민원, 이의신청

행정심판과 구별해야 할 것 중에 민원, 이의신청이 있습니다. 민원은 민원인이 행정기관에 대하여 처분 등 특정한 행위를 요구하는 것을 말하는데, 예를 들어 주민등록등본 교부신청, 건축허가

신청(법정민원) 등을 말합니다. 뿐만 아니라 행정기관에 법령·제도·절차 등 행정업무에 관하여 행정기관의 설명이나 해석을 요구하는 것(질의민원), 행정제도의 개선을 요구하는 것(건의민원) 등도 민원에 포함됩니다. 이 중에 법정민원에 대한 행정기관의 장의 거부처분에 불복하는 경우 이의신청을 하거나 행정심판 또는 행정소송으로 다툴 수 있습니다.

그리고 이의신청은 통상 행정청에 제기하는 처분에 대한 불복절차를 말하는데, 행정심판의 성질을 갖는 이의신청에 대해서는 행정심판법이 적용되어 이의신청을 거친 후에는 행정심판을 청구할 수 없음을 유의해야 합니다. 예를 들어, 개별공시지가에 대해 이의가 있는 사람이 부동산 가격공시 및 감정평가에 관한 법률에 따른 이의신청을 하였으나, 원하는 결과를 얻지 못해서 다시 다투고자 할 경우에는 행정심판 또는 행정소송을 통해 다툴 수 있습니다(대법원 2010. 1. 28. 선고 2008두19987 판결 참조). 이의신청을 했기 때문에 행정심판 또는 행정소송을 제기할 수 없는 것이 아닌지가 문제된 사례인데, 이 경우의 이의신청은 행정심판의 성질을 갖지 않기 때문에 이의신청을 한 사람은 그 결과에 대해 다시 행정심판 또는 행정소송으로 다툴 수 있다는 뜻입니다. 따라서 행정심판의 성질을 갖는 이의신청에 대해서는 이의신청을 거친 후에는 행정심판을 청구할 수 없으므로 이의신청을 하기 전에 신중한 검토가 필요합니다. 한편, 행정심판과 구별해야 할 것 중에 행정소송이 있는데, 이에 대해서는 뒤에서 자세히 살펴봅니다.

❯ 행정심판위원회의 종류

　　행정심판을 심리하는 기관을 행정심판위원회라고 합니다. 전국 각 행정기관에 많은 행정심판위원회가 구성되어 있는데, 설치 현황은 아래와 같습니다.[1] 이 중에 중앙행정기관(각 부·처·청 등), 특별시, 광역시·도, 지방경찰청, 지방병무청, 지방식품의약품안전청, 지방환경청, 지방고용노동청 등의 처분 또는 부작위를 심사하는 중앙행정심판위원회와 시장·군수·구청장의 처분 또는 부작위를 심사하는 시·도 행정심판위원회, 소속 교육장 등의 처분 또는 부작위를 심사하는 시·도 교육청 행정심판위원회 등을 기억해 두는 것이 좋습니다(자세한 내용은 제5강 참조).

> 중앙행정심판위원회, 17개 시·도 행정심판위원회, 17개 시·도 교육청 행정심판위원회, 6개 고등검찰청 행정심판위원회, 4개 지방교정청 행정심판위원회, 감사원 행정심판위원회, 국가정보원 행정심판위원회, 대통령비서실 행정심판위원회, 국가안보실 행정심판위원회, 방송통신위원회 행정심판위원회, 국가인권위원회 행정심판위원회, 국회사무처 행정심판위원회, 법원행정처 행정심판위원회, 헌법재판소사무처 행정심판위원회, 중앙선거관리위원회 행정심판위원회, 장기요양심판위원회, 건강보험분쟁조정위원회 등

---

1) 온라인 행정심판 홈페이지(www.simpan.go.kr) 참조(특별행정심판기관 제외)

❯ 행정심판위원회의 구성

　　중앙행정심판위원회는 위원장 1명을 포함하여 70명 이내의 위원(비상임위원)으로 구성하되, 위원 중 상임위원은 4명 이내로 합니다. 중앙행정심판위원회 회의는 위원장, 상임위원 및 위원장이 회의마다 지정하는 비상임위원을 포함하여 총 9명으로 구성하며, 구성원 과반수의 출석과 출석위원 과반수의 찬성으로 의결합니다(행정심판법 제8조). 그리고 중앙행정심판위원회의 위원장은 국민권익위원회 부위원장 중 1명이 됩니다.

　　행정심판위원회는 위원장 1명을 포함한 50명 이내의 위원으로 구성됩니다. 행정심판위원회 회의는 위원장과 위원장이 회의마다 지정하는 8명의 위원(그중 위촉위원은 6명 이상으로 하되, 위원장이 공무원이 아닌 경우에는 5명 이상으로 합니다)으로 구성하며, 구성원 과반수의 출석과 출석위원 과반수의 찬성으로 의결합니다(같은 법 제7조). 그리고 행정심판위원회의 위원장은 그 행정심판위원회가 소속된 행정청이 됩니다. 또한, 행정심판위원회의 위원은 변호사, 교수, 4급 이상 공무원 등 중에서 위촉할 수 있는데 보통은 변호사, 법학 교수 등이 위촉됩니다.

　　실무상 시·도 행정심판위원회는 해당 광역자치단체 부단체장(위원장), 기획조정실장, 실·국장 중 1명, 변호사·교수 등 외부위원 6명 등 총 9명으로 구성됩니다. 외부위원이 6명 이상이기 때문에 가재는 게 편(행정청의 처분을 다른 행정기관에서 판단하기 때문에 행정심판위원회가 불필요하다는 논리)이라는 말은 타당하다고 보기 어렵습니다. 행정심판위원회는 구성원 과반수의 출석으로 열리고, 출석위원 과반수의 찬성으로 의결하므로 이론상 5명 이상이 참석하여 3명 이상이 찬성하면 결론을 내릴 수 있습니다. 참석한 위원들은 각 사안에 대해 토론을 거쳐 인용, 일부 인용, 기각, 각하 등의 재결을 내리게 됩니다.

한편, 행정심판위원회의 사무 처리를 위해 행정심판위원회에 간사장과 간사를 두는데, 간사장과 간사는 해당 행정심판위원회가 소속된 행정청의 소속 공무원 중에 임명됩니다. 간사장과 간사는 행정심판위원회 운영과 관련된 업무, 재결서의 작성에 관한 사무처리, 회의록 작성 및 보존 등에 관한 업무를 처리합니다(행정심판법 시행령 제9조).

❯ 행정심판 절차

행정심판 절차를 요약하면 아래와 같습니다. 아래에서 각 단계별로 자세하게 살펴봅니다.

> (청구인) 청구서 및 신청서 제출 → (처분청) 답변서 제출 → (행정심판위원회) 심리기일, 구술심리 안내 → (행정심판위원회) 심리기일 개최 및 재결 → (행정심판위원회) 청구인 및 처분청에 재결서 송부

❯ 청구서 및 신청서 제출 단계

행정심판을 청구하기 위해서는 행정심판청구서를 작성해야 합니다. 행정심판청구서는 서면 또는 온라인으로 작성할 수 있습니다. 행정심판법 시행규칙 [별지 제30호] 소정의 행정심판청구서를 작성하여 처분을 발령한 행정기관이나, 행정심판위원회에 우편 또는 직접 방문하여 접수할 수 있습니다. 또는 온라인 행정심판 홈페이지(www.simpan.go.kr)에서 행정심판청구서를 작성하여 제출할 수 있습니다. 행정심판청구서에는 어떤 이유로 처분청의 처분 또는 부작위가 잘못되었으니 심판해 달라는 내용을 담아야 하고, 이를 증명할 수 있는 자료들을 첨부해야 합니다.

❯ 답변서 송달 단계

행정심판청구서를 송달받은 처분청에서는 청구인의 주장을 반박하는 내용의 문서를 작성하는데, 이것을 통상 답변서라고 합니다. 처분청에서는 처분 또는 부작위의 정당성을 주장하거나, 청구인의 주장이 타당하지 않다는 등의 내용을 적고, 이를 증명할 수 있는 자료들을 첨부합니다. 행정심판위원회에서 답변서를 청구인에게 보내면 청구인은 이에 대해 반박하는 내용을 제출할 수 있는데, 이것을 통상 준비서면이라고 합니다. 보통 답변서, 준비서면 등의 문서를 주고받는 절차를 2~3회 정도 진행합니다.

❯ 심리기일, 구술심리 안내 단계

　이렇게 행정심판청구서, 답변서, 준비서면 등이 제출되어 어느 정도 결론을 내릴 수 있을 정도로 사안이 성숙해진 경우 행정심판위원회에서는 청구인 및 처분청 담당자 등에게 심리기일을 정하여 안내합니다. 행정심판의 결론이라고 할 수 있는 재결은 위원회가 행정심판청구서를 받은 날부터 60일 이내(또는 위원장이 직권으로 30일 연장한 경우 90일 이내)에 내려지게 되는데(행정심판법 제45조 제1항), 실무상 그 기간을 넘어서는 경우도 더러 있습니다. 또한, 청구인은 행정심판위원회에 출석하여 진술할 수 있는데 이를 구술심리라고 합니다(청구인의 선택사항). 구술심리 신청이 있는 경우 행정심판위원회는 이를 결정하여 허가 여부를 통지하는데, 이미 제출된 자료만으로도 충분한 판단이 가능하다고 인정되는 경우에는 청구인의 출석 없이 서면만으로 심리를 할 수 있습니다(같은 법 제40조).

　여기서 구술심리와 서면심리 중에 청구인 입장에서 어느 것이 더 유리할까요? 일률적으로 말하기는 어렵지만, 행정심판위원회 간사 입장에서 보면 바쁘더라도 행정심판위원회에 출석하여 구술심리를 하는 것이 더 낫다고 생각됩니다. 위원들과 대면하여 자신의 사정을 적극적으로 주장하는 것이 더 효과적이기 때문입니다. 행정심판위원회는 처분의 위법성(적법 여부)뿐만 아니라 부당성(정당 여부)까지 판단할 수 있는데, 처분이 가혹하다는 이유로 일부 인용 재결을 내릴 수 있습니다. 예를 들어, 앞서 본 사례에서 행정심판위원회는 청구인의 건강이 좋지 못하고, 어렵게 생계를 유지하고 있는 등의 이유로 처분이 가혹하다고 판단될 경우 영업정지 2월 처분을 1월 처분으로 깎아줄 수 있습니다. 따라서 되도록 행정심판위원회 심리기일에 참석하여 자신의 사정을 충분히 주장하는 것이 출석하지 않는 것보다는 좋은 결과를 얻을 가능성이 높다고 할 수 있습니다.

오히려 이러한 경우에는 위원회에 출석하는 것이 더 불리할 때도 있습니다. 위원들의 질문에 거짓으로 답변하는 경우, 앞뒤 주장이 맞지 않고, 서면에 작성한 내용과 다른 내용을 진술하는 경우, 위원들을 협박하거나, 과격한 언행을 보이는 경우 등에는 서면심리로 진행하는 것만 못할 수도 있습니다. 따라서 행정심판위원회의 심리기일에 출석하기로 했다면 자신의 사정을 진솔하게 주장하되, 겸손한 자세로 임하는 것이 바람직하다고 할 것입니다.

❯ 심리기일 개최 및 재결, 재결서 송부

행정심판위원회는 심리기일에 해당 사건을 심리하고, 특별한 사정이 없는 한 재결을 내립니다. 이 부분이 행정소송과 다른 점입니다. 본안에 대한 행정소송에서는 몇 차례의 변론기일을 통해 원·피고가 공방을 벌이고, 변론이 종결된 후 선고기일에 판결이 내려집니다. 하지만 행정심판은 심리기일에 심리 후 곧바로 재결이 내려지므로 행정소송보다 신속한 처리가 가능합니다.

마지막으로 행정심판위원회에서 재결이 내려지면 재결서를 작성하게 되는데, 이 재결서를 청구인 및 처분청 등에 송달함으로써 행정심판 절차가 마무리됩니다.

행정청을 상대로 싸우는 건데,
이길 수는 있나요?

> 행정청으로부터 처분서를 받았습니다. 담당공무원과 통화해 보니 관련 법령에 대해서 잘 알고 있고, 법적 절차에 맞게 처분을 내렸다면서 당당합니다.
> 솔직히 행정청을 상대로 행정심판을 청구하는 것은 계란으로 바위 치기 아닌가요? 행정심판을 청구하자니 괜히 시간만 낭비하는 것은 아닌지 걱정이네요.

행정심판은 처분을 내린(또는 신청에 대해 처분을 내리지 않는) 행정청을 상대로 다투는 것입니다. 그런데 앞서 설명했듯이 행정심판위원회는 행정청에 설치되어 있습니다. 그래서 행정청을 상대로 다투는 상황에서 행정청에 설치되어 있는 행정심판위원회에서 과연 내 손을 들어줄까 하는 걱정이 드는 것이 사실입니다. 더구나 담당공무원은 자기가 내린 처분에는 아무런 위법이 없다고 하면서 억울하면 행정심판이나 행정소송을 제기하라고 으름장을 놓습니다. 나는 혼자인데, 상대는 거대 조직입니다. 과연 행정심판을 청구하면 이길 수는 있을까요?

❯ 행정심판과 행정소송의 인용률 비교

　　행정심판이나 행정소송을 제기해서 이기는 비율을 '인용률'이라 합니다. 먼저 행정소송을 제기했을 때의 인용률에 대해서 살펴봅니다. 2019년 법원행정처 발간 사법연감에 의하면 2019년에 행정소송 1심 사건은 총 21,442건이 접수되어 20,851건이 처리되었는데, 그중 인용된 사건은 전부 승소 1,955건, 일부 승소 815건 등 총 2,770건으로서 인용률은 약 13.3%입니다.

　　그렇다면 행정심판의 인용률은 어느 정도일까요? 여러 행정심판 중 중앙행정심판위원회와 시·도행정심판위원회의 경우를 살펴봅니다. 국민권익위원회[2]에 의하면 2018년 중앙행정심판위원회 청구 사건은 총 23,043건이 접수되어 25,153건이 처리되었는데(전년 이월사건 포함), 그중 인용된 사건은 3,814건으로 인용률은 16.8%입니다. 2019년 중앙행정심판위원회 청구 사건은 총 24,076건이 접수되어 21,534건이 처리되었는데, 그중 인용된 사건은 1,567건으로 인용률은 10%입니다(연도별 인용률을 살펴보면 2014년 16.3%, 2015년 17%, 2016년 16.8%, 2017년 15.8%로서 2019년을 제외하고는 2019년 행정소송 1심 인용률보다는 높은 것을 알 수 있습니다). 한편, 중앙행정심판위원회에 의하면[3] 2019년 17개 시·도행정심판위원회

---

2) 이에 대해서는 국민권익위원회 홈페이지 참고
　(www.simpan.go.kr/nsph/sph230p.do?menuId=05030402)

청구 사건은 총 11,690건이 접수되어 10,376건이 처리되었는데, 그중 인용된 사건은 전부 인용 567건, 일부 인용 1,545건 등 총 2,112건으로서 인용률은 20.4%입니다. 행정소송 1심과 비교해서 행정심판의 인용률이 더 높다는 것을 알 수 있습니다.

물론 이렇게 일률적으로 말하기에는 다소 무리가 있습니다. 왜냐하면 행정심판위원회의 종류가 많기 때문입니다. 하지만 행정심판위원회의 대표기관이라고 할 수 있는 중앙행정심판위원회와 시·도행정심판위원회의 인용률이 행정소송보다 어느 정도 높다는 점은 일단 행정소송보다는 행정심판을 청구하는 것을 고려해봄 직한 유인동기가 된다고 생각됩니다. 더구나 행정심판은 행정소송과 비교하여 비용이 들지 않고, 시간이 적게 걸리며, 인용될 경우 행정청이 불복할 수 없어 분쟁이 즉시 종결되는 등 여러 장점이 있기 때문에 행정소송을 제기하기 전 행정심판 제도를 활용해 보는 것이 좋습니다.

❯ 행정심판과 행정소송의 인용률이 낮은 이유

그런데 행정소송과 행정심판(이 둘을 합쳐서 '행정쟁송'이라 합니다)의 인용률이 높지는 않아 보입니다. 왜 그럴까요?

먼저, 행정청의 경우 증거가 잘 보존되어 있기 때문입니다. 행정쟁송에서 이기기 위해서는 주장만 한다고 되는 것이 아닙니다.

---

3) 중앙행정심판위원회 2020. 3. 5.자 행정심판총괄과-3037호 '2019년 시도 행정심판위원회 운영현황' 참고

자신의 주장을 뒷받침할 수 있는 증거가 필수적으로 요구됩니다. 쟁송에서 아무리 나는 억울하다, 내 주장이 옳다고 해 봐야 이길 수 없습니다. 증거를 통해 그 주장을 뒷받침할 수 있어야 합니다.

행정청의 경우는 대부분의 행정업무에 대해 근거를 남겨두고, 이를 전자문서화하여 보존합니다. 행정청이 한 대부분의 행정행위는 전자문서로 남아 있고, 이를 데이터베이스화해서 언제든 필요할 때 찾아볼 수 있습니다. 즉 행정청이 한 행정행위와 관련된 내용들이 사라질 위험이 대단히 낮습니다. 따라서 행정쟁송에 임하는 공무원은 필요한 증거들을 쉽게 제출할 수 있습니다. 그에 비해 일반인은 사건에 필요한 증거들을 수집하고 보존하는 것이 행정청에 비해 상대적으로 쉽지 않습니다. 그래서 필요한 서류를 제출하지 못해 지는 경우가 더러 있게 됩니다. 따라서 행정청을 상대로 행정쟁송을 계획하고 있다면 일단은 사건과 관련된 증거들을 잘 모아 두는 것이 중요합니다(증거를 제출하지 않더라도, 또는 처분의 위법·부당함을 다투지 않더라도 법원 또는 행정심판위원회에서 직권으로 처분의 위법성을 인정하는 경우도 있지만, 기본적으로는 주장에 대해서는 증거가 뒷받침되어야 합니다).

다음으로 공무원은 관계 법령에 근거하여 처분을 내리기 때문에 그 행정행위가 위법하게 될 가능성이 낮습니다. 공무원은 행정업무를 처리함에 있어 관계 법령, 업무 매뉴얼 등에 어긋나지 않아야 합니다. 이를 위반할 경우 그 행정행위가 취소되거나 무효가 되는 것에 그치지 않고, 경우에 따라서는 신분상의 불이익을 입을 수도 있습니다. 그래서 공무원은 되도록 정해진 규정과 범위 내에서 행정행위를 하게 됩니다. 그 때문에 공무원 하면 융통성이 부족하거나, 앵무새처럼 규정만 되풀이한다는 비판을 받기도 하는 것입니다. 공무원이 자신들의 바이블이라 할 수 있는 관계 법령과 업무 매뉴얼에 근거하여 한 행정행위가 위법하거나 부당하다고 다투는 것이 바로 행정쟁송이다 보니, 이를 다투는 일반인의 입장에서는 행정청을 이기는 것이 쉽지 않은 것입니다.

〉 행정심판의 인용률이 행정소송보다 높은 이유

한편, 행정심판의 인용률이 행정소송보다 조금 더 높은 이유는 무엇일까요? 그 이유는 일반적으로 행정심판은 행정소송과는 달리 처분의 '위법성'뿐만 아니라 '부당성'까지 함께 고려하기 때문입니다. 처분의 '위법성'이란 해당 처분이 관계 법령에 위반되었다는 뜻입니다. 행정쟁송에서는 이러한 '위법성' 판단이 기본입니다. 공무원이 내린 처분이 관계 법령을 위반해서 내려졌다면 그 처분은 위법한 것입니다. 예를 들어 청소년에게 주류를 판매했다고 해서 식품위생법상 영업정지 2월 처분을 받았는데, 알고 보니 청소년이 아니었다면 영업정지 2월 처분은 식품위생법에 '위반'됐기 때문에 '위법'하게 되는 것입니다. 또한, 건축법상 허가 없이 건물을 증축했다는 이유로 시정명령을 받았는데 이를 이행하지 않자 이행강제금이 내려진 경우에도, 이행강제금 계산식이 건축법에 '위반'됐다면 이행강제금 부과처분은 '위법'하게 되는 것입니다.

그렇다면 처분의 '부당성'이란 무엇일까요? 행정법 영역에서 부당하다는 것은 '가혹하다', '심하다', '지나치다' 등을 뜻합니다. 예를 들어 청소년에게 담배를 판매해서 담배소매업 영업정지 1월 처분을 받은 경우 담배사업법에 따라 영업정지 처분을 하는 것이 '위법'하지는 않더라도, 처분 상대방의 경제 형편이 매우 좋지 않고, 현재까지 담배소매업을 하면서 청소년에게 담배를 판 적이 한 번도 없었으며, 담배 한 갑을 팔아서 얻는 이익이 1천 원 정도인데 가게를 한 달간 쉬게 되어 입는 피해가 그보다 훨씬 크다면 '부당'하다고 판단할 수 있는 것입니다. 즉 영업정지 1월 처분을 통해 달성하고자 하는 청소년 보호라는 공익보다 처분 상대방이 입는 불이익이 더 크다고 판단되는 경우 행정심판위원회는 '부당'함을 이유로 해당 처분을 취소하거나 감경할 수 있습니다. 여기서 처분을 감경하는 것이 일부 인용 재결인데, 이론적으로는 그 감경의 범위에는 제한이 없습니다.

❯ 행정심판 인용률이 높은 청구 분야

참고로 행정심판 실무상 인용률이 높은 청구 분야에 대해 살펴봅니다. 혹시 본인이 관련된 사건이 여기에 해당된다면 더욱 적극적으로 행정심판을 청구해 볼 필요가 있습니다.

❯ 일반음식점의 청소년에 대한 주류 제공 사건

먼저, 일반음식점의 청소년에 대한 주류 제공 사건입니다. 시·도행정심판위원회 청구 사건 중 다수를 차지하는 것이 바로 청소년 주류 제공 사건인데, 이와 관련하여 일부 인용 재결이 상당히 많은 편입니다. 실무적으로는 1/2감경 재결이 많지만, 이를 기준으로 1/3, 2/3감경 재결이 내려지는데 심지어는 3/4감경 재결도 내려지기도 합니다.

〈표〉 연도별 청소년 주류 제공 사건 인용률(단위: %)

	서울	부산	대구	인천	광주	대전	울산	전국
2014년	22.9	42.8	53.4	32.1	34.8	39.0	49.4	36
2015년	26.4	41.5	56.9	28.0	32.9	29.3	57.4	31
2016년	35.6	47.4	47.2	33.1	19.1	22.9	60.6	35
2017년	33.0	44.0	43.9	22.2	22.5	36.1	57.2	31
2018년	21.6	23.4	54.0	27.7	26.7	29.3	55.9	28

(출처: 중앙행정심판위원회)

이 표에 의하면 청소년 주류 제공 사건의 인용률이 높은 것을 알 수 있는데, 여기서 처분이 위법하여 전부 인용된 경우는 많지 않고, 처분이 부당하여 일부 인용된 경우가 대다수를 차지합니다. 또한, 이 표를 살펴보면 시·도행정심판위원회별로 청소년 주류 제공 사건에 대한 인용률의 편차가 작지 않음을 알 수 있습니다. 비슷한 사실관계라도 지역에 따라 인용되는 비율이 차이가 있습니다. 이러한 인용률의 편차를 줄이기 위해 여러 가지 대책이 시행되고 있지만, 지역별 편차가 생기는 것은 어쩔 수 없는 상황입니다.

❯ 정보공개청구 사건

다음은 정보공개청구 사건입니다. 공공기관의 정보공개에 관한 법률(이하 '정보공개법'이라 합니다)은 공공기관이 보유·관리하는 정보에 대한 국민의 공개 청구 및 공공기관의 공개 의무에 관하여 필요한 사항을 정함으로써 국민의 알권리를 보장하고 국정에 대한 국민의 참여와 국정 운영의 투명성을 확보함을 목적으로 하고 있습니다. 이러한 입법 취지에 걸맞게 정보공개법 제3조는 "공공기관이 보유·관리하는 정보는 국민의 알권리 보장 등을 위하여 이 법에서 정하는 바에 따라 적극적으로 공개하여야 한다."고 규정하고 있을 뿐만 아니라 제5조 제1항은 "모든 국민은 정보의 공개를 청구할 권리를 가진다."고 하고 있으며, 제6조 제1항은 "공공기관은 정보의 공개를 청구하는 국민의 권리가 존중될 수 있도록 이 법을 운영하고 소관 관계 법령을 정비하여야 한다."고 규정하고 있습니다. 나아가 제9조 제1항은 "공공기관이 보유·관리하는 정보는 공개 대상이 된다. 다만, 다음 각 호의 어느 하나에 해당하는 정보는 공개하지 아니할 수 있다."고 규정하여 공개를 원칙으로 하고 있습니다. 즉 공공기관이 보유·관리하는 정보는 정보공개법 제9조 제1항4) 단서 소정의 각 호 사유가 아닌 이상 공개가 원칙이라는 것입니다.

---

4) 공공기관의 정보공개에 관한 법률 제9조(비공개 대상 정보) ① 공공기관이 보유·
관리하는 정보는 공개 대상이 된다. 다만, 다음 각 호의 어느 하나에 해당하
는 정보는 공개하지 아니할 수 있다.
1. 다른 법률 또는 법률에서 위임한 명령(국회규칙·대법원규칙·헌법재판소
규칙·중앙선거관리위원회규칙·대통령령 및 조례로 한정한다)에 따라 비
밀이나 비공개 사항으로 규정된 정보
2. 국가안전보장·국방·통일·외교관계 등에 관한 사항으로서 공개될 경우
국가의 중대한 이익을 현저히 해칠 우려가 있다고 인정되는 정보
3. 공개될 경우 국민의 생명·신체 및 재산의 보호에 현저한 지장을 초래할
우려가 있다고 인정되는 정보
4. 진행 중인 재판에 관련된 정보와 범죄의 예방, 수사, 공소의 제기 및 유지,
형의 집행, 교정(矯正), 보안처분에 관한 사항으로서 공개될 경우 그 직무
수행을 현저히 곤란하게 하거나 형사피고인의 공정한 재판을 받을 권리를
침해한다고 인정할 만한 상당한 이유가 있는 정보
5. 감사·감독·검사·시험·규제·입찰계약·기술개발·인사관리에 관한 사항
이나 의사결정 과정 또는 내부검토 과정에 있는 사항 등으로서 공개될 경
우 업무의 공정한 수행이나 연구·개발에 현저한 지장을 초래한다고 인정
할 만한 상당한 이유가 있는 정보. 다만, 의사결정 과정 또는 내부검토 과
정을 이유로 비공개할 경우에는 의사결정 과정 및 내부검토 과정이 종료
되면 제10조에 따른 청구인에게 이를 통지하여야 한다.
6. 해당 정보에 포함되어 있는 성명·주민등록번호 등 개인에 관한 사항으로
서 공개될 경우 사생활의 비밀 또는 자유를 침해할 우려가 있다고 인정되
는 정보. 다만, 다음 각 목에 열거한 개인에 관한 정보는 제외한다.
가. 법령에서 정하는 바에 따라 열람할 수 있는 정보
나. 공공기관이 공표를 목적으로 작성하거나 취득한 정보로서 사생활의
비밀 또는 자유를 부당하게 침해하지 아니하는 정보
다. 공공기관이 작성하거나 취득한 정보로서 공개하는 것이 공익이나 개
인의 권리 구제를 위하여 필요하다고 인정되는 정보
라. 직무를 수행한 공무원의 성명·직위
마. 공개하는 것이 공익을 위하여 필요한 경우로서 법령에 따라 국가 또는
지방자치단체가 업무의 일부를 위탁 또는 위촉한 개인의 성명·직업
7. 법인·단체 또는 개인(이하 "법인등"이라 한다)의 경영상·영업상 비밀에
관한 사항으로서 공개될 경우 법인등의 정당한 이익을 현저히 해칠 우려
가 있다고 인정되는 정보. 다만, 다음 각 목에 열거한 정보는 제외한다.

한편, 정보공개법 제9조 제1항 단서는 비공개 대상 정보를 규정하고 있지만, 유심히 살펴보면 '중대한', '현저히', '상당한', '정당한' 등의 문구로 인해 비공개 대상 정보로 삼은 범위가 상당 부분 축소되어 있다는 사실을 알 수 있습니다. 정보공개법 제9조 제1항 단서에 따라 비공개 대상 정보에 해당한다고 하더라도 위 문구들로 인해 공개의 필요성이 커지게 되는 것입니다.

결국 정보공개법의 입법 목적, 취지, 규정 형식 때문에 정보공개청구 사건은 다른 청구 분야와 비교하여 월등히 높은 인용률을 기록하고 있습니다.

〉건축허가 사건

마지막으로 건축허가와 관련된 사건입니다. 건축허가와 관련하여 대법원은 "건축허가권자는 건축허가신청이 건축법 등 관계법규에서 정하는 어떠한 제한에 배치되지 않는 이상 당연히 같은 법조에서 정하는 건축허가를 하여야 하고, 중대한 공익상의 필요가 없는데도 관계법규에서 정하는 제한사유 이외의 사유를 들어 요건을 갖춘 자에 대한 허가를 거부할 수는 없으며(대법원 2006. 11. 9.

가. 사업활동에 의하여 발생하는 위해(危害)로부터 사람의 생명·신체 또는 건강을 보호하기 위하여 공개할 필요가 있는 정보
나. 위법·부당한 사업활동으로부터 국민의 재산 또는 생활을 보호하기 위하여 공개할 필요가 있는 정보
8. 공개될 경우 부동산 투기, 매점매석 등으로 특정인에게 이익 또는 불이익을 줄 우려가 있다고 인정되는 정보

선고 2006두1227 판결, 대법원 2009. 9. 24. 선고 2009두8946 판결, 대법원 2010. 2. 25. 선고 2009두19960 판결 참조), 여기서 관계 법규라 함은 건축물에 대한 건축허가의 제한에 관하여 직접 규정하고 있는 법규만을 말하고 건축허가에 따라 건축된 건축물 내의 시설의 운영이나 용도에 따른 건축물의 사용에 대하여 제한을 가하는 법규를 말하는 것이 아닌바(대법원 1992. 6. 9. 선고 91누11766 판결 참조), 건축허가 신청이 건축법 등 관계법규에서 정하는 어떠한 제한에 배치됨을 인정할 자료가 없을 경우 건축허가권자는 중대한 공익상의 필요를 들지 못하는 이상 건축허가처분을 할 의무가 있다(대법원 2010. 2. 25. 선고 2009두19960 판결 참조)."는 입장을 일관되게 유지하고 있습니다.

판례에 따르면 건축허가권자는 건축허가신청이 건축법 등 관계 법규에서 정하는 어떠한 제한에 배치되지 않는 이상 당연히 건축허가를 하여야 하는데, 다만, 건축허가를 하는 것이 중대한 공익상의 필요에 반하는 경우에는 예외적으로 건축허가를 불허할 수 있다는 것입니다. 이러한 판례의 태도에 따라 실무상 건축허가와 관련된 사건의 인용률이 상대적으로 높은 편입니다.

❯ 행정청을 이기는 것이 어려운 것만은 아니다

이쯤 되면 행정청을 상대로 행정심판을 청구하더라도 한번 해 볼 만하다는 생각이 듭니다. 만약 행정심판의 인용률이 행정소송보다 더 낮았다거나, 일부 인용이 가능하고, 비용이 거의 들지 않으며, 처분청의 불복이 불가능하다는 등의 장점이 없었다면 1985년 10월 1일 시행된 행정심판법이 현재까지 굳건한 지위를 유지할 수 있었을까요? 행정청으로부터 처분을 받고 다툴 계획이라면 행정심판을 먼저 떠올려 보기를 권합니다. 행정청을 이기는 것이 어려운 것만은 아닙니다.

행정심판이 왜 필요한가요?

행정청으로부터 받은 처분서에 의하면 처분에 불복하고자 하는 경우 행정심판을 청구하거나, 행정소송을 제기하라고 되어 있습니다.
행정소송은 법원에서 하는 것이라고 대충은 생각되는데, 행정심판은 낯서네요. 행정심판을 청구해 볼 생각인데, 행정심판을 통해서 다투는 것이 행정소송을 거치는 것보다 어떤 점에서 장점이 있죠?

처분에 대해 다투는 여러 방법 중 가장 대표적인 것이 바로 행정심판과 행정소송입니다. 양 제도는 여러 면에서 닮아 있고, 기본 바탕을 공유하고 있어서 행정심판이 필요한 것인지에 대해서 의문이 들기도 합니다. 그렇지만 행정심판은 행정소송에 비해 확실한 장점을 가지고 있고, 행정심판에서 원하는 결과를 얻지 못하더라도 다시 행정소송으로 다툴 수 있기 때문에 처분에 대해서 다투고자 한다면 행정심판을 먼저 고려하는 것이 좋습니다. 행정소송과 비교해서 행정심판이 가지고 있는 장점은 어떤 것이 있을까요? 대표적인 장점 네 가지를 살펴봅니다.

❯ 비용이 들지 않는다

첫째, 비용이 들지 않는다는 것입니다.

소송을 제기해 본 경험이 있다면 소송 진행 과정에서 인지대, 송달료, 경우에 따라서는 변호사 비용 등 소송비용이 필요하다는 것을 알 수 있습니다. 법원에 소장(또는 신청서)을 제출할 때는 사건에 매겨진 '소가(訴價)'에 따라 인지대가 발생합니다. 뿐만 아니라 각종 서류를 우편으로 보내기 위한 송달료가 발생합니다. 소송 진행 과정에서 전문가의 감정을 거친 경우에는 감정료가 발생하기도 합니다. 직접 소송을 진행하면 발생하지 않지만, 변호사를 선임하면 역시 비용이 발생합니다. 이에 더해 소송에서 패소하면 상대방이 들인 비용에 대해서도 부담해야 하는 상황이 발생하기도 합니다. 항소심, 상고심까지 내리 진 경우 소송비용이 눈덩이처럼 불어납니다. 소송에서 진 것도 억울한데, 그 과정에서 발생한 소송비용까지 부담해야 한다니 설상가상입니다.

그런데 놀랍게도 행정심판은 이러한 비용이 전혀 발생하지 않습니다. 일단 인지대가 없습니다. 뿐만 아니라 담당공무원이 행정심판위원회를 준비하는 데 발생하는 비용, 각종 서류를 처분청과 청구인에게 송달하면서 발생하는 비용, 행정심판위원회 위원에게 지급하는 회의 참석수당 및 심리수당, 전문가에게 감정을 받으면서 발생한 감정료, 상대 행정청이 변호사를 선임하여 대응하면서 발생한 비용 등에 대해서 청구인은 전혀 신경 쓸 필요가 없다는 말입니다. 다시 말해 행정심판이 청구되면 해당 행정심판위원회에서 모든 비용을 부담하므로 청구인은 이에 대해 걱정하지 않아도 됩니다.

〉 처리기간이 짧다

둘째, 소송에 비해 처리기간이 짧습니다.

소송을 제기하면 통상 심급당 3~6개월 정도의 시간이 소요됩니다. 쟁점이 많고 복잡한 사건의 경우 원·피고 사이에 서면 및 증거제출 등으로 상당한 시간이 소요되고, 경우에 따라서는 사실조회, 증인신문 등으로 변론이 몇 차례 더 열리게 되는데, 이러다 보면 몇 개월은 순식간에 지나갑니다. 뿐만 아니라 행정소송은 3심제를 택하고 있으므로 1심에서 이겼다고 하더라도 처분청이 불복하는 경우 2심을 진행하게 되고, 여기서 이겼다고 하더라도 처분청이 불복하면 대법원에서 3심까지 열립니다. 그런데 이것이 끝이 아닙니다. 대법원의 경우 심리불속행5)으로 두어 달 만에 기각되는 경우를 제외하고, 세월아 네월아 하며 상당한 기간 동안 계류되는 사건이 허다합니다. 빨리 결론이 내려졌으면 하는데, 소송을 제기했다가 몇 년을 허비하는 경우가 즐비합니다. 이와 별개로 사건과 관계없이 재판이 더 길어지는 경우도 있습니다. 재판 과정에서 재판부의 인사이동이 있게 되면 새로운 재판부가 해당 재판을 다시 처음부터 시작하게 되는 것이 그 예입니다.

---

5) 상고사건 가운데 형사사건을 제외하고, 상고 대상이 아니라고 판단되는 사건은 더이상 심리하지 않고 상고를 기각하는 제도. 심리불속행 처리 결정이 날 경우 선고 없이 간단한 기각 사유를 적은 판결문만 당사자에게 송달됩니다.

그런데 행정심판은 이와 다릅니다. 행정심판은 행정심판법 제
45조 제1항에 따라 피청구인(행정청) 또는 행정심판위원회가 행정
심판청구서를 받은 날부터 60일 이내에 재결이 내려져야 합니다.
부득이한 사정이 있더라도 30일을 연장할 수 있을 뿐이어서 90일
이내에는 결론이 내려지게 됩니다(이 규정은 이른바 '훈시규정'으로서
행정심판위원회에서 이를 지키지 않았다고 하더라도 재결의 효력이 무효
가 되는 것은 아니지만, 대부분의 행정심판위원회는 이 규정을 지키려고
노력하고 있습니다). 소송으로 가면 적어도 몇 달, 길게는 몇 년의
시간이 지나야 최종 결론이 나오지만, 심판으로 가면 세 달 정도면
결과를 알 수 있습니다. 행정심판에서 이기면 더할 나위 없겠지만,
혹시 지더라도 행정소송을 제기하는 등으로 그에 맞게 대처해가면
됩니다. 이처럼 청구인 입장에서는 자신의 불확실한 법률관계가 소
송보다 훨씬 빨리 확정될 수 있다는 점에서 큰 매력이 있다고 하겠
습니다.

❯ 행정심판청구가 인용되면 처분청이 불복할 수 없다

셋째, 청구인 입장에서 가장 좋은 점은 청구인이 인용 또는 일
부 인용 재결을 받으면 상대방인 처분청이 그 결과에 대해 불복할
수 없다는 것입니다. 우리나라 소송제도는 기본적으로 3심제를 채
택하고 있기 때문에 행정소송의 상대방인 처분청이 패소하는 경우
에도 상소를 제기하면 상급심에서 다시 다툴 수 있습니다. 1심에서

이겼더라도 피고인 행정청이 항소하는 경우 그 기쁨은 사라지고 다시 긴장의 시간이 계속된다는 것입니다. 2심에서 이겨도 마찬가지입니다. 행정청이 상고를 제기하면 사건은 대법원으로 넘어가게 되고, 또다시 불안은 계속됩니다.

그런데 행정심판은 이러한 불안이 전혀 없습니다. 행정심판에서 이기면 그것으로 끝입니다. 재결에 대해 행정청이 아무리 불복하고자 하여도 더이상 다툴 방법이 없습니다. 행정심판법 제49조 제1항에 의하면 심판청구를 인용하는 재결은 피청구인과 그 밖의 관계 행정청을 기속합니다. 행정심판위원회에서 인용(또는 일부 인용) 재결을 내리면 상대방인 행정청과 관계 행정청은 억울해도 입을 꾹 다물어야 한다는 것입니다. 실무상 그런 경우를 많이 봤습니다. 청구인의 손을 들어줬는데, 상대 행정청 처분담당자가 행정심판위원회를 찾아와서 "이 재결은 말이 안 된다. 다툴 방법은 없는 것인가? 법원에 소송을 제기하겠다."등의 하소연을 하는 경우가 있었습니다. 하지만 안타깝게도(라고 말하지만 청구인 입장에서는 다행히도) 행정청이 재결에 대해 불복할 방법은 없습니다. 따라서 행정심판에서 이기면 그것으로 끝이 납니다. 만약 인용 재결이 내려졌음에도 행정청이 그 취지에 맞게 재처분을 하지 않는다면 행정심판법 제50조에 따른 '직접처분' 또는 제50조의2에 따른 '간접강제' 신청을 통해 해결할 방법이 있습니다(이에 대해서는 제17강 참조).

❯ 의무이행심판이 있다

　넷째, 행정심판에는 행정소송과는 달리 '의무이행심판'이 있기 때문에 청구인에게 훨씬 유리합니다. 이것을 이해하기 위해서는 먼저 행정심판과 행정소송의 종류에 대해서 알아야 합니다.

❯ 행정소송과 행정심판의 종류

　행정소송은 크게 '항고소송', '당사자소송', '민중소송', '기관소송'으로 구분되고,[6] 이 중 항고소송에는 '취소소송', '무효등확인소송', '부작위위법확인소송'이 있습니다.[7] 행정심판과의 비교를 위해

---

　6) 행정소송법 제3조(행정소송의 종류) 행정소송은 다음의 네 가지로 구분한다.
　　1. 항고소송: 행정청의 처분등이나 부작위에 대하여 제기하는 소송
　　2. 당사자소송: 행정청의 처분등을 원인으로 하는 법률관계에 관한 소송 그 밖에 공법상의 법률관계에 관한 소송으로서 그 법률관계의 한쪽 당사자를 피고로 하는 소송
　　3. 민중소송: 국가 또는 공공단체의 기관이 법률에 위반되는 행위를 한 때에 직접 자기의 법률상 이익과 관계없이 그 시정을 구하기 위하여 제기하는 소송
　　4. 기관소송: 국가 또는 공공단체의 기관상호간에 있어서의 권한의 존부 또는 그 행사에 관한 다툼이 있을 때에 이에 대하여 제기하는 소송. 다만, 헌법재판소법 제2조의 규정에 의하여 헌법재판소의 관장사항으로 되는 소송은 제외한다.
　7) 행정소송법 제4조(항고소송) 항고소송은 다음과 같이 구분한다.
　　1. 취소소송: 행정청의 위법한 처분등을 취소 또는 변경하는 소송
　　2. 무효등확인소송: 행정청의 처분등의 효력 유무 또는 존재 여부를 확인하는 소송
　　3. 부작위위법확인소송: 행정청의 부작위가 위법하다는 것을 확인하는 소송

알아야 할 부분은 바로 항고소송의 종류입니다. 행정소송인 취소소송, 무효등확인소송은 행정심판에도 취소심판, 무효등확인심판으로 존재합니다.[8] 그런데 행정소송인 부작위위법확인소송은 행정심판에 없고, 대신 '의무이행심판'이 있습니다. 바로 여기에서 행정심판의 장점이 드러납니다. 아래 각주 7, 8을 보면 취소소송과 취소심판, 무효등확인소송과 무효등확인심판의 정의가 유사함을 알 수 있습니다. 그런데 부작위위법확인소송과 의무이행심판은 뭔가 비슷한 것 같으면서도 다른 것 같은 느낌이 들 것입니다.

〉 의무이행심판의 장점

부작위위법확인소송은 '행정청'의 '부작위'가 '위법'함을 '확인'해 달라는 소송입니다. 행정청이 당사자의 신청에 대하여 상당한 기간 내에 일정한 처분을 하여야 할 법률상 의무가 있음에도 이를 하지 아니하는 '부작위'가 잘못되었으니 '확인'해 달라는 뜻입니다. 즉 부작위위법확인소송은 행정청의 부작위를 확인해주는 것에 그칩니다. 예를 들어 건축허가를 신청했는데 행정청이 아무런 조치를

---

8) 행정심판법 제5조(행정심판의 종류) 행정심판의 종류는 다음 각 호와 같다.
   1. 취소심판: 행정청의 위법 또는 부당한 처분을 취소하거나 변경하는 행정심판
   2. 무효등확인심판: 행정청의 처분의 효력 유무 또는 존재 여부를 확인하는 행정심판
   3. 의무이행심판: 당사자의 신청에 대한 행정청의 위법 또는 부당한 거부처분이나 부작위에 대하여 일정한 처분을 하도록 하는 행정심판

취하지 않는 경우, 부작위위법확인소송을 제기해서 이기더라도 행정청이 아무런 조치를 취하지 않는 부작위가 위법하다는 것을 확인하는 것에 그친다는 것입니다. 집을 빨리 짓고 싶은데, 소송에서 이겼음에도 불구하고 집을 지을 수 없게 되는 아이러니한 상황이 생길 수 있다는 말입니다.

그런데 의무이행심판의 경우는 다릅니다. 의무이행심판에서는 행정청의 부작위뿐만 아니라 거부처분에 대해서도 다툴 수 있습니다. 먼저, 부작위위법확인소송에서는 행정청의 부작위가 위법하다고 확인하는 것에 그치는 반면, 의무이행심판이 인용되는 경우 행정청에게 (건축허가를 해야 할) '의무'를 '이행'하라(건축허가를 하라)는 명령을 내리게 됩니다. 이렇게 되면 청구인은 인용 재결서를 행정청에 제출함으로써 건축허가를 받은 것과 동일한 효과를 얻을 수 있습니다. 즉 청구인은 인용 재결서를 행정청에 제출함으로써 건축공사에 착수할 수 있게 된다는 말입니다.

다음으로 거부처분에 대해서도 의무이행심판의 장점이 명확히 드러납니다. 거부처분에 대해서는 의무이행심판뿐만 아니라 취소심판으로도 다툴 수 있지만, 취소심판을 통해 거부처분이 취소되더라도 행정청에서는 당초 처분사유와 다른 사유를 들어 다시 거부처분을 내릴 수 있음에 주의해야 합니다. 예를 들어 건축허가 신청에 대해 당초 청구인이 건축허가를 신청한 대지가 도로에 접하지 않았다는 이유로 거부처분이 내려진 경우 취소심판을 통해 그 거부처분이 취소되더라도, 행정청은 그 건축허가 신청이 인접 건물과의 이격거리를 지키지 않았음을 이유로 다시 거부처분을 내릴 수 있다는 말입니다. 그런데 거부처분에 대해 의무이행심판을 청구하여 처분의 이행을 명하는 재결이 내려지면 행정청은 지체 없이 이전의 신청에 대하여 재결의 취지에 따라 처분을 하여야 합니다(행정심판법 제49조 제3항). 따라서 거부처분에 대해서는 취소소송 또는 취소심판으로도 다툴 수 있지만 취소소송이 아닌 취소심판을 청구하는 것이 좋고, 이때에도 취소심판보다는 의무이행심판을 청구하는 것이 좋습니다.

또 다른 예를 들어봅니다. 필요한 정보가 있어서 행정청에 정보공개청구를 하였는데, 행정청이 이를 거부하거나 부분공개를 한 경우 또는 아무런 조치를 취하지 않은 경우, 청구인은 의무이행심판을 통해서 정보공개거부처분 또는 정보부분공개처분이나 행정청의 부작위(여기서는 정보를 공개하지 않은 것)를 다툴 수 있습니다. 청구인이 이기면 행정청은 특별한 사정이 없는 한 재결취지대로 해당 정보를 공개해야 합니다.

의무이행심판은 확실히 장점이 큰 제도입니다. 청구인 입장에서는 소송으로 다툴 경우 소극적으로 행정청의 잘못을 확인받는 것에 그치거나 다른 사유로 거부처분을 받을 수 있는데, 행정심판으로 방향을 잡았다면 원하는 결론을 얻을 수 있기 때문입니다. 반대로 행정청의 입장에서는 재결결과에 불복할 수 없다는 점에서 참 고약한 제도라고 할 수 있습니다.

참고로 의무이행소송을 운영하는 나라도 있습니다. 우리나라의 경우 의무이행소송 도입을 위한 학계의 논의가 활발하였고, 의무이행소송을 도입하는 내용의 행정소송법 개정안이 국회에 상정되기도 하였지만 아직 처리되지 못하는 실정입니다.

❯ 처분을 다투고자 할 때는 행정심판을 먼저 떠올려 보자

낯설기만 했던 행정심판을 꼼꼼히 살펴보니 행정소송과 비교하여 큰 장점들이 보입니다. 이렇게 좋은 제도가 벌써 35년여 운영되어 오고 있음에도 불구하고 일반 국민에게 잘 알려져 있지 않는 것이 안타깝기만 합니다. 행정소송과 비교하여 확실히 우위에 있는 부분이 있으므로 행정처분에 대해 다투고자 하는 경우 되도록 행정심판을 먼저 떠올려 보는 것이 좋습니다.

인터넷으로 행정심판을 청구할 수 있나요?

> 처분을 받고 다퉈 볼 생각입니다. 알아보니 행정소송은 전자로 진행
> 할 수 있다고 하더라고요. 일일이 손으로 적어서 우편으로 서류를 주
> 고받는 것은 요즘처럼 인터넷이 발달한 시대와는 맞지 않는 것 같은
> 데, 행정심판도 인터넷으로 청구할 수 있나요?

행정안전부는 2020년 4월 28일 기존 전자정부를 뛰어넘어 디
지털정부로 전환하겠다고 밝혔습니다. 우리나라는 세계적 ICT 강
국으로서 전자정부 모델을 구축해왔고, 그 인프라를 바탕으로 디지
털정부로의 도약을 선언한 것입니다. 인터넷 강국답게 우리나라의
행정서비스는 수요자 중심으로 빠르게 진화하고 있으며, 그 일환으
로 행정심판 또한 인터넷을 통해 청구하고 진행할 수 있는 시스템
이 구축되었습니다. 이를 온라인 행정심판이라 합니다.

국민권익위원회(여기에 중앙행정심판위원회가 설치되어 있습니다)
는 2013년부터 총 4단계에 걸쳐 온라인 행정심판을 추진해왔고, 2017
년 2월 16일 전국 총 63개 심판기관에서 온라인 행정심판 서비스를

제공하게 되었습니다. 기존에는 행정심판을 청구하기 위해서 해당기관을 직접 방문하거나, 우편으로 관련 서류를 제출해야 하는 불편이 있었는데, 이제는 온라인 행정심판 홈페이지(www.simpan.go.kr)에서 실명 확인이 가능한 수단(공인인증서 또는 휴대폰 인증)을 통해 회원가입을 하면 누구나 쉽게 진행할 수 있게 된 것입니다.

국민권익위원회에 의하면 온라인 행정심판을 통해 접수된 사건은 2015년 5,439건(총 24,425건 대비 22.3%), 2016년 7,364건(총 26,730건 대비 27.5%), 2017년 9,849건(총 27,918건 대비 35.3%), 2018년 7,036건(총 23,043건 대비 30.5%), 2019년 6,805건(총 24,076건 대비 28.3%)으로서 활발하게 이용되고 있음을 알 수 있습니다.

❯ 온라인 행정심판의 장점

온라인으로 행정심판을 진행하면 어떤 장점이 있을까요?

온라인 행정심판 홈페이지에서는 청구서 접수처리, 사건처리현황조회, 집행정지 및 구술심리 신청, 답변서 송달, 심리기일 통보, 재결서 송달 등의 행정심판 전 과정을 처리할 수 있습니다. PC뿐만 아니라 모바일 기기를 이용하여 온라인으로 쉽게 행정심판을 청구할 수 있습니다. 우편으로 관련 서류를 송달하는 절차와 비교하여 훨씬 빠른 절차 진행이 가능합니다. 또한, 행정심판 절차 진행 과정에서 별도의 수수료가 들지 않습니다.

온라인 행정심판을 이용하는 경우 행정심판청구서 및 집행정지 신청서 등과 관련하여 모범례를 참조하여 쉽게 작성할 수 있습니다. 뒤에서 행정심판청구서 및 집행정지 신청서 등의 작성 방법에 대해서 살펴보겠지만, 일반인은 행정심판청구서의 '청구취지', '청구이유', '처분청', '처분이 있음을 안 날' 등에 대해 정확하게 작성하기가 쉽지만은 않습니다. 이럴 때 온라인 행정심판을 이용하면 서면 작성과 관련한 정보를 얻을 수 있어 효과적입니다. 그리고 행정심판과 관련된 증거 자료도 첨부파일로 붙이거나 수시로 제출할 수 있습니다. 그에 더해 온라인 행정심판 홈페이지에는 행정심판과 관련된 각종 서식이 제공되고 있고, 여러 행정심판위원회 홈페이지에 접근이 가능하도록 링크가 되어 있어 편리합니다.

❱ 온라인 행정심판 '지식서비스'를 활용해 보자

온라인 행정심판을 이용할 경우 가장 좋은 점은 바로 '지식서비스'를 통해 관련 정보를 활용할 수 있다는 것입니다. 여러 포털 사이트에서 검색하는 것보다 온라인 행정심판 홈페이지에서 여러 키워드를 조합하여 자신의 상황에 맞는 사건을 검색한다면 향후 진행 과정에서 상당한 도움을 받을 수 있습니다. 또한, '지식서비스'를 이용하면 처분 유형별로 사건을 검색할 수 있습니다. 자동차 운전면허와 관련된 면허정지·면허취소 사건, 식품위생과 관련된 영업정지, 시정명령, 과징금부과사건, 노래연습장·게임방 등에 대한 유사 재결례를 볼 수 있습니다. 그리고 처분청에 따라 행정심판위원회가 다르기 때문에 어디에 행정심판을 청구해야 할지 잘 모르겠다면 처분청명 또는 심판기관에 따른 위원회에 대해 검색할 수도 있습니다.

뿐만 아니라 청구사례 및 재결례에 대해 상세검색을 할 수 있는데, 2020년 8월 27일 현재 온라인 행정심판 홈페이지 해당란에는 재결례 30,278건, 청구사례 1,930건에 대해 검색이 가능합니다. 재결례 검색과 관련해서 예를 들어 '노래연습장 주류판매 및 접대부 고용·알선＋영업정지처분 취소'라는 키워드로 '노래연습장영업정지처분 취소'재결에 대한 검색이 가능한데, 이것을 클릭하면 해당 사건에 대한 재결 요지, 재결 이유, 관련 규정, 위원회의 판단 등에 대해서 자세히 알 수 있습니다. 해당 사건의 사실관계는 이러했는데, 그 사안에서 청구인의 주장은 이런 것이었고, 그에 대해 행정심판위원회에서 어떤 주장은 받아들였고 어떤 주장은 받아들이지 않았는지 쉽게 알 수 있다는 뜻입니다. 행정심판을 청구하는 입장에서는 천군만마를 얻은 격입니다.

재판의 경우 판례를 제공해주는 여러 검색서비스(대법원 종합법률정보 검색 등)가 있기는 하지만, 1심 및 2심과 같은 하급심 판례는 거의 검색되지 않습니다. 1심 및 2심을 '사실심'이라고 하는데, 사실심 판결문에는 해당 사안의 사실관계가 기재되어 있습니다. 이에 대비하여 3심을 '법률심'이라고 하는데, 대법원 판례의 경우에는 사실관계가 드러나지 않는 경우가 많습니다. 내 사안과 유사한 사건이 어떻게 처리되었는지 알 수 있다면 대응방법도 그에 맞게 짤 수 있는데, 대법원 판결문을 검색해서는 그러한 대응이 쉽지 않다는 것입니다. 또한, 하급심 판례에 대한 검색서비스를 제공하는 사이트는 대부분 유료인 경우가 많은 점에 비추어 보면 온라인 행정심판의 '지식서비스'가 얼마나 도움이 되는지 알 수 있습니다.

❯ 온라인 행정심판을 이용하지 않는 경우 주의할 점

한편, 인터넷이 익숙하지 않다면 구태여 온라인 행정심판을 이용하기 위해서 고생할 필요는 없습니다. 온라인 행정심판의 장점이 있지만 이를 이용하는 것이 쉽지 않다면 서면을 직접 작성하여 제출하면 됩니다. 이때 관련 서류를 반드시 행정심판위원회로만 제출해야 하는 것은 아닙니다. 처분을 내린 행정청에 행정심판청구서를 제출하더라도 해당 행정청에서는 그 서류를 소관 행정심판위원회로 보내줍니다. 심지어 아무런 관련이 없는 행정청에 행정심판청구서를 민원 형식으로 제출하더라도 해당 행정청에서는 소관 행정심판위원회를 수소문하여 보내주니 염려하지 않아도 됩니다.

이때 주의할 것이 있습니다. 행정심판은 처분이 있음을 알게 된 날부터 90일 또는 처분이 있었던 날부터 180일 이내에 청구해야 하는데(이 날짜를 하루라도 지키지 않으면 청구기간 도과로 '각하'재결을 받게 되니 반드시 유의해야 합니다), 이러한 기간준수 판단은 행정청이든 행정심판위원회든 도착한 날을 기준으로 한다는 것입니다. 혹시 온라인 행정심판을 이용하여 행정심판청구서를 제출했다면 그와 관련된 주장과 증거 자료는 나중에 추가로 접수하여도 무방하므로 우편으로 행정심판청구서를 제출하는 것보다는 최소한 며칠 정도의 여유를 얻을 수 있을 것입니다. 우편으로 행정심판을 청구하고자 할 때는 행정심판청구서가 도착될 때까지 소요되는 기간을 고려하여 진행하는 것을 잊지 않아야 합니다.

이처럼 온라인 행정심판을 이용하면 여러 좋은 점이 있습니다. 행정심판을 청구할 때 온라인 행정심판을 활용하기를 권합니다.

행정심판위원회, 어디로 가야 하나요?

세무서장으로부터 양도소득세에 대해서 납세고지를 받았습니다. 그런데 아무리 생각해도 납세고지가 잘못된 것 같습니다. 조세관련 처분을 받은 경우에는 어떤 행정심판위원회에서 다퉈야 하나요?

❯ 특별행정심판의 의의

지금까지 우리가 다룬 행정심판과 비교하여 '특별행정심판'이라는 것이 있습니다. 행정심판법 제4조 제1항은 "사안의 전문성과 특수성을 살리기 위하여 특히 필요한 경우 외에는 이 법에 따른 행정심판을 갈음하는 특별한 행정불복절차(이하 "특별행정심판"이라 한다)나 이 법에 따른 행정심판 절차에 대한 특례를 다른 법률로 정할 수 없다."고 규정하고 있고, 제2항은 "다른 법률에서 특별행정심판이나 이 법에 따른 행정심판 절차에 대한 특례를 정한 경우에도 그 법률에서 규정하지 아니한 사항에 관하여는 이 법에서 정하는 바에 따른다."고 규정하고 있습니다.

이러한 특별행정심판절차가 허용되기 위해서는 첫째, '다른 법률'로 특별히 정하고 있어야 하고, 둘째 사안의 '전문성·특수성'이 있어야 하며, 셋째, 사안의 전문성·특수성을 살리기 위해 '특히 필요한 경우'이어야 할 것이 요구됩니다. 대표적인 특별행정심판으로 분류되는 분야는 조세·노동·보험급여·공무원·토지수용 등인데, 여기에 해당되면 (일반)행정심판위원회에 행정심판을 청구할 수 없고, 해당 특별행정심판위원회에 행정심판을 청구하여야 합니다.

현재 운영되고 있는 특별행정심판위원회의 종류는 다양한데, 아래에서는 대표적인 특별행정심판위원회에 대해서 살펴봅니다.

❯ 조세심판원

조세심판원은 국세 및 지방세와 관련된 처분에 대해 심리하는 기관으로서, 조세사건의 전문성·특수성을 고려하여 국세기본법에서 국세의 부과·징수에 대한 불복절차에 대하여는 행정심판법의 적용을 배제하고 국세기본법에 의하도록 규정하고 있습니다.

조세 법률관계를 규율하는 법률은 극히 전문적이고 기술적이며 매우 복잡할 뿐만 아니라 법률의 제·개정도 어지러울 정도로 심합니다. 따라서 행정심판위원회에서 이를 맡는 것보다는 공인회계사, 세무사, 관세사, 대학에서 회계학을 가르치는 교수 등의 자격요건을 추가하여 처리하게 하는 것이 훨씬 효율적입니다. 또한, 조세사건은 대량으로 발생하기 때문에 비상설의 행정심판위원회보다는 조세사건만을 전문적으로 처리하기 위해 설립된 심판기관에서 맡는 것이 더 낫습니다.[9]

앞서 본 사례에서 양도소득세를 부과 받은 경우 이를 다투기 위해서는 행정소송을 제기하기 전 먼저, 조세심판원에 행정심판을 청구해야 합니다. 이를 '필수적 행정심판전치주의'라고 하는데 이에 대해서는 제6강에서 자세히 살펴봅니다. 먼저 조세심판원을 거치지 않고 곧바로 행정소송을 제기하는 경우, 법원에서는 필수적 행정심판전치주의 위반으로 각하 판결을 내리게 됨을 유의해야 합니다. 한편, 조세심판원에 대한 심판청구는 처분이 있은 것을 안 날부터 90일 이내에 하여야 하고, 이의신청을 거친 후 심판청구를 하는 경우라면 이의신청에 대한 결정의 통지를 받은 날부터 90일 이내에 하여야 합니다. 심판청구를 받은 조세심판원은 원칙적으로 90일 이내에 결론을 내려 양 당사자에게 통지하여야 하는데, 90일을 초과하는 경우에는 90일 초과시점부터 행정소송의 제기가 가능합니다.

❯ 노동위원회

노동관계법과 관련된 행정심판에 대해서는 노동위원회가 맡고 있습니다. 노동위원회는 부당해고·부당노동행위 구제, 공정대표의

---

9) 채우석, 특별행정심판제도의 전문성·특수성, 사단법인 한국토지공법학회 토지공법연구 제58집, 2012년 8월, 334~335쪽

무 위반 시정, 단체협약의 해석 또는 이행방법에 관한 견해의 제시, 근로조건 위반으로 인한 손해배상 여부 결정, 노동조합 규약의 시정명령 의결, 노동조합 해산 의결 등과 관련된 업무를 수행합니다.

이러한 노동분쟁의 해결에는 노동 분야의 전문가로 구성된 노동위원회의 결정이 유효한데, 근로자의 업무상의 부상, 질병 또는 사망의 인정, 요양의 방법, 보상금액의 결정 등에 대해 불복하는 경우, 노동조합과 사용자 또는 사용자단체 사이에 임금·근로시간·복지·해고 등 근로조건의 결정에 관하여 분쟁이 발생한 경우 등에 대해서 노동위원회가 행정심판을 처리하게 됩니다.[10]

노동조합 및 노동관계조정법에 따르면 지방노동위원회 또는 특별노동위원회의 노동행위에 대한 중재재정이 위법이거나 월권에 의한 것이라고 인정하는 경우에는 그 중재재정서의 송달을 받은 날부터 10일 이내에 중앙노동위원회에 그 재심을 신청할 수 있고(노동조합 및 노동관계조정법 제69조 제1항), 부당노동행위에 대한 지방노동위원회 또는 특별노동위원회의 구제명령 또는 기각결정에 불복이 있는 관계 당사자는 그 명령서 또는 결정서의 송달을 받은 날부터 10일 이내에 중앙노동위원회에 그 재심을 신청할 수 있습니다(같은 법 제85조 제1항).

---

10) 앞의 논문, 339쪽

❯ 국민건강보험공단

한편, 보험급여 등에 관한 행정심판은 국민건강보험공단에 청구할 수 있습니다(산업재해보상보험법 제103조 제1항). 공단은 제103조 제4항에 따라 심사 청구서를 받은 날부터 60일 이내에 심사위원회의 심의를 거쳐 심사 청구에 대한 결정을 하여야 하고, 다만, 부득이한 사유로 그 기간 이내에 결정을 할 수 없으면 1차에 한하여 20일을 넘지 아니하는 범위에서 그 기간을 연장할 수 있습니다(같은 법 제105조 제1항). 제105조 제1항에 따른 심사 청구에 대한 결정에 불복하는 자는 제107조에 따른 산업재해보상보험심사위원회에 재심사 청구를 할 수 있으나, 다만, 판정위원회의 심의를 거친 보험급여에 관한 결정에 불복하는 자는 제103조에 따른 심사 청구를 하지 아니하고 재심사 청구를 할 수 있습니다. 이러한 재심사의 청구에 대한 재결은 행정소송법 제18조를 적용할 경우 행정심판에 대한 재결로 봅니다(같은 법 제111조 제2항).

❯ 소청심사위원회

공무원이 징계처분 그 밖에 그 의사에 반하는 불리한 처분이나 부작위에 대하여 이의를 제기하는 경우 이를 심사하고 결정하는 행정심판제도의 일종으로 소청심사가 있습니다. 이는 위법, 부당한 인사상 불이익 처분에 대한 구제라는 사법 보완적 기능을 통하여 직접적으로 공무원의 신분 보장과 직업 공무원 제도를 확립하고, 간접적으로는 행정의 자기 통제 효과를 도모하는 제도입니다.

국가공무원법상 소청심사의 대상에는 징계처분, 기타 의사에 반하는 불리한 처분, 부작위 등이 있는데, 여기서 징계처분에는 파면, 해임, 강등, 정직, 감봉, 견책이 있고, 기타 의사에 반하는 불리한 처분에는 강임, 휴직, 직위해제, 면직, 전보 등이 있습니다. 국가공무원 중 일반직 공무원과 특정직 공무원 중 교원(교원소청심사위원회), 군인 및 군무원(군인사소청심사위원회)을 제외한 공무원은 인사혁신처 소청심사위원회에 소청을 청구해야 합니다. 또한 지방공무원 중 일반직 공무원은 시·도 지방공무원 소청심사위원회에, 지방직 교육직렬 공무원은 교육소청심사위원회에 소청을 청구해야 합니다.

소청심사를 청구하고자 하는 공무원은 처분 사유 설명서 수령일 또는 처분이 있는 것을 안 날부터 30일 이내에 소청을 청구해야 합니다. 소청심사위원회는 접수일부터 60일 이내에 결정하되, 재적위원 중 3분의 2 이상이 출석하여 출석위원 과반수의 합의로 결정을 내리게 됩니다. 소청심사의 경우도 조세심판과 마찬가지로 원칙적으로 필수적 행정심판전치주의가 적용되므로 행정법원에서 이를 다투고자 하는 경우 소청심사위원회를 거쳐야 함을 주의해야 합니다.

❯ 토지수용위원회

국가나 공공기관에서 도로, 철도, 항만, 산업단지 등을 조성하는 공익사업을 시행하기 위해서는 해당 사업에 쓸 토지가 필요합니다. 국가나 공공기관에서는 이들 토지를 취득하기 위해 소유자와 매수 협의를 하고, 협의가 이루어지지 않는 경우 토지수용을 하게 됩니다. 이러한 협의보상이 어려울 때 사업시행자가 수용재결 신청을 하는 경우 토지수용위원회에서 양 당사자의 의견을 듣고 재결을 내립니다. 토지수용위원회는 사업시행자에게는 사업을 원활히 시행할 수 있도록 돕고, 토지소유자 등에게는 정당한 보상금을 받을 수 있도록 도와줌으로써 양자의 이해관계를 조정하는 역할을 맡고 있습니다. 또한 토지수용위원회는 토지 등의 수용·사용 재결 및 이의신청에 대한 재결, 개발부담금, 훼손부담금 부과처분 등에 대한 행정심판 등의 업무를 맡습니다.[11]

❯ 기타 특별행정심판위원회

이 밖에도 특허심판원, 공정거래위원회, 해양안전심판위원회, 고용보험심사위원회, 건강보험분쟁조정위원회, 변호사징계위원회, 광업조정위원회 등 다양한 특별행정심판위원회가 설치·운영되고 있습니다. 이러한 행정심판위원회를 기억해 두었다가 행정처분에 불복하고자 하는 경우 자신의 사안과 관련된 행정심판위원회에서 권리구제 절차를 진행하기 바랍니다.

---

11) 중앙토지수용위원회 홈페이지(oclt.molit.go.kr) 참고

행정소송을 제기하기 전
반드시 행정심판을 거쳐야 하나요?

> 운전면허 적성검사 기간이 지난 사실을 깜빡하고 면허증을 갱신하지
> 않았는데, 아무런 생각 없이 운전을 하고 있었습니다.
> 어느 날 불법 유턴을 하다가 그만 경찰에 적발되고 말았습니다. 경찰
> 관에게 운전면허증을 제시하고 나서야 적성검사 기간 만료로 무면허
> 운전을 했다는 사실을 알게 되었습니다. 이로 인해 ○○지방경찰청장
> 으로부터 자동차운전면허 정지처분을 받았습니다.
> 생각해 보니 적성검사 기간 안내 통지를 받지 못했습니다. 이를 이유
> 로 행정소송을 제기하고자 하는데 가능할까요?

❯ 필수적 행정심판전치주의의 의의

헌법 제107조 제3항은 "재판의 전심절차로서 행정심판을 할
수 있다. 행정심판의 절차는 법률로 정하되, 사법절차가 준용되어
야 한다."고 규정하여 행정심판의 헌법적 근거를 마련하고 있습니
다. 행정심판은 재판의 전심절차로 하되, 사법절차가 준용되어야

합니다. 이러한 점에서 행정심판을 준사법절차라고 하기도 합니다.

1994년 행정소송법 개정안을 통해 기존 필수적 행정심판전치주의가 임의적 절차로 변경되었습니다. 필수적 행정심판전치주의는 행정청의 자기반성적 고려 및 법원의 부담을 경감하기 위한 차원에서 채택되었습니다. 그러나 행정처분에 대해 행정청이 심사함으로써 공정성이 훼손되고, 인용률이 낮으며, 청구인의 선택의 폭을 좁힌다는 등의 문제가 발생하였는데, 이를 입법적으로 변경한 것입니다. 이에 따라 위법·부당한 행정처분으로 인하여 권익이 침해당한 자는 원칙적으로 행정심판을 거치지 않고 행정소송을 제기할 수 있게 되었습니다. 행정소송법 제18조 제1항은 "취소소송은 법령의 규정에 의하여 당해 처분에 대한 행정심판을 제기할 수 있는 경우에도 이를 거치지 아니하고 제기할 수 있다. 다만, 다른 법률에 당해 처분에 대한 행정심판의 재결을 거치지 아니하면 취소소송을 제기할 수 없다는 규정이 있는 때에는 그러하지 아니하다."고 하여 다른 법률에 행정심판을 거치도록 규정하고 있지 않는 한 행정심판을 거치지 않더라도 행정소송을 제기할 수 있음을 명확히 하고 있습니다.

❯ 필수적 행정심판전치주의가 적용되는 분야

현행법상 행정심판을 거쳐야 행정소송을 제기할 수 있는 경우는 ① 공무원에 대한 징계처분 및 기타 불이익한 처분, ② 국세 등 각종 조세와 관련된 처분, ③ 도로교통법과 관련된 처분, ④ 토지수용위원회의 재결과 관련된 경우, ⑤ 해양수산부장관의 선박검사 등 처분, ⑥ 노동위원회의 결정에 대한 경우 등입니다. 여기서 빈번히 문제가 되는 것은 ①, ②, ③의 경우입니다. 공무원에 대한 징계처분 및 기타 불이익한 처분을 다투고자 하는 경우에는 소청심사위원회 또는 징계심사위원회를 거쳐야 하고,[12] 국세 등 각종 조세와 관련된 처분을 다투고자 하는 경우에는 조세심판원을 거쳐야 하며,[13] 도로교통법과 관련된 운전면허 정지처분 및 취소처분 등에 대해 다투고자 하는 경우에는 중앙행정심판위원회를 거쳐야 합니다.[14] 이러한 절차를 거치지 않고 행정소송을 제기한 경우에는 법원에서 각하 판결을 받게 되므로 주의해야 합니다.

---

12) 국가공무원법 제16조(행정소송과의 관계) ① 제75조에 따른 처분, 그 밖에 본인의 의사에 반한 불리한 처분이나 부작위에 관한 행정소송은 소청심사위원회의 심사·결정을 거치지 아니하면 제기할 수 없다.
13) 국세기본법 제56조(다른 법률과의 관계) ② 제55조에 규정된 위법한 처분에 대한 행정소송은 「행정소송법」 제18조제1항 본문, 제2항 및 제3항에도 불구하고 이 법에 따른 심사청구 또는 심판청구와 그에 대한 결정을 거치지 아니하면 제기할 수 없다. 다만, 심사청구 또는 심판청구에 대한 제65조제1항제3호단서(제18조에서 준용하는 경우를 포함한다)의 재조사 결정에 따른 처분청의 처분에 대한 행정소송은 그러하지 아니하다.
14) 도로교통법 제142조(행정소송과의 관계) 이 법에 따른 처분으로서 해당 처분에 대한 행정소송은 행정심판의 재결을 거치지 아니하면 제기할 수 없다.

❯ 중앙행정심판위원회의 주요 청구 분야 중 도로교통법 관련 사건

중앙행정심판위원회의 경우 지방경찰청장이 내린 도로교통법과 관련된 처분에 불복하는 사건이 상당수를 차지하고 있습니다. 구체적으로 보면 도로교통법 관련 사건이 2015년의 경우 총 24,425건 중 18,655건, 2016년의 경우 총 26,730건 중 20,747건, 2017년의 경우 총 29,918건 중 20,742건, 2018년의 경우 총 23,043건 중 16,827건, 2019년의 경우 총 24,076건 중 13,526건에 달합니다. 참고로 중앙행정심판위원회는 도로교통법 관련 사건과 정보공개와 관련된 사건, 보훈처분과 관련된 사건이 상당수를 차지합니다.

사례에서는 ○○지방경찰청장의 자동차운전면허 정지처분에 대해 불복하고자 하는 경우 법원으로 가기 전에 먼저 중앙행정심판위원회를 거쳐야 합니다. 나아가 적성검사 기간 만료 안내통지를 받지 못한 경우 이를 무면허운전으로 볼 수 있는지에 대해서는 추가적인 검토가 필요합니다. 무면허운전으로 볼 수 없다면 그에 근거하여 내려진 자동차운전면허 정지처분도 위법하게 될 수 있기 때문입니다. 이와 관련된 판례의 입장을 살펴봅니다.

❯ 자동차 무면허운전과 관련된 판례의 입장

① 도로교통법 제109조 제1호, 제40조 제1항 위반의 죄는 유효한 운전면허가 없음을 알면서도 자동차를 운전하는 경우에만 성립하는 이른바 고의범이므로, 기존의 운전면허가 취소된 상태에서 자동차를 운전하였더라도 운전자가 면허취소사실을 인식하지 못한 이상 도로교통법위반(무면허운전)죄에 해당한다고 볼 수 없고, 관할 경찰당국이 운전면허취소처분의 통지에 갈음하는 적법한 공고를 거쳤다 하더라도 그것만으로 운전자가 면허가 취소된 사실을 알게 되었다고 단정할 수는 없으며, 이 경우 운전자가 그러한 사정을 알았는지는 각각의 사안에서 면허취소의 사유와 취소사유가 된 위법행위의 경중, 같은 사유로 면허취소를 당한 전력의 유무, 면허취소처분 통지를 받지 못한 이유, 면허취소 후 문제된 운전행위까지의 기간의 장단, 운전자가 면허를 보유하는 동안 관련 법령이나 제도가 어떻게 변동하였는지 등을 두루 참작하여 구체적·개별적으로 판단하여야 한다(대법원 2004. 12. 10. 선고 2004도6480 판결).

② 제1종 운전면허 소지자인 피고인이 정기적성검사기간 내에 적성검사를 받지 아니하였다고 하여 구 도로교통법(2010. 7. 23. 법률 제10382호로 개정되기 전의 것) 위반으로 기소된 사안에서, 운전면허증 소지자가 운전면허증만 꺼내 보아도 쉽게 알 수 있는 정도의 노력조차 기울이지 않는 것은 적성검사기간 내에 적성검사를 받지 못하게 되는 결과에 대한 방임이나 용인의 의사가 존재한다고 봄이 타당한 점 등에 비추어 볼 때, 피고인이 적성검사기간 도래 여부에 관한 확인을 게을리 하여 기간이 도래하였음을

알지 못하였더라도 적성검사기간 내에 적성검사를 받지 않는 데 대한 미필적 고의는 있었다고 봄이 타당한데도, 이와 달리 보아 무죄를 선고한 원심판결에 진정부작위범의 미필적 고의에 관한 법리오해 등으로 판단을 그르친 잘못이 있다고 한 사례(대법원 2014. 4. 10. 선고 2012도8374 판결).

③ 도로교통법 제70조 제5호, 제7호, 제40조의 규정을 종합하면, 자동차운전면허를 받은 사람이 정기적성검사를 받지 아니한 사유로 운전면허가 취소되고 같은 법 시행령 제53조의 규정에 따른 통지 또는 공고가 있은 후 운전자가 그 면허취소사실을 모르고 운전한 경우의 무면허운전행위는 순수한 무면허운전이 아니라 같은 법 제70조 제7호 단서의 운전면허의 효력이 정지된 기간 중의 운전과 마찬가지로 볼 것이므로 제7호 본문 소정의 2년간의 면허발급제한은 적용되지 않는다고 해석할 것이다(대법원 1991. 11. 8. 선고 91누2588 판결).

④ 운전면허를 받은 자가 기간 내에 정기적성검사를 받지 아니하였다 하더라도 곧바로 운전면허의 효력이 상실되는 것은 아니고 이는 단지 운전면허의 취소 또는 정지사유에 불과한 것으로서 이를 이유로 운전면허를 취소하였을 경우에는 도로교통법 시행령 제53조, 같은 법 시행규칙 제53조 제2항의 규정에 따라 이를 통지하여야 하고 이러한 통지가 없는 동안은 운전면허취소의 효력이 생기지 아니하는 것이므로 원고가 정기적성검사를 받지 아니하였다는 이유로 그에 대한 운전면허를 취소하고 이러한 사실을 기재한 엽서를 원고의 전 주소지로 발송하여 그가 이를 받아보지 못하였을 뿐 아니라 그 이후에도 별도의 통지가 없었다면 위 기간 동안에 원고가 한 자동차운전을 무면허운전이라 할 수

없다(서울고등법원 1990. 4. 4. 선고 89구3856 판결).

도로교통법 제93조 제4항, 같은 법 시행규칙 제93조 제3항에 의하면 운전면허의 취소 또는 정지처분은 그 상대방에게 적법한 통지(또는 그에 갈음한 14일 간의 공고)가 있어야 효력이 발생합니다. 단지 적성검사기간 또는 유효기간 등이 경과하거나 면허의 취소·정치처분이 있더라도 이러한 사정만으로 곧바로 운전면허의 효력이 소멸하는 것은 아닙니다.[15] 따라서 지방경찰청장이 운전면허의 취소·정지처분을 하고자 하는 때에는 그 상대방에게 미리 통지하여야 하고, 그 처분을 한 때에도 그 상대방에게 다시 통지하여야 합니다(도로교통법 제93조 제4항). 다만, 그 상대방의 소재불명으로 통지할 수 없을 때에는 그에 갈음하여 14일간 공고함으로써 통지를 대신할 수 있습니다(같은 법 시행규칙 제93조 제1항, 제3항). 통지에 갈음한 공고의 적법성과 관련하여 처분의 통지서가 수취인불명으로 반송되었더라도 상대방이 그 주소지에서 계속 거주하였다면 그 공고는 부적법하고(대법원 1998. 9. 8. 선고 98두9653 판결 참조), 상대방이 주소를 변경하면서 면허증상 주소도 변경하였는데, 행정착오로 종전 주소지에 통지서를 발송하였다가 반송되자 공고한 것은 부적법하게 됩니다(대법원 1994. 1. 11. 선고 93누21705 판결 참조).[16]

---

15) 이주원, 특별형법, 제4판, 홍문사, 25쪽
16) 앞의 책, 26~27쪽

❯ 사례의 해결

사례에서는 행정소송을 제기하기 전 중앙행정심판위원회에 행정심판을 청구해야 합니다(필수적 행정심판전치주의). 아울러, 자동차운전면허 정지처분과 관련하여 청구인에게 자동차운전면허 적성검사 기간 만료로 자동차운전면허 정지처분이 내려진다는 내용에 대해 관할 지방경찰청장으로부터 사전통지서, 결정통지서가 적법하게 송달되었는지 여부에 따라 자동차운전면허 정지처분의 적법성이 결정될 것입니다. 만약, 지방경찰청장이 청구인에게 자동차운전면허 정지처분을 내리면서 도로교통법 제93조 및 같은 법 시행규칙 제93조에 따른 절차를 준수하지 않았다면 해당 처분은 위법하여 취소될 것입니다.

행정심판이 되지 않는다고요?

[실제사례]

아파트 건설을 목적으로 설립된 A지역주택조합(이하 'A조합'이라 합니다)은 조합설립인가처분을 받은 이후 2년이 지나도록 다음 단계인 사업계획승인신청을 하지 않고 있었습니다. X는 A조합의 사업부지 내에 토지를 소유하고 있는 사람입니다.

X는 관할 구청에 A조합이 주택법 시행령 제23조 제1항에 따라 설립인가를 받은 날부터 2년 이내에 사업계획승인을 신청하여야 함에도 하지 않고 있으므로, 관할 구청이 A조합에 내린 조합설립인가처분을 취소하라는 내용의 민원을 제기했습니다. 이에 관할 구청은 X에게 A조합이 조합설립인가일부터 2년 이내에 사업계획승인을 신청하지 않았다는 이유만으로는 조합설립인가처분의 효력이 상실된다고 볼 수 없다는 내용의 회신을 하였습니다. X는 관할 구청의 회신이 주택법 시행령 제23조 제1항에 위반된다고 주장하면서 행정심판을 청구했습니다.

두 달이 지나, X는 자신의 행정심판 청구가 처분이 아닌 것을 대상으로 삼아 부적법하다는 이유로 '각하' 재결을 받았습니다. 어떻게 된 것일까요?

❯ 각하 재결

행정심판을 청구했지만, 다툼의 대상으로 삼은 행정청의 행정행위가 처분이 아니라는 이유로 각하 재결을 받고 말았습니다. 행정청의 행정행위가 위법·부당하다는 내용을 빼곡히 적어서 제출했건만 재결서에는 행정행위의 위법·부당에 대한 판단은 한 글자도 없고, 그저 처분이 아닌 것을 대상으로 하여 부적법하다는 내용이 몇 줄 적혀 있을 뿐입니다. 각하 재결은 심판청구가 적법하지 않는 경우(행정심판의 요건을 갖추지 못한 경우)에 내려지게 됩니다. 행정심판의 대상이 되지 않는 경우에 대해 살펴보기 전에 행정심판법 제2조를 다시 떠올려 봅니다.

행정심판법 제2조(정의) 이 법에서 사용하는 용어의 뜻은 다음과 같다.
1. "처분"이란 행정청이 행하는 구체적 사실에 관한 법집행으로서의 공권력의 행사 또는 그 거부, 그 밖에 이에 준하는 행정작용을 말한다.
2. "부작위"란 행정청이 당사자의 신청에 대하여 상당한 기간 내에 일정한 처분을 하여야 할 법률상 의무가 있는데도 처분을 하지 아니하는 것을 말한다.
3. (생략)
4. "행정청"이란 행정에 관한 의사를 결정하여 표시하는 국가 또는 지방자치단체의 기관, 그 밖에 법령 또는 자치법규에 따라 행정권한을 가지고 있거나 위탁을 받은 공공단체나 그 기관 또는 사인(私人)을 말한다.

행정심판법 제3조 제1항은 행정청의 처분 또는 부작위에 대하여는 다른 법률에 특별한 규정이 있는 경우 외에는 이 법에 따라 행정심판을 청구할 수 있다고 규정하고 있습니다. 따라서 일단 행정심판법 제2조에 따른 처분, 부작위, 행정청의 정의에 해당되지 않는 경우는 행정심판으로 다툴 수 없게 됩니다. 이를 포함하여 행정심판의 대상이 되지 않는 경우에 대해 살펴봅니다.

❯ 행정청이 아닌 경우

개인, 회사, 입법부, 사법부 등은 행정청이 아닙니다. 또한 행정에 관한 의사를 대외적으로 표시할 수 없는 공무원도 행정청이 아닙니다. 하지만 법령 또는 조례·규칙과 같은 자치법규에 따라 행정권한을 가지고 있거나 이를 위탁받은 공공단체, 그 기관 또는 사인의 처분은 심판청구의 대상이 됨을 주의해야 합니다. 예를 들면, 광주광역시도시공사가 주택사업을 시행하면서 마을 주민에게 토지보상을 하는 과정에서 생활보호대책 대상자 제외 처분을 한 사례에서 광주광역시도시공사는 자치법규에 의해 대외적으로 행정권한을 행사할 수 있다는 이유로 행정청에 포함된 경우가 있습니다.

❯ 처분 또는 부작위에 해당하지 않는 경우

　　행정심판법 제2조에 따른 처분과 부작위의 정의는 외울 필요가 없습니다. 처분과 부작위의 정의에 대해서는 법률가에게 맡기고, 우리는 실제 사례에서 어떤 것이 처분과 부작위에 해당되지 않았는지에 대해 기억하면 됩니다. 구체적으로 살펴보면, 단순 민원회신, 질의응답, 법령해석, 행정청의 기관 간 협조요청, 행정지침하달, 민원인에 대한 자료제출 요구, 단순 행정조사, 알선, 권고, 조정, 도시계획결정을 위한 공람·공고, 행정처분을 위한 청문 등은 처분에 해당되지 않습니다. 또한 행정청이 사(私)경제의 주체로서 하는 매매계약(물품구매, 토지계약 등), 공중보건의 채용계약 등도 처분에 해당하지 않습니다. 한편, 당사자의 신청이 없었던 경우, 행정청에게 일정한 처분을 하여야 할 법률상 의무가 없는 경우, 당사자에게 법률상 또는 조리상 신청권이 없는 경우 등 행정청의 부작위가 아닌 것을 대상으로 하여 행정심판이 청구된 경우에는 역시 각하되게 됩니다.

❯ '법률상 이익'이 없는 자가 행정심판을 청구한 경우

　　행정심판법 제13조에 의하면 행정심판은 '법률상 이익'이 있는 자가 청구할 수 있습니다. 법률상 이익이 있는 사람에게 '청구인 적격'이 있다고 합니다. 통상 불이익한 처분을 받은 그 당사자에게는 해당 처분을 행정심판을 통해 다툴 법률상 이익이 인정됩니다.

여기서 문제되는 것은 해당 처분 또는 부작위가 자기와 관련이 없는 것으로 보이는 경우, 다른 사람이 받은 처분을 다투고자 행정심판을 청구한 경우입니다.

주유소 설치허가와 관련하여 한 사람만 허가해주는 공고에서 후순위로 선정된 사람은 선순위로 뽑힌 사람이 부정한 방법으로 뽑혔다는 것을 입증하면 선순위가 될 수 있습니다. 이러한 경우에는 선순위로 뽑힌 사람에 대한 우선순위결정처분을 다툴 법률상 이익이 있게 됩니다(이를 '경원자 관계'라고 합니다).

처분의 직접 상대방이 아닌 제3자가 행정소송을 제기한 경우의 대표적 사례로 새만금방조제 간척사업 사건이 있습니다. 환경단체는 정부의 새만금방조제 간척사업이 환경을 침해한다고 보고 그 처분을 취소해 달라는 행정소송을 제기했습니다. 여기서 대법원은 위 사업의 환경영향평가 대상지역 안에 거주하는 주민은 법률상 이익이 있다고 한 후 본안판단을 하였고, 그 지역 밖에 거주하는 주민은 법률상 이익이 없다고 하여 각하했습니다. 저도 이와 유사한 사안을 처리한 적이 있습니다. 한 종교단체가 건축물 증축허가를 받자, 인근 주민, 대학 교수, 학생, 교회 신도 등 다수가 증축허가를 취소해 달라는 행정심판을 청구했습니다. 행정심판위원회에서는 위 대법원 판례의 취지와 유사하게 교통영향평가 대상지역 안에 거주하는 인근 주민에 대해서는 증축허가 처분의 취소를 다툴 법률상 이익이 있다고 판단했습니다(자세한 것은 제2부 분야별 행정심판의 실제 제10장 참조).

이러한 범주에 속하지 않는 제3자의 청구에 대해서는 그에게 행정심판을 청구할 법률상 이익이 있는지 여부가 중요한 쟁점이 됩니다. 통상 주민 사이에 민원성으로 행정심판이 청구되는 경우가 많은데, 직접 받은 처분이 아닌 제3자가 받은 처분에 대해 다투고자 할 때는 과연 이를 다툴 수 있는 법률상 이익이 있는지를 먼저 검토해 보아야 합니다.

❯ 청구인에게 '권리보호이익'이 없는 경우

권리보호이익이란 행정심판이 인용될 경우 청구인이 얻게 될 이익이라고 보면 됩니다. 기간의 경과, 처분의 집행 또는 기타 사유로 인해 처분의 효력이 이미 소멸된 경우에는 행정심판을 청구할 권리보호이익이 없게 됩니다. 예를 들어, 한 고등학생이 학교의 종교교육에 반대하여 퇴학처분을 받은 사안에서 그 고등학생이 퇴학처분을 다투는 행정심판을 청구했다고 가정해 봅니다. 시간이 흘러 그 학생이 검정고시를 통해 대학생이 된 경우에는 퇴학처분이 취소된다고 하더라도 그 학생에게는 회복되는 권리가 없게 됩니다. 따라서 이러한 경우에는 권리보호이익이 없음을 이유로 각하 재결이 내려지게 됩니다.

그런데 처분기간이 경과된 경우라도 위반전력이 가중제재요건에 해당하는 경우에는 그 전력(前歷)에 대해 다툴 수 있는 기간이 지났다고 하더라도 권리보호이익을 인정하는 경우가 있습니다. 예를 들면, 1차 위반 시 영업정지 1월 처분, 2차 위반 시 영업정지 3

월 처분을 받는 사안에서 1차 위반에 대해 다툴 수 있는 청구기간이 지났다고 하더라도, 청구인 입장에서 1차 위반과 관련된 처분이 취소된다면 2차 위반이 결국은 1차 위반이 되므로 영업정지 3월이 아닌 영업정지 1월 처분을 받을 수 있는 이익이 생깁니다. 이때에는 권리보호이익이 인정되어 행정심판청구가 가능합니다.

❯ 청구기간을 도과하여 행정심판을 청구한 경우

행정심판법 제27조에 의하면 취소심판과 거부처분에 대한 의무이행심판의 경우 처분이 있음을 알게 된 날부터 90일 이내, 처분이 있었던 날부터 180일 이내에 청구해야 합니다. 이 기간은 이른바 불변기간으로서 정당한 사유가 있지 않는 한 엄격하게 계산됩니다. 이 날짜로부터 하루라도 지나 행정심판이 청구되면 각하 재결이 내려집니다. 다만, 행정청이 심판청구 기간을 90일보다 긴 기간으로 잘못 알린 경우 그 잘못 알린 기간에 심판청구가 있으면 그 행정심판은 적법하게 청구된 것으로 보고, 행정청이 심판청구 기간을 알리지 아니한 경우에는 180일 이내에 심판청구를 하면 적법합니다(행정심판법 제27조 제5항, 제6항). 이러한 기간 규정은 무효등확인심판과 부작위에 대한 의무이행심판에는 적용되지 않는다는 것도 기억해 두어야 합니다.

❯ 다시 행정심판을 청구한 경우

행정심판법 제51조에 의하면 심판청구에 대한 재결이 있으면 그 재결 및 같은 처분 또는 부작위에 대하여 다시 행정심판을 청구할 수 없습니다. 이를 위반하여 행정심판을 다시 청구한 경우 각하 재결을 면할 수 없습니다.

❯ 다른 법률에 의한 별도의 구제절차가 있는 경우

앞서 살펴봤듯이 특별행정심판에 대해서는 해당 특별행정심판위원회에서 처리하게 됩니다. 또한 과태료의 경우에는 질서위반행위규제법 제5조에 따라 행정심판의 대상에서 제외되는데, 이에 대해서는 행정심판위원회가 아니라 법원에서 과태료 재판을 통해 다투어야 합니다. 검찰이나 경찰과 같은 수사기관의 수사, 법원의 재판 등도 행정심판의 대상에서 제외됩니다.

❯ 사례의 해결

행정심판의 대상에서 제외되는 경우 행정심판을 청구하면 각하 재결을 받게 됩니다. 앞서 본 사례에서는 X의 민원에 대한 구청장의 답변은 단순 민원 회신에 불과하고, 그로 인해 X에게 어떠한 법률상 불이익이 있다고 보기 어렵다는 이유로 각하 재결이 내려졌습니다. 이처럼 행정심판을 청구할 경우에는 먼저 각하 사유가 없는지에 대해서 검토해야 한다는 것을 기억하기 바랍니다.

행정심판청구서는 어떻게 작성하나요?

저는 대학교 인근에서 일반음식점을 운영하고 있습니다. 사건이 발생한 날은 대학교 한 동아리에서 우리 가게를 빌려 신입생 환영회를 열어서 무척 바빴습니다. 저는 주방에서 안주를 만들고, 아르바이트생이 서빙을 하던 중이었는데, 느닷없이 경찰관이 들이닥쳤습니다. 경찰관은 손님 중에 주류를 제공받은 청소년이 있는지 확인한다고 했습니다. 그런데 기가 막히게도 신입생 환영회 무리 옆에서 주류를 제공받은 청소년 네 명이 적발되었습니다. 아르바이트생은 위 청소년들에 대해서 신분증을 확인하려고 했는데 위 청소년들이 신분증을 안 가져왔다고 하자, 휴대폰으로 촬영한 사진으로 성인 여부를 확인했다고 합니다. 경찰관은 저와 아르바이트생을 조사하더니, 청소년보호법 위반으로 사건을 송치하겠다고 하였습니다. 그로부터 몇 달 지나 검찰청에서 아르바이트생에 대한 기소유예처분서를 받았습니다. 그렇게 끝난 줄 알았는데, 이번에는 관할 구청에서 가게 영업을 한 달 동안 쉬라고 합니다.

이 가게를 10년 동안 운영하면서 한 번도 이런 적이 없었는데, 하필 이렇게 어려운 시기에 이런 일을 당하고 보니 답답합니다. 가게를 쉬게 되면 우리 가족의 생계가 막막하고, 당장 대출금도 갚을 길이 없습니다. 이제 대학교에 입학한 아들의 등록금이며, 취업 준비를 하고 있는 딸의 뒷바라지도 걱정입니다.

이것저것 알아보고 행정심판을 청구해 보기로 했습니다. 그런데 행정심판청구서는 어떻게 작성해야 하나요?

행정심판을 청구하기 위해서 반드시 정해진 양식을 따라야 하는 것은 아닙니다. 누가(청구인), 누구(피청구인)를 상대로, 어떤 처분에 대하여, 무슨 이유로 다투는 것이라는 정도만 들어간 것이라도 행정심판청구서로 보는 것에는 부족함이 없습니다. 다만, 행정심판법 시행규칙은 [별지 제30호]로 행정심판청구서 양식을 제공하고 있는데, 이 양식을 이용하면 훨씬 더 알아보기 쉽게 행정심판청구서를 작성할 수 있습니다. 이 양식을 보면서 설명합니다.

❯ 행정심판청구서 작성 방법

① 행정심판청구서 제목 아래 '접수번호', '접수일'란은 접수 받은 행정청심판위원회 담당자가 작성하기 때문에 비워두어야 합니다.

② '청구인'란에는 행정심판을 청구하는 사람의 성명, 주소, 주민등록번호(법인인 경우 법인등록번호), 전화번호를 기재합니다.

③ 청구인 아래에는 청구인이 법인인 경우 '대표자', '관리인'란에 표시한 후 성명 등을 작성하면 됩니다. '선정대표자'란에는 여러 명의 청구인이 공동으로 심판청구를 할 때 청구인 중 3명 이하의 대표자를 선정할 수 있는데, 행정심판

■ 행정심판법 시행규칙 [별지 제30호서식] <개정 2012.9.20>

행정심판 청구서

접수번호		접수일	

청구인	성명
	주소
	주민등록번호(외국인등록번호)
	전화번호

[　] 대표자 [　] 관리인 [　] 선정대표자 [　] 대리인	성명
	주소
	주민등록번호(외국인등록번호)
	전화번호

피청구인	
소관 행정심판위원회	[　] 중앙행정심판위원회　　[　] ○○시·도행정심판위원회　　[　] 기타
처분 내용 또는 부작위 내용	
처분이 있음을 안 날	
청구 취지 및 청구 이유	별지로 작성
처분청의 불복절차 고지 유무	
처분청의 불복절차 고지 내용	
증거 서류	

「행정심판법」 제28조 및 같은 법 시행령 제20조에 따라 위와 같이 행정심판을 청구합니다.

년　　　월　　　일

청구인　　　　　　　　　(서명 또는 인)

○○행정심판위원회 귀중

첨부서류	1. 대표자, 관리인, 선정대표자 또는 대리인의 자격을 소명하는 서류(대표자, 　관리인,선정대표자 또는 대리인을 선임하는 경우에만 제출합니다.) 2. 주장을 뒷받침하는 증거서류나 증거물	수수료 없음

처리 절차

청구서 작성	→	접수	→	재결	→	송달
청구인		○○행정심판위원회		○○행정심판위원회		

210mm×297mm[백상지 80g/㎡]

절차를 대표하여 진행할 사람을 정한 경우 그 대표자를 표시합니다. 청구인을 대신하여 가족이나, 회사의 직원, 변호사 등이 행정심판 절차를 대신하는 경우에는 '대리인'란에 표시하고, 성명, 주소, 주민등록번호(외국인등록번호), 전화번호를 기재합니다.

④ '피청구인'란에는 해당 처분을 내린 행정청을 기재합니다. 이때 주의할 점은 행정청의 내부 부서가 아니라 해당 행정청을 기재해야 한다는 것입니다. 예를 들어, 환경부장관, 국토교통부장관, 서울특별시장, 경기도지사, 광주광역시 북구청장, 대구광역시 달성군수 등으로 표시하여야지, 실제 처분을 내린 부서인 환경부 자연보전정책관, 국토교통부 하천계획과장, 서울특별시 주거환경개선과장, 광주광역시 북구청 청소행정과장 등으로 표시하면 안 됩니다.

⑤ '소관 행정심판위원회'란에는 사건을 처리할 행정심판위원회에 표시합니다. 앞서 살펴본 것처럼 통상 중앙부처, 광역자치단체장, 지방경찰청장 등이 내린 처분과 관련된 사건은 '중앙행정심판위원회'에, 시장·군수·구청장 등 기초자치단체장이 내린 처분과 관련된 사건은 'ㅇㅇ시·도행정심판위원회'에, 여기에 해당되지 않는 행정청이 내린 처분과 관련된 사건은 '기타'에 표시합니다.

⑥ '처분 내용 또는 부작위 내용'란에는 행정청으로부터 받은 처분 내용 또는 신청을 하였음에도 행정청이 아무런 조치를 취하지 않은 경우 그 내용을 작성합니다. 예를 들면, 영

업정지 1월 처분, 시정명령 처분, 이행강제금 부과처분, 과
징금부과처분 등과 관련된 내용 또는 건축허가를 신청했으
나 아무런 조치를 취하지 않은 경우 그와 관련된 내용을
기재합니다. 여기에는 간단하게 작성하고, 구체적인 내용
은 별지에 작성합니다.

⑦ '처분이 있음을 안 날'란에는 통상 처분 문서를 받아서 해
당 처분이 있음을 안 날을 기재합니다. 여기서 실무상 문
제가 되는 것은 본인이 직접 처분이 있음을 알지 못했더라
도 가족, 회사 동료 등이 처분 문서를 송달받은 경우 그때
가 처분이 있음을 안 날이 된다는 것입니다(다만, 본인이 처
분이 있음을 알지 못한 때에 정당한 사유가 인정되는 경우는 달
리 볼 여지도 있으나, 그렇게 인정되는 경우는 실무상 많지 않습
니다). 또한, 제3자가 받은 처분에 대해서 다투는 경우에는
실제로 그 처분을 알게 된 날을 적고, 구체적인 내용은 별
지에 작성합니다.

처분이 있음을 안 날은 청구기간과 관련되기 때문에 작성
에 주의가 필요합니다(청구기간을 지나서 행정심판을 청구하는
경우 각하가 되기 때문입니다). 그런데 해당 행정심판위원회
에서는 취소심판 또는 거부처분에 대한 의무이행심판 청구
의 경우 청구기간이 도과했는지 여부를 관련 자료를 바탕
으로 직권으로 조사하기 때문에, 청구기간이 도과하지 않
은 것처럼 처분이 있음을 안 날을 기재하는 것은 바람직하
지 않습니다.

⑧ '청구 취지 및 청구 이유'란은 이미 부동문자로 '별지로 작성'이라고 기재되어 있으므로 별지에 작성합니다. 행정심판에서는 이 '청구 취지 및 청구 이유'의 작성이 핵심이라고 할 수 있을 정도로 중요합니다. 이에 대해서는 별도로 살펴봅니다.

⑨ '처분청의 불복절차 고지 유무'란은 본인이 받은 처분 문서를 확인하면 됩니다. 대부분의 처분 문서에는 해당 처분을 받은 경우 행정심판 또는 행정소송을 제기할 수 있다는 불복절차에 대한 내용이 담겨 있습니다. 그 내용이 기재되어 있다면 '유', 혹시 그러한 내용이 없다면 '무'라고 기재합니다.

⑩ '처분청의 불복절차 고지 내용'란은 ⑨에서 본 것과 같이 처분 문서 내용에 기재되어 있는 불복절차 내용을 작성합니다.

⑪ '증거서류'란에는 행정심판을 청구하면서 본인의 주장을 뒷받침할 수 있는 증거를 첨부한 경우 작성합니다. 청구인이 첨부하는 증거서류에는 '갑 제○호증'이라고 번호를 붙이는데, 첨부한 증거서류의 순서대로 갑 제1호증, 갑 제2호증… 이라고 하면 됩니다. 참고로 상대방인 처분청이 첨부하는 증거서류는 '을 제○호증'이라고 표시합니다. '증거서류'란에는 본인이 첨부한 증거서류를 '갑 제1호증부터 갑 제○호증까지 일체'라고 기재합니다.

⑫ 마지막으로 행정심판청구서를 제출하는 날짜를 적고, 본인 서명을 합니다.

▶ '청구 취지' 작성 방법

　　'청구 취지'는 행정심판을 청구하는 목적을 기재하는 것으로서 간결하게 작성해야 합니다. 청구 취지는 행정심판의 종류에 따라 다른데 아래 예시를 참조하기 바랍니다.

〈취소심판의 경우〉

○ 피청구인이 2020. 4. 1. 청구인에 대하여 한 식품접객업소 영업정지 2월 처분을 취소한다.

○ 피청구인이 2020. 4. 1. 청구인에 대하여 한 과징금 1천만 원 부과처분을 취소한다.

○ 피청구인이 2020. 5. 1. 청구인에 대하여 한 시정명령 처분을 취소한다.

〈무효등확인심판의 경우〉

○ 피청구인이 2018. 4. 1. 청구인에 대하여 한 식품접객업소 영업정지 2월 처분은 무효임을 확인한다.

○ 피청구인이 2018. 4. 1. 청구인에 대하여 한 과징금 1천만 원 부과처분은 무효임을 확인한다.

○ 피청구인이 2018. 5. 1. 청구인에 대하여 한 시정명령 처분은 무효임을 확인한다.

〈의무이행심판의 경우〉

○ 피청구인은 청구인에 대하여 건축허가를 하라.

○ 피청구인은 청구인에 대하여 정보공개를 하라.

요약하면 취소심판은 "처분청-처분일-청구인-처분명-취소한다."의 순서로, 무효등확인심판은 "처분청-처분일-청구인-처분명-무효임을 확인한다."의 순서로, 의무이행심판은 "처분청-청구인-처분을 하라."의 순서로 기재하면 됩니다.

간혹 청구 취지를 어떻게 기재할지 몰라 세 가지를 모두 기재하는 경우도 있는데 적절하지 않습니다. 그리고 취소심판과 무효등확인심판은 청구기간을 넘기지 않은 경우는 취소심판으로, 부득이 청구기간을 넘긴 경우에만 무효등확인심판으로 청구하는 것이 좋습니다. 처분이 취소되든 처분이 무효임을 확인받든 청구인 입장에서는 큰 차이가 없습니다. 그런데 실무상 처분의 무효를 끌어내는 것보다 취소를 끌어내는 것이 훨씬 수월합니다. 여기서 취소와 무효의 차이는 처분의 위법·부당성의 정도의 차이에서 나타납니다. 무효는 처분의 위법·부당성이 중대·명백한 경우로서 실무상 이렇게 인정되는 것은 많지도 않을뿐더러 처분의 무효를 이끌어 내는 것이 쉽지도 않습니다. 그에 비해 취소는 처분의 위법·부당성이 무효에 이르지 않은 경우로서 무효에 비해 상대적으로 수월하게 인정될 수 있습니다. 청구인 입장에서는 처분의 위법·부당성이 심히 커서 처분이 무효가 되어야 한다고 할 수 있지만, 취소만 되어도 행정심판을 청구한 소기의 목적을 달성할 수 있기 때문에 청구기간을 넘기지 않은 경우라면 가급적(이라고 쓰지만 반드시) 취소심판을 청구해야 합니다(실무상 무효등확인심판은 원래는 취소심판을 청구했어야 했는데, 청구기간이 지나간 경우에 선택하는 것입니다). 한편, 의무이행심판은 행정청의 의무를 이행하라는 것이므로 청구인이 원하는 처분을 하라는 형식으로 기재하면 족합니다.

❯ '청구 이유' 작성 방법

청구 이유의 작성 방법은 정해진 것은 없지만 통상은 '1. 사건 개요(또는 사건발생 경위), 2. 이 사건 처분의 위법·부당성, 3. 결론, 4. 입증방법, 5. 작성일자, 6. 청구인 서명, 7. ○○행정심판위원회 귀중' 형식을 취하게 됩니다. 여기서 가장 중요한 부분은 '이 사건 처분의 위법·부당성'입니다. 사건개요, 사건발생 경위 등은 처분의 위법·부당성을 설명하기 위한 양념으로 생각하면 됩니다. 어떠한 이유로 처분이 위법하고 부당한 것인지에 대해 자세하고, 논리적으로 작성해야 합니다. 이것을 '처분에 실체적인 위법사유가 있다'고 말합니다. 해당 처분이 관련 법령에 위반된다거나, 적법하더라도 처분으로 인해 청구인이 입게 될 피해가 처분을 통해 달성하고자 하는 공익보다 클 경우 해당 처분에는 실체적인 위법사유가 있게 됩니다. 해당 처분이 관련 법령에 위반된다는 주장의 예를 들어보면, 식품위생법상 과징금을 산정하는 기준이 잘못되었다는 주장, 세법상 세금을 산정하는 기준이 잘못되었다는 주장, 처분이 연령 계산과 관련하여 청소년 보호법상 청소년 정의 규정에 위반되었다는 주장, 처분청이 처분과 관련이 없는 자료의 제출을 요구하고 일방적으로 처분 진행과정을 지연시켰다는 주장, 이행강제금을 부과하기 전 시정명령을 하여야 하나 시정명령 없이 이행강제금을 부과하였다는 주장, 면적이 교통유발부담금의 부과 기준에 해당되지 않음에도 부과되었다는 주장 등을 해 볼 수 있을 것입니다.

또한, 처분이 내려지는 과정에서 관련 법령상의 실체적인 위법뿐만 아니라 행정절차법상의 절차를 준수하지 않은 '절차적인 위법사유'가 있는지에 대해서도 고려해야 합니다. 최근에는 처분이 관련 법령에 적법해야 할 뿐만 아니라, 처분이 내려지는 절차 또한 적법할 것이 요구되고 있습니다.

행정청이 처분을 내릴 때 지켜야 할 절차를 규정한 행정절차법에 따르면 행정청은 당사자에게 의무를 부과하거나 권익을 제한하는 처분을 하는 경우 처분의 제목, 당사자의 성명 또는 명칭과 주소, 처분하려는 원인이 되는 사실과 처분의 내용 및 법적 근거, 의견을 제출할 수 있다는 뜻과 의견을 제출하지 아니하는 경우의 처리방법, 의견제출기관의 명칭과 주소, 의견제출기한, 그 밖에 필요한 사항에 대해서 통지해야 하고(제21조), 다른 법령등에서 청문을 하도록 규정하고 있는 경우, 행정청이 필요하다고 인정하는 경우, 인허가 등의 취소 또는 신분·자격의 박탈, 법인이나 조합 등의 설립허가의 취소와 관련하여 의견제출기한 내에 당사자등의 신청이 있는 경우 청문을 실시해야 하며(제22조 제1항), 행정청은 처분을 할 때에는 당사자에게 그 근거와 이유를 제시하여야 하는데(제23조), 만약 이러한 절차를 지키지 않으면 그 처분에는 절차적인 위법이 있게 됩니다. 대법원도 이러한 절차적 하자가 있는 처분은 위법하므로 취소되어야 한다는 취지의 판시를 하고 있습니다.[17]

---

17) 행정청이 침해적 행정처분을 하면서 당사자에게 행정절차법상의 사전통지를 하거나 의견제출의 기회를 주지 아니하였다면 사전통지를 하지 않거나 의견제출의 기회를 주지 아니하여도 되는 예외적인 경우에 해당하지 아니하는 한

❯ 청문 절차

처분이 행정절차법 제22조에 정한 사항과 관련된 경우에는 행정청은 청문을 실시해야 합니다. 그런데 보통 '행정청이 필요하다고 인정하여' 청문을 실시하는 경우는 드뭅니다. 행정청 입장에서 청문은 처분을 내리기 전에 당사자의 의견을 들어야 하는 추가적인 절차이므로 특별히 필요성이 인정되지 않는 한 거치지 않는 것이 일반적입니다. 그러나 다른 법령등에서 청문을 하도록 규정하고 있거나, 그렇지 않더라도 인허가 등의 취소 또는 신분·자격의 박탈 등과 관련하여 의견제출기한 내에 당사자등의 신청이 있는 경우에는 반드시 청문을 실시해야 합니다. 예를 들어, 공인중개사법 제35조 제2항은 "시·도지사는 제1항에 따라 공인중개사의 자격을 취소하고자 하는 경우에는 청문을 실시하여야 한다."고 규정하고 있습니다. 이때 행정청이 청문을 실시하지 않고 공인중개사 자격취소 처분을 내렸다면 이 처분은 절차적 하자로 인해 위법하게 됩니다. 따라서 행정절차법 제22조 제1항 제1호 또는 제3호에 해당됨에도 행정청이 청문을 실시하지 않았다면 이러한 절차적 하자를 적극적으로 주장해야 합니다.

한편, 청문 절차를 주도하는 사람을 청문 주재자라고 합니다. 행정청은 소속 직원 또는 대통령령으로 정하는 자격을 가진 사람 중에서 청문 주재자를 공정하게 선정하여야 하는데(행정절차법 제28

그 처분은 위법하여 취소를 면할 수 없다(대법원 2007. 9. 21. 선고 2006두 20631 판결 참조).

조 제1항), 소속 직원을 청문 주재자로 선정하는 경우가 일반적입니다. 이때 행정절차법 제29조 제1항 제4호에 따라 청문 주재자가 '해당 처분업무를 직접 처리하거나 처리하였던 경우'에는 청문을 주재할 수 없습니다. 따라서 처분 과정에 관여한 공무원이 청문 주재자가 되었는지도 유심히 살펴볼 필요가 있습니다.

청문 주재자는 청문을 진행한 후 청문조서(같은 법 제34조) 및 청문 주재자 의견서(같은 법 제34조의2)를 작성하고, 이 서류들을 처분 부서에 전달합니다. 행정청은 처분을 할 때 청문조서, 청문 주재자의 의견서, 그 밖의 관계 서류 등을 충분히 검토하고 상당한 이유가 있다고 인정하는 경우에는 청문결과를 반영하여야 합니다 (같은 법 제35조의2). 그런데 행정청이 이를 반영하지 않고 처분을 내렸더라도 위법한 것은 아님을 주의해야 합니다.

마지막으로 청문 절차와 관련해서 당자자등은 의견을 진술하고 증거를 제출할 수 있으므로(같은 법 제31조 제2항), 처분을 받게 된 경우라면 청문 절차에서도 적극적으로 의견을 개진할 필요가 있습니다.

청구 이유의 작성방법에 대해서는 일률적으로 설명하기가 어려운데, 다음에 나오는 사례에 대한 행정심판청구서 작성례 부분을 참고하여 자신의 사례에 살을 붙이면 될 것입니다.

▶ 입증방법 작성 방법

다음으로 '입증방법'이라고 소제목을 붙인 뒤, '갑 제1호증 처분 문서', '갑 제2호증 CCTV 영상', '갑 제3호증 사실확인서' 등과 같이 자신의 주장을 뒷받침할 수 있는 증거서류를 기재합니다. 행정심판청구서를 작성한 후, 피청구인의 답변서를 반박하는 준비서면을 제출하는 경우에는 행정심판청구서에 붙인 호증 번호에 이어서 호증 번호를 붙이면 됩니다.

▶ 작성일자, 청구인 서명, 행정심판위원회 기재 등

마지막으로 작성일자를 적고 청구인 서명을 한 후, 문서 하단에 '○○광역시행정심판위원회 귀중' 등 소관 행정심판위원회를 기재하면 행정심판청구서가 완성됩니다. 행정심판청구서를 제출하면 해당 행정심판위원회는 청구서와 증거서류를 상대방인 처분청에 송달하게 됩니다. 행정심판청구서 등을 받은 처분청은 행정심판법 제24조 제1항에 따라 10일 이내에 답변서를 행정심판위원회에 보내야 합니다. 이를 받은 행정심판위원회는 다시 청구인에게 피청구인의 답변서를 보내주는데, 여기에 대해 반박할 내용이 있다면 '준비서면'이라고 이름을 붙이고 작성하면 됩니다.

❯ 기타 유의할 점

　　행정심판청구서의 작성 방법은 매우 다양해서 일률적으로 설명하기는 쉽지 않습니다. 행정심판법 시행규칙 [별지 제30호] 소정의 양식을 따라서 표지부분을 작성하고, 먼저 설명한 행정심판청구서 작성 방법을 참고하여 자신의 사정에 맞게 기재하면 됩니다. 그리고 행정심판청구서는 행정심판위원회 위원들이 보게 되므로 되도록 경어체를 사용하되(그렇다고 존칭을 쓸 필요는 없습니다), 주장만 나열하기보다 가급적 증거서류를 붙여 주장을 뒷받침하고, 거짓이 없이 담백하게 작성해야 합니다. 서면은 자신을 보여주는 거울과 같은 것임을 명심해야 합니다.

❯ 시작글에 대한 행정심판청구서 작성례

청 　 구 　 취 　 지

"피청구인이 2019. 5. 3. 청구인에 대하여 한 일반음식점 영업정지 1월 처분을 취소한다."라는 재결을 구합니다.

청 　 구 　 이 　 유

1. 사건발생 경위

청구인은 2009. 1. 15.부터 ○○광역시 ○구 ○○동 ○○○ 소재에서 '마셔보자'라는 상호의 일반음식점(이하 '이 사건 업소'라 합니다)을 운영하고 있는데, 2019. 3. 5. 21 : 00경 아르바이트생 김○○가 이 사건 업소를 찾아온 청소년 김○○ 등 4명(이하 '이 사건 청소년들'이라 합니다)에게 연령을 확인하지 않고 주류를 판매하였다는 이유로 ○○경찰서에 적발되었습니다. 그 후 청구인은 2019. 5. 3. 피청구인으로부터 영업정지 1개월(2019. 6. 1. ~ 2019. 6. 30.) 처분을 받게 되었습니다.

2. 이 사건 처분의 위법·부당성

1) 사건 당일 21 : 00경 청구인은 주방에서 안주를 만들고 있었고, 종업원 김○○가 홀에서 서빙을 보고 있었습니다. 사건 당일은 이 사건 업소 인근 ○○대학교 영어 동아리의 신입생 환영회가 있어서 눈코 뜰 새 없이 바쁜 상황이었습니다. 당시 신입생 환영회로 인해 이 사건 업소 홀은 꽉 차 있었습니다. 저희 업소에는 4명이 앉을 수 있는 테이블 10개가 배치되어 있는데, 옆 가게에서 의자 10개 정도를 빌려 거의 만석인 상황이었습니다.

2) 그런데, 갑자기 경찰관이 이 사건 업소를 들어와서, 청소년이 술을 마시고 있다는 제보를 받았다면서 모든 손님들의 신분증을 확인하기 시작했습니다. 저는 별일이야 있을까 하면서 이 과정을 지켜봤는데, 느닷없이 구석 테이블에서 소주 2병을 제공받은 이 사건 청소년들이 적발되고 만 것입니다. 종업원 김○○에게 물어보니 너무 바쁜 나머지 청소년 네 명 중 한 명에 대해서만 신분증을 확인했는데, 신분증을 안 가져 왔다면서 휴대폰으로 촬영한 사진으로 성인 여부를 확인했다고 합니다. 나중에 알게 된 사실이지만, 그 사진은 청소년 언니의 신분증으로 외모가 비슷하게 보여 종업원이 속고 만 것입니다.

3) 사건 당일은 ○○대학교 영어 동아리의 신입생 환영회로 너무 바쁜 상황이었습니다. 청구인은 평소 종업원 김○○에게 이 사건 업소가 대학가 인근에 있다 보니 주류를 주문하는 손님들의 신분증을 반드시 확인해야 한다고 수차례 교육해 왔습니다. 사건 당일 종업원 김○○은 청구인의 이러한 교육에 따라 이 사건 청소년들의 연령을 확인하고자 시도한 것입니다. 이와 관련된 CCTV 영상을 보면 종업원 김○○이 신분 확인을 시도하는 장면이 나옵니다. 그런데 이 사건 청소년들 중 하나가 자기 언니의 신분증을 도용해서 종업원 김○○을 속이고 주류를 제공받게 되었는바, 다른 사람의 신분증을 도용해서 주류를 제공받은 이 사건 청소년들 또한 큰 잘못이 있다고 생각됩니다.

4) 청구인은 지금까지 이 사건과 같은 이유로 행정처분을 받은 적 없이 성실하게 이 사건 업소를 운영해 왔습니다. 그런데 이 사건 처분으로 이 사건 업소 영업을 쉬게 되면 청구인 가족의 생계가 막막해집니다. 이 사건 업소를 운영하여 얻는 이익으로 월세, 이 사건 업소를 열기 위해 대출받은 2억 원에 대한 이자 등을 갚고 나면 2백만 원 정도가 남는데, 이 수익으로 청구인, 아내, 아들, 딸의 생계를 유지하고 있습니다. 이 사건 업소의 영업을 쉬게 되면 이제 대학교에 입학한 아들의 등록금이며, 취업 준비를 하고 있는 딸의 뒷바라지를 어떻게 해야 할지 걱정입니다.

5) 사건 당일 이 사건 청소년들은 감자탕 3개와 소주 2병을 주문하였는데, 감자탕의 가격은 1인분에 8,000원이고, 소주 1병은 4,000원입니다. 청구인이 이 사건 청소년들에게 주류 및 안주를 판매하여 얻은 이익은 32,000원 정도로 경미한 데 반해, 이 사건 업소의 영업을 한 달간 쉬게 되면 그로 인해 청구인이 입게 될 피해는 너무 큽니다. 한 가정의 가장으로서 가족의 생계를 유지하기 위해서는 하루라도 더

장사를 해야 하고, 청구인뿐만 아니라 종업원 또한 이 사건 업소에서 얻는 수입으로 생계를 유지하고 있기 때문에 1개월의 영업정지 처분은 여러모로 큰 타격입니다.

6) 뿐만 아니라 이 사건으로 인해 종업원 김ㅇㅇ은 검찰청에서 동종 전과가 없는 점, 이 사건 청소년들의 신분 확인을 시도한 점, 그 과정에서 이 사건 청소년들 중 한 명이 언니의 사진을 제시하여 종업원 김ㅇㅇ을 속인 것으로 보이는 점 등이 인정되어 기소유예처분을 받았습니다. 또한, 청구인은 10여 년 동안 이 사건 업소를 운영하면서 피청구인으로부터 '모범음식점' 표창을 받기도 하였고, 피청구인 관내 ㅇㅇ노인당에 꾸준히 봉사를 하고 있기도 합니다.

7) 이러한 사정에 비추어 볼 때 이 사건 처분은 너무 가혹하므로 취소되어야 할 것입니다.

3. 결론

이러한 여러 사정과 청구인이 이 사건 업소를 운영하면서 별다른 행정처분을 받은 적이 없는 점 등을 고려하면 이 사건 처분은 청구인에게 가혹하므로 취소되어야 마땅할 것입니다.

입 증 방 법

갑 제1호증	행정처분서
갑 제2호증	CCTV 영상
갑 제3호증	부채증명서
갑 제4호증	대학 등록금 납입 고지서
갑 제5호증	모범음식점 표창장

갑 제6호증   대출금 내역서
갑 제7호증   주민등록등본

2020.   5.   21.

청 구 인 : 홍 길 동

○○광역시행정심판위원회   귀 중

9강 ——————— 집행정지, 임시처분

영업을 하면서 영업정지 처분을
다툴 수 있나요?

청소년에게 담배를 판매했다는 이유로 구청에서 담배소매인 영업정지
1월 처분을 받았습니다. 그런데 담배를 구입한 청소년이 팔에 문신을
하고, 외모가 성숙해서 누가 보더라도 청소년은 아니라고 할 정도였
습니다.
당장 편의점에서 담배를 못 팔게 되면 생계가 막막해집니다. 담배를
팔면서 영업정지 1월 처분을 다툴 수 있는 방법이 있나요?

❯ 집행정지의 필요성

행정심판을 청구하여 행정심판절차가 진행되더라도 해당 처분
의 효력이나 그 집행 또는 절차의 속행에는 영향을 주지 않습니다
(행정심판법 제30조 제1항). 이를 '집행부정지'의 원칙이라고 합니다.

사례의 경우 행정심판을 청구하더라도 해당 처분의 효력은 영
향을 받지 않기 때문에, 행정심판으로 다투는 동안 영업정지 1월
처분은 집행되게 됩니다. 그렇게 영업을 쉬었는데 나중에 행정심판

을 통해 영업정지 1월 처분이 취소된다면 너무나 억울한 일이 발생하게 됩니다. 영업을 쉬면서 입게 된 피해를 보상받을 길이 없기 때문입니다. 이러한 문제가 발생하는 것을 막기 위해서는 반드시 행정심판청구를 함과 동시에 '집행정지 신청'을 해야 합니다. 이를 간과하여 집행정지 신청을 하지 않고 처분이 집행되었으나, 나중에 인용(일부 인용) 재결을 받더라도 아무런 의미가 없을 수 있습니다. 이때 집행정지를 신청하여 인용 결정을 받게 되면 행정심판을 통해 다투는 동안에는 영업을 할 수 있게 됩니다.

실무적으로 집행정지 신청은 상당히 중요합니다. 영업을 쉬라는 처분을 받고 다투고자 하는데, 하루이틀 사이에 결론이 나지 않기 때문에 집행정지 신청을 하는 것은 필수적입니다. 행정심판이나 행정소송을 통해 다투고 난 다음 원하는 결과를 얻지 못한 경우에야 비로소 영업을 쉬게 되면 그만일 뿐, 먼저 영업을 쉬고 처분을 다툴 필요는 없기 때문입니다. 따라서 처분을 다투고자 행정심판을 청구하는 경우에는 반드시 집행정지 신청을 고려해야 합니다.

❭ 집행정지의 요건

행정심판법 제30조 제2항은 "위원회는 처분, 처분의 집행 또는 절차의 속행 때문에 중대한 손해가 생기는 것을 예방할 필요성이 긴급하다고 인정할 때에는 직권으로 또는 당사자의 신청에 의하여 처분의 효력, 처분의 집행 또는 절차의 속행의 전부 또는 일부의 정지를 결정할 수 있다. 다만, 처분의 효력정지는 처분의 집행 또는 절차의 속행을 정지함으로써 그 목적을 달성할 수 있을 때에는 허용되지 아니한다."고 규정하고 있습니다. 또한 같은 법 제30조 제3항에 의하면 집행정지는 공공복리에 중대한 영향을 미칠 우려가 있을 때에는 허용되지 않습니다. 이를 요약하면 집행정지는 ① 집행정지의 대상인 처분이 존재할 것, ② 행정심판 청구가 되어 있을 것, ③ 중대한 손해가 예상될 것, ④ 이를 예방할 필요성이 긴급할 것, ⑤ 집행정지가 공공복리에 중대한 영향을 미칠 우려가 없을 것, ⑥ 본안청구가 이유 없음이 명백하지 않을 것이 요구됩니다.

❯ 집행정지 신청서 작성 방법

행정심판법 시행규칙 [별지 제33호] 소정의 집행정지 신청서를 보면서 작성 방법에 대해서 설명합니다.

① '사건명'란에는 행정심판을 청구할 때 행정심판위원회에서 부여한 '영업정지 처분 취소청구', '이행강제금 부과처분 취소청구', '건축허가 의무이행청구' 등을 기재합니다.

② '신청인'란에는 신청인의 성명, 주소를 적고, '피신청인'란에는 처분을 내린 행정청을 기재합니다.

③ '신청 취지'는 예를 들어 "피신청인이 2020. 5. 3. 신청인에 대하여 한 영업정지 1월 처분은 행정심판 재결 시까지 그 집행을 정지한다.", "피신청인이 2020. 5. 3. 신청인에 대하

■ 행정심판법 시행규칙 [별지 제33호서식] <개정 2012.9.20>

집행정지신청서

접수번호	접수일	
사건명		
신청인	성명	
	주소	
피신청인		
신청 취지		
신청 원인		
소명 방법		

「행정심판법」 제30조제5항 및 같은 법 시행령 제22조제1항에 따라 위와 같이 집행정지를 신청합니다.

년   월   일

신청인   (서명 또는 인)

○○행정심판위원회 귀중

첨부서류	1. 신청의 이유를 소명하는 서류 또는 자료 2. 행정심판청구와 동시에 집행정지 신청을 하는 경우에는 심판청구서 사본과 접수증명서	수수료 없음

처리 절차						
신청서 작성	→	접수	→	결정	→	송달
신청인		○○행정심판위원회		○○행정심판위원회		

210mm×297mm[백상지 80g/㎡]

여 한 이행강제금 부과처분은 행정심판 재결 시까지 그 집행을 정지한다."라고 기재하면 됩니다. 즉 '피청구인-처분일-청구인-처분-행정심판 재결 시까지 그 집행을 정지한다.'의 형식에 각자의 상황에 맞게 기재합니다.

④ '신청 원인'란에는 일단 '별지로 작성'이라고 한 뒤에 별지에서 자세하게 작성합니다. 앞선 행정심판청구서의 '청구이유'를 참고하되, 다만 집행정지의 요건에 맞추어 수정하면 됩니다. 즉 '1. 사건개요, 2. 처분의 위법·부당성, 3. 집행정지의 필요성, 4. 결론, 5. 소명방법, 6. 작성일자, 7. 신청인 서명, 8. ○○행정심판위원회 귀중' 순서로 작성하되, 집행정지의 필요성에 대해서는 "영업정지 1월 처분으로 인해 업소의 영업을 쉬게 되면 월세, 대출금, 생활비 등의 손해가 발생할 것이 예상되는바, 이러한 손해를 예방하기 위하여 영업정지 1월 처분의 집행이 정지될 필요가 있습니다." 정도로 기재합니다. 여기서 중요한 부분은 '집행정지의 필요성'입니다. 어떤 이유로 행정심판을 다투는 동안에 처분의 집행이 정지되어야 하는지, 그렇지 않으면 입게 될 손해가 얼마나 큰지 등에 대해서 자세하게 논증해야 합니다.

⑤ '소명 방법'은 행정심판청구서와 같으나, '소갑 제○호증' 형식으로 작성하면 됩니다. 아래 제8강 사례에 대한 집행정지 신청서 작성례를 참고하기 바랍니다.

신 청 취 지

"피신청인이 2019. 5. 3. 신청인에 대하여 한 일반음식점 영업정지 1월 처분은 행정심판 재결 시까지 집행을 정지한다."라는 결정을 구합니다.

신 청 이 유

1. 사건발생 경위

신청인은 2009. 1. 15.부터 ○○광역시 북구 용봉동 ○○○ 소재에서 '마셔보자'라는 상호의 일반음식점(이하 '이 사건 업소'라 합니다)을 운영하고 있는데, 2019. 3. 5. 21:00경 아르바이트생 김○○가 이 사건 업소를 찾아온 청소년 김○○ 등 4명(이하 '이 사건 청소년들'이라 합니다)에게 연령을 확인하지 않고 주류를 판매하였다는 이유로 ○○경찰서에 적발되었습니다. 그 후 신청인은 2019. 5. 3. 피신청인으로부터 영업정지 1개월(2019. 6. 1. ~ 2019. 6. 30.) 처분을 받게 되었습니다.

2. 집행정지의 필요성

1) 사건 당일 21:00경 신청인은 주방에서 안주를 만들고 있었고, 종업원 김○○가 홀에서 서빙을 보고 있었습니다. 사건 당일은 이 사건 업소 인근 ○○대학교 영어 동아리의 신입생 환영회가 있어서 눈코 뜰 새 없이 바쁜 상황이었습니다. 당시 신입생 환영회로 인해 이 사건 업소 홀은 꽉 차 있었습니다. 저희 업소에는 4명이 앉을 수 있는

테이블 10개가 배치되어 있는데, 옆 가게에서 의자 10개 정도를 빌려 거의 만석인 상황이었습니다.

2) 그런데, 갑자기 경찰관이 이 사건 업소를 들어와서, 청소년이 술을 마시고 있다는 제보를 받았다면서 모든 손님들의 신분증을 확인하기 시작했습니다. 저는 별일이야 있을까 하면서 이 과정을 지켜봤는데, 느닷없이 구석 테이블에서 소주 2병을 제공받은 이 사건 청소년들이 적발되고 만 것입니다. 종업원 김○○에게 물어보니 너무 바쁜 나머지 청소년 네 명 중 한 명에 대해서만 신분증을 확인했는데, 신분증을 안 가져 왔다면서 휴대폰으로 촬영한 사진으로 성인 여부를 확인했다고 합니다. 나중에 알게 된 사실이지만, 그 사진은 청소년 언니의 신분증으로 외모가 비슷하게 보여 종업원이 속고 만 것입니다.

3) 사건 당일은 ○○대학교 영어 동아리의 신입생 환영회로 너무 바쁜 상황이었습니다. 신청인은 평소 종업원 김○○에게 이 사건 업소가 대학가 인근에 있다 보니 주류를 주문하는 손님들의 신분증을 반드시 확인해야 한다고 수차례 교육해 왔습니다. 사건 당일 종업원 김○○은 청구인의 이러한 교육에 따라 이 사건 청소년들의 연령을 확인하고자 시도한 것입니다. 이와 관련된 CCTV 영상을 보면 종업원 김○○이 신분 확인을 시도하는 장면이 나옵니다. 그런데 이 사건 청소년들 중 하나가 자기 언니의 신분증을 도용해서 종업원 김○○을 속이고 주류를 제공받게 되었는바, 다른 사람의 신분증을 도용해서 주류를 제공받은 이 사건 청소년들 또한 큰 잘못이 있다고 생각됩니다.

4) 신청인은 지금까지 이 사건과 같은 이유로 행정처분을 받은 적 없이 성실하게 이 사건 업소를 운영해 왔습니다. 그런데 이 사건 처분으로 이 사건 업소 영업을 쉬게 되면 신청인 가족의 생계가 막막해집니다.

이 사건 업소를 운영하여 얻는 이익으로 월세, 이 사건 업소를 열기 위해 대출받은 2억 원에 대한 이자 등을 갚고 나면 2백만 원 정도가 남는데, 이 수익으로 신청인, 아내, 아들, 딸의 생계를 유지하고 있습니다. 이 사건 업소의 영업을 쉬게 되면 이제 대학교에 입학한 아들의 등록금이며, 취업 준비를 하고 있는 딸의 뒷바라지를 어떻게 해야할지 걱정입니다.

5) 사건 당일 이 사건 청소년들은 감자탕 3개와 소주 2병을 주문하였는데, 감자탕의 가격은 1인분에 8,000원이고, 소주 1병은 4,000원입니다. 신청인이 이 사건 청소년들에게 주류 및 안주를 판매하여 얻은 이익은 32,000원 정도로 경미한 데 반해, 이 사건 업소의 영업을 한달간 쉬게 되면 그로 인해 신청인이 입게 될 피해는 너무 큽니다. 한 가정의 가장으로서 가족의 생계를 유지하기 위해서는 하루라도 더 장사를 해야 하고, 신청인뿐만 아니라 종업원 또한 이 사건 업소에서 얻는 수입으로 생계를 유지하고 있기 때문에 1개월의 영업정지 처분은 여러모로 큰 타격입니다.

6) 뿐만 아니라 이 사건으로 인해 종업원 김○○은 검찰청에서 동종 전과가 없는 점, 이 사건 청소년들의 신분 확인을 시도한 점, 그 과정에서 이 사건 청소년들 중 한 명이 언니의 사진을 제시하여 종업원 김○○을 속인 것으로 보이는 점 등이 인정되어 기소유예처분을 받았습니다. 또한, 신청인은 10여 년 동안 이 사건 업소를 운영하면서 피신청인으로부터 '모범음식점' 표창을 받기도 하였고, 피신청인 관내 ○○노인당에 꾸준히 봉사를 하고 있기도 합니다.

7) 만약 이 사건 처분의 집행이 정지되지 않는다면 행정심판 진행 과정에서 처분이 집행되고 말 것인바, 이 사건 처분이 취소되면 신청인은 영업을 쉬는 과정에서 입게 된 피해를 회복할 방법이 없습니다. 또한

당장 영업을 정지하게 되면 경쟁이 심한 상황상 이 사건 업소를 찾던 손님들은 다시 이 사건 업소를 방문하지 않을 것입니다. 이에 비추어 보면 신청인에게 회복하기 어려운 중대한 손해가 발생할 것이 명백합니다.

8) 따라서 이 사건 처분은 너무 가혹하므로 행정심판 재결 시까지 집행이 정지되어야 할 것입니다.

3. 결론

이러한 여러 사정과 신청인이 이 사건 업소를 운영하면서 별다른 행정처분을 받은 적이 없는 점 등을 고려하면 이 사건 처분은 신청인에게 가혹하므로 행정심판 재결 시까지 집행이 정지되어야 마땅할 것입니다.

<h2 style="text-align:center">소 명 방 법</h2>

소갑 제1호증	행정처분서
소갑 제2호증	CCTV 영상
소갑 제3호증	부채증명서
소갑 제4호증	대학 등록금 납입 고지서
소갑 제5호증	모범음식점 표창장
소갑 제6호증	대출금 내역서
소갑 제7호증	주민등록등본

2020.   5.   21.

신 청 인 : 홍 길 동

❯ 집행정지 신청의 처리 절차

집행정지 신청은 본안(행정심판)이 접수되어 있을 것이 요구되므로 집행정지 신청만 있고, 본안 청구가 없는 경우에는 각하 결정이 내려지게 됩니다. 따라서 집행정지 신청을 할 때는 본안인 행정심판을 함께 청구하는 것이 일반적입니다.

집행정지 신청은 통상 시간을 다투는 경우가 많으므로 행정심판위원회는 이를 신속하게 처리합니다. 또한 행정심판위원회는 상설로 설치된 기관이 아니기 때문에 집행정지 신청이 접수되면 일단 위원장이 집행정지 인용, 기각, 각하의 결정을 내립니다. 그 후 행정심판위원회를 개최하여 집행정지 결정에 대해 추인하는 방식을 취하는데, 위원회의 추인을 받지 못하면 위원장은 집행정지 또는 집행정지 취소에 관한 결정을 취소하여야 합니다(행정심판법 제30조 제6항). 그리고 행정심판위원회는 집행정지를 결정한 후에 집행정지가 공공복리에 중대한 영향을 미치거나 그 정지사유가 없어진 경우에는 직권으로 또는 당사자의 신청에 의하여 집행정지 결정을 취소할 수 있습니다(같은 법 제30조 제4항).

한 가지 유의할 부분은 거부처분에 대한 집행정지 신청은 인정되지 않는다는 것입니다. 대법원은 "허가신청에 대한 거부처분은

그 효력이 정지되더라도 그 처분이 없었던 것과 같은 상태를 만드
는 것에 지나지 아니하는 것이고 그 이상으로 행정청에 대하여 어
떠한 처분을 명하는 등 적극적인 상태를 만들어 내는 경우를 포함
하지 아니 한다."(대법원 1991. 5. 2.자 91두15 결정 참조)고 하고 있는
데, 예를 들어 건축불허가처분, 정보비공개처분 등의 효력이 정지
되더라도 건축이 허가되었다거나 정보가 공개되었다는 등의 효력
이 발생하는 것이 아니기 때문에 이에 대한 집행정지 신청은 받아
들여지지 않습니다. 따라서 이러한 경우에는 집행정지 신청 없이
본안 청구만으로 다투어야 합니다.

한편, 실무적으로 사례와 같은 영업정지 처분, 시정명령 처분,
자격과 관련된 처분 등에 대한 집행정지 신청은 받아들여질 가능
성이 높습니다. 그러나 과징금 부과처분, 이행강제금 부과처분 등
과 같은 금전과 관련된 처분에 대한 집행정지 신청은 받아들여질
가능성이 상당히 낮습니다. 신청인 입장에서야 당장 과징금 또는
이행강제금과 같은 금전을 납부하는 것이 부담일 수 있지만, 이를
납부하고 다툰 후 행정심판청구가 인용되더라도 다시 돌려받으면
되기 때문에 실상 신청인이 입게 될 중대한 손해가 인정된다고 보
기 어렵습니다. 따라서 실무상 금전부과처분에 대한 집행정지 신청
은 기각되는 경우가 대부분입니다.

❯ 임시처분의 의의

집행정지와 관련하여 '임시처분'을 알아둘 필요가 있습니다. 행정심판법 제31조 제1항은 "위원회는 처분 또는 부작위가 위법·부당하다고 상당히 의심되는 경우로서 처분 또는 부작위 때문에 당사자가 받을 우려가 있는 중대한 불이익이나 당사자에게 생길 급박한 위험을 막기 위하여 임시지위를 정하여야 할 필요가 있는 경우에는 직권으로 또는 당사자의 신청에 의하여 임시처분을 결정할 수 있다."고 규정하고 있습니다. 예를 들어 국가자격시험이 있는데 자격을 얻기 위해서는 2차 시험까지 통과해야 한다고 할 때, 1차 시험에서 떨어진 사람이 불합격처분을 다투는 동안 2차 시험이 치러지는 경우, 2차 시험을 볼 수 있는 자격을 임시로 부여해 달라는 취지로 임시처분 신청을 할 수 있습니다. 이에 대해 임시처분 신청이 인용되면 그 사람은 2차 시험이 1차 시험 불합격처분을 다투는 동안에 열리더라도 일단 2차 시험을 볼 수 있게 되는 것입니다. 이러한 임시처분은 집행정지와 달리 거부처분이나 부작위의 경우에 실익이 있습니다.[18]

❯ 임시처분의 요건

임시처분은 첫째, 신청대상인 처분 또는 부작위가 존재해야

---

18) 국민권익위원회, 행정심판 사건처리 매뉴얼(총괄), 2011, 253~256쪽

하고, 이와 관련된 본안이 청구되어 있을 것, 둘째, 처분 또는 부작위가 위법·부당하다고 상당히 의심될 것, 셋째, 처분 또는 부작위로 인해 당사자가 받을 우려가 있는 중대한 불이익이나, 급박한 위험을 막기 위한 것일 것, 넷째, 공공복리에 중대한 영향을 미칠 우려가 없을 것, 다섯째, 집행정지로 목적을 달성할 수 있는 경우가 아닐 것을 요건으로 합니다.

❯ 임시처분 신청서 작성 방법

행정심판법 시행규칙 [별지 제34호] 소정의 임시처분 신청서 양식을 보면서 작성 방법을 설명합니다.

① '사건명'란에는 행정심판을 청구할 때 행정심판위원회에서 부여한 '영업정지 처분 취소청구', '이행강제금 부과처분 취소청구', '건축허가 의무이행청구' 등을 기재합니다.

② '신청인'란에는 신청인의 성명, 주소를 적습니다.

③ '피신청인'란에는 처분을 내린 행정청을 기재합니다.

④ '신청 취지'란에는 예를 들어, "피신청인은 신청인으로 하여금 2020년도 중등교사 임용후보자 선정 경쟁시험 2차 시험을 볼 수 있도록 하라."라는 내용으로 작성합니다.

⑤ '신청 원인'란에는 행정심판법 제31조에 따른 임시처분의 각 요건에 맞게 신청인이 처분 또는 부작위로 인해 중대한 불이익을 입거나, 급박한 위험을 막을 필요가 있다는 점에

임시처분 신청서

접수번호		접수일	
사건명			
신청인	성명		
	주소		
피신청인			
신청 취지			
신청 원인			
소명 방법			

「행정심판법」 제31조제2항에 따라 위와 같이 임시처분을 신청합니다.

년   월   일

신청인   (서명 또는 인)

○○행정심판위원회 귀중

첨부서류	1. 신청의 이유를 소명하는 서류 또는 자료 2. 행정심판청구와 동시에 임시처분 신청을 하는 경우에는 심판청구서 사본과 접수증명서	수수료 없음

처리 절차

신청서 작성	→	접수	→	결정	→	송달
신청인		○○행정심판위원회		○○행정심판위원회		

210mm×297mm[백상지 80g/㎡]

대해서 부각하면서 신청인에게 임시처분을 하더라도 공공
복리에 영향을 미칠 우려가 없다는 내용을 작성합니다.
⑥ '소명 방법'란에는 신청인의 주장을 뒷받침할 수 있는 증거
자료를 기재합니다.

❯ 행정소송을 제기하는 경우에도 집행정지 신청을 잊지 말자

집행정지 신청이 인용되어 영업을 하거나 자격을 유지하면서
행정심판을 다투더라도, 행정심판에서 진 경우 집행정지 결정의 효
력은 사라지게 됩니다. 따라서 행정소송으로 다시 다투고자 할 경
우에는 역시 법원에 행정소송을 제기하면서 그와 함께 집행정지를
신청해서 인용 결정을 받아야 영업을 계속할 수 있음을 기억하기
바랍니다. 아울러 임시처분 제도 또한 염두에 두고 자신의 상황에
맞게 활용해 보기를 권합니다.

건축허가처분을 받아서 건물을 짓고 있습니다. 그런데 옆집에서 제가 받은 건축허가처분을 취소해 달라는 행정심판을 청구했습니다. 어떻게 해야 하나요?

구청으로부터 건축허가처분을 받고 건물을 짓고 있습니다. 원래 옆집 주인과는 토지 경계 문제로 사이가 좋지 않았는데, 옆집 주인이 앙심을 품었는지 제가 받은 건축허가처분을 취소해 달라는 행정심판을 청구했다고 합니다. 옆집 주인은 토지 경계 문제로 워낙 터무니없는 보상금을 요구하였던 터라 무시할까 싶기도 하지만, 내버려뒀다가 건축허가처분이 취소라도 되어버리면 건물을 지을 수 없게 될까 봐 걱정입니다.
이 경우 어떻게 해야 하나요?

❯ 심판참가의 의의

통상 행정심판은 청구인과 피청구인 간의 양자 관계로 진행됩니다. 그런데 경우에 따라서는 청구인, 피청구인에 더해 참가인의 삼자 관계가 되기도 합니다. 사례에서와 같이 처분이 제3자와 관련된 경우가 바로 여기에 해당됩니다. 처분의 직접적인 당사자는 아니더라도 해당 처분이 취소되면 개별적·직접적·구체적 이익이 생기는 경우 법률상 이익이 인정되어 행정심판청구가 가능함은 앞에서 살펴보았습니다. 이처럼 어떠한 처분에 대한 행정심판이 청구된 경우 그 행정심판에 참가하여 해당 처분이 적법하거나, 위법함을 주장할 수 있는데, 이를 '심판참가'라고 합니다.

❯ 심판참가와 관련된 행정심판법 규정

행정심판의 결과에 이해관계가 있는 제3자나 행정청은 해당 심판청구에 대한 위원회나 소위원회의 의결이 있기 전까지 그 사건에 대하여 심판참가를 할 수 있고(행정심판법 제20조 제1항), 위원회는 필요하다고 인정하면 그 행정심판 결과에 이해관계가 있는 제3자나 행정청에 그 사건 심판에 참가할 것을 요구할 수 있습니다(같은 법 제21조 제1항). 제3자로부터 수익적 행정처분의 취소(또는 무효확인)를 구하는 행정심판이 청구된 사실을 알지 못하는 경우가 있을 수 있는데, 이를 고려하여 행정심판위원회에서 직권으로 이해관계가 있는 제3자나 행정청에 그 사건 심판에 참가할 것을 요구할 수 있다는 규정을 둔 것입니다. 심판참가가 허가된 참가인은 행정심판 절차에서 당사자가 할 수 있는 심판절차상의 행위를 할 수 있습니다(같은 법 제22조 제1항). 따라서 각종 서면, 증거서류 등을 제출할 수 있고, 행정심판위원회에 구술심리를 신청하여 참석할 수도 있습니다.

한편, 심판참가가 인정되기 위해서는 '행정심판의 결과에 이해관계가 있을 것'이 요구됩니다. 이러한 이해관계는 단순한 경제적 이해관계로는 부족하고, 행정심판의 결과에 따라 법률상 지위에 영향을 받을 정도에 이르러야 합니다.

❯ 심판참가 허가신청서 작성 방법

행정심판법 시행규칙 [별지 제29호] 소정의 심판참가 허가신청서 양식을 보면서 작성 방법을 설명합니다.

① '사건명'란에는 행정심판을 청구할 때 행정심판위원회에서 부여한 '영업정지 처분 취소청구', '이행강제금 부과처분 취소청구', '건축허가 의무이행청구' 등을 기재합니다.

② '청구인'란에는 청구인의 성명, 주소를 적습니다.

③ '피청구인'란에는 처분을 내린 행정청을 기재합니다.

④ '참가 신청인'란에는 참가를 신청하는 사람의 성명, 주소, 주민등록번호를 작성합니다.

⑤ '신청 취지'란에는 "참가 신청인의 ○○행심 - ○○○○○ 사건의 참가를 허가한다는 결정을 구합니다." 정도로 기재합니다.

⑥ '신청 이유'란에는 어떤 이유로 이 사건에 참가를 신청하게 되었는지에 대해서 작성합니다. 여기서 중요한 부분은 '신청인은 이 사건 행정심판 청구의 결과에 이해관계가 있다'

■ 행정심판법 시행규칙 [별지 제29호서식] <개정 2012.9.20>

심판참가 허가신청서

접수번호	접수일	
사건명		

청구인	성명	
	주소	

피청구인		

참가 신청인	성명	
	주소	
	주민등록번호(외국인등록번호)	

신청 취지	
신청 이유	

「행정심판법」 제20조제2항에 따라 위와 같이 심판참가 허가를 신청합니다.

년　월　일

신청인　　　　　　　(서명 또는 인)

○○행정심판위원회 귀중

첨부서류	없음	수수료 없음

처리 절차			

신청서 작성	→	접수	→	결정	→	통지
신청인		○○행정심판위원회		○○행정심판위원회		

210mm×297mm[백상지 80g/㎡]

는 것입니다. 단순한 간접적·사실적·경제적 이해관계로는
부족하고, 결과에 따라 직접적·법률적·구체적 이익에 영
향을 받을 정도라는 점을 자세하게 작성합니다.

❯ 심판참가가 허가된 사례

청구인들(학교법인 ○○재단의 이사들)에 대한 피청구인의 임원
취임 승인처분에 대해 청구인들이 취소심판을 청구하자, 학교법인
○○재단의 심판참가를 허가한 사례(중앙행정심판위원회 심판참가 2011-
06658 임원취임 승인처분 등 취소청구 사건), 청구인이 참가신청인인
○○군수가 보전관리지역으로 지정한 곳에 폐기물처리시설을 설치
하고자 폐기물처리사업계획서를 피청구인에게 제출하였고, 피청구
인이 폐기물처리사업계획 부적정통보처분을 하였는데, 청구인이
취소심판을 청구하자 ○○군수의 심판참가를 허가한 사례(중앙행정
심판위원회 심판참가 2010-26651 폐기물처리사업계획 부적정통보처분 취
소청구 사건), 신청인은 청구인이 취소를 구하고 있는 ○○음료의
샘물개발허가의 전(前) 허가권자로서, ○○음료에 대한 샘물개발변
경허가에 대해 소송을 제기하여 다투고 있다는 이유로 심판참가를
허가한 사례(중앙행정심판위원회 심판참가 2010-29178 샘물개발허가취
소 이행청구 사건) 등이 있습니다.

❱ 심판참가를 하는 이유

다른 사람이 청구한 행정심판에 참가하는 이유는 무엇일까요?

행정청으로부터 이익이 되는 처분을 받았다면 그 이유를 쉽게 짐작할 수 있습니다. 행정청으로부터 수익적 행정처분을 받은 사람은 그 처분이 취소되기 전까지 일정한 법적 지위를 갖게 되는데, 이러한 수익적 행정처분을 받는 것이 쉬운 것은 아닙니다. 공동주택 건축허가를 받은 건설업자에게는 상당한 경제적 이익이 뒤따르게 될 것은 쉽게 예상할 수 있습니다. 그런데 이러한 행정처분을 취소해 달라는 행정심판이 청구되었다고 한다면 그 행정심판에 참가해야 할 것은 어찌 보면 당연하다고 할 것입니다. 행정심판에 참가하지 않은 상태에서 그 처분을 취소하는 재결이 내려지면 그 사람은 행정법원에 당해 행정심판위원회를 상대로 '재결취소소송'을 제기해야 합니다. 그런데 재결취소소송은 실무상 이기기가 쉽지 않습니다. '재결 자체의 고유한 위법'이 있는 경우 해당 재결을 취소시킬 수 있는데(이에 대해서는 제18강 참조), 한 번 권위 있는 행정심판위원회에서 내려진 재결에 내용상 위법이 있음을 이유로 취소하기는 쉽지 않기 때문입니다. 이러한 이유 때문에 심판에 참가하여 행정심판청구를 다투는 것이 바람직합니다.

❯ 심판참가를 할 경우 고려사항

먼저, 청구인이 제기한 행정심판과 관련하여 각하 사유가 없는지를 살펴야 합니다. 해당 청구가 행정심판의 대상이 아닌 것에 대해 청구된 것은 아닌지, 청구인에게 해당 처분의 취소를 구할 법률상 이익이 있는지, 청구인에게 권리보호이익이 있는지, 해당 행정심판청구가 청구기간을 지켰는지 등에 대해서 확인해야 합니다. 특히 해당 처분이 취소될 경우 청구인이 얻는 이익이 단순한 사실적·간접적·경제적 이익에 그치는 것이 아닌지에 대해서 깊이 고민할 필요가 있습니다.

다음으로 청구인이 주장하는 처분의 위법성·부당성에 대한 주장이 타당하지 않다는 것을 논리적으로 반박해야 합니다. 참가인은 필연적으로 청구인 또는 피청구인의 편에 서서 행정심판을 진행하게 됩니다. 따라서 양 당사자가 제출한 서류를 면밀히 살핀 후 한 당사자의 입장에 함께 서서 상대방의 주장을 무력화해야 합니다. 어떤 점에서 처분이 정당한지(또는 위법한지)에 대해서 논리적으로 접근해야 합니다.

❯ 사례의 해결

사례에서는 먼저 행정심판에 참가하여 옆집 주인에게 자신이 받은 건축허가처분의 취소를 구할 법률상 이익이 있는지에 대해 다투어야 합니다. 옆집 주인의 주장이 일조권, 조망권 등과 같은 법적 권리와 관련된 것이 아니라, 단순히 토지가격의 하락, 참을 수 있을 정도의 소음·먼지 등의 불이익 정도에 관한 것이라면 건축허가처분의 취소를 구할 법률상 이익이 있다고 보기는 어렵습니다. 다음으로 자신에게 건축허가처분을 내린 행정청의 입장에 서서 옆집 주인의 주장이 타당하지 않다는 점에 대해서 다투어야 할 것입니다.

이처럼 심판참가 제도를 이용하면 다른 사람이 청구한 행정심판으로 뜻밖의 불이익을 입게 될 것을 막을 수 있으므로 활용할 필요가 있습니다.

11강 ──────── 구술심리

행정심판위원회에서 구술심리를 신청할 것인지 결정하라고 합니다.
위원회에 반드시 출석해야 하나요?

> 두 달 전 행정심판을 청구했는데, 행정심판위원회에서 심리기일이 정해졌다고 하면서 구술심리를 신청할 것인지에 대해 결정하라고 합니다. 행정심판위원회에 출석하면 그날 하루 영업을 못하게 될 것 같은데, 반드시 참석해야 하나요? 참석하지 않는다고 어떤 불이익이 생기는 것은 아닌지요?

▶ 행정심판의 심리 방식

행정심판의 심리 방식은 두 가지로 나뉩니다. 바로 서면심리와 구술심리입니다. 변론기일이 열리고, 출석해야 하는 행정소송과는 달리 행정심판은 행정심판청구서를 제출한 후 심리기일이 열릴 때까지 행정심판위원회에 출석할 필요가 없습니다. 뿐만 아니라 심리기일에 출석하지 않더라도 행정심판위원회는 제출된 서면만으로 재결을 내릴 수 있습니다. 하지만 행정심판의 경우 심리기일 출석이 강제되지는 않더라도, 경험적으로 보면 출석해서 자신의 상황을 주장하는 것이 그렇지 않은 것보다는 낫다고 생각됩니다.

행정심판의 심리는 구술심리나 서면심리로 하는데, 다만 당사자가 구술심리를 신청한 경우에는 서면심리만으로 결정할 수 있다고 인정되는 경우 외에는 구술심리를 하여야 합니다(행정심판법 제40조 제1항). 여기서 '서면심리만으로 결정할 수 있다고 인정되는 경우'의 해석 여하에 따라 구술심리를 허가할 것인지가 달라집니다. 심리기일에 처리되는 사건의 수가 많거나, 사건의 쟁점이 비교적 명확하고 심리와 관련하여 추가로 확인할 사항이 없는 경우 등에는 행정심판위원회는 서면심리만으로 결정할 수 있다고 인정할 가능성이 높습니다. 하지만 심리기일에 처리되는 사건의 수가 많지 않거나, 사건의 쟁점이 복잡하고, 사안의 성격상 당사자를 출석시켜 직접 설명을 들어보는 것이 낫다고 판단될 경우에는 구술심리를 허가할 가능성이 높아집니다.

❯ 구술심리를 신청하기 전에 이것만은 알아두자

첫째, 구술심리를 신청하는 것이 유리한 사건이 있습니다. 그것은 바로 처분의 위법성이 아니라 부당성이 쟁점인 사건입니다. 처분이 위법하다는 것에 대한 판단은 당사자의 출석 여부와 관계없이 관련 법령, 판례 등의 법리에 따라 결정됩니다. 처분의 위법성이 쟁점인 사건에 대해 출석해서 열심히 주장해 본다 한들 해당 분야의 전문가로 구성된 행정심판위원회에서 서면심리보다 더 유리한 재결을 이끌어 낼 수 있다고 단정하기는 쉽지 않습니다.

　그런데 처분의 부당성이 쟁점인 사건은 다릅니다. 처분의 부당성이 쟁점인 사건은 청구인이 처분이 위법하지는 않지만, 여러 사정에 비추어 가혹하다는 주장을 하는 사건입니다. 예를 들면, 청소년 주류 제공으로 영업정지 처분을 받은 사건에서 청구인이 청소년의 연령을 확인하지 않고 주류를 제공한 사실은 인정하는데, 영업정지 처분으로 생계의 어려움 등을 주장하면서 처분이 가혹하므로 취소되어야 한다고 하는 경우입니다. 이때 자신의 상황을 증명할 수 있는 여러 가지 객관적인 자료를 이미 제출했더라도 심리기일에 출석하여 자신의 어려운 처지에 대해 다시 한번 주의를 환기시키고, 위원들의 선처를 바라는 내용으로 진술하는 것이 좋습니다. 재판이든 심판이든 결국 사람이 하는 일입니다. 따라서 사람의 마음을 움직이는 것이 중요합니다. 오랫동안 행정심판위원회 업무를 처리해 온 입장에서 보면 위원회에 출석하여 정중하고 겸손한 자세로 진술하되, 자신의 잘못을 인정하지만 어려운 형편을 고려하여 선처해 달라고 진술하는 것이 그렇지 않은 경우와 다르지 않다고 하기는 어렵습니다. 행정심판위원회는 처분의 부당성을 이유로 일부 인용 재결을 내릴 수 있기 때문에 처분의 부당성이 쟁점인 사건에서는 심리기일에 출석해서 본인의 사정을 진솔하게 보여주는 것이 좋다고 생각됩니다.

　둘째, 모든 행정심판위원회에서 심리기일을 통지해주면서 구술심리를 신청할 것을 안내하지는 않습니다. 청구인의 편의를 위해 필요하면 구술심리를 신청할 것을 안내하는 위원회도 있는가 하면,

청구인이 신청을 해야만 구술심리 허가 여부를 검토하는 위원회도 있습니다. 따라서 적극적으로 행정심판위원회 담당자에게 구술심리에 대해 물어보는 것이 좋습니다. 같은 이유로 법원에 재결취소소송을 제기하면서 행정심판위원회에서 구술심리에 대해 안내하지 않았다고 하면서 구술심리로 진행되지 않은 행정심판 재결이 위법하다고 주장하더라도 받아들여질 가능성은 없습니다.

셋째, 행정심판위원회에 따라 구술심리를 허가하는 비율이 다름에 주의해야 합니다. 어떤 곳은 서면심리를 원칙으로 하되, 예외적으로 구술심리를 인정하기도 하고, 어떤 곳은 특별한 사정이 없는 한 신청된 구술심리 대부분을 허가하기도 합니다. 법원에서도 같은 신청이라도 재판부에 따라 이에 대한 결론이 다를 수 있습니다. 행정심판에서도 기관의 성격, 지역, 행정심판위원회 운영 방식 등에 따라 구술심리 신청에 대한 허가 비율은 다를 수 있습니다. 한편, 구술심리 허가 여부 결정에 대해서 불복할 수 있는지에 대해서 행정심판법은 정하고 있지 않는데, 실무적으로는 불복은 인정되지 않는다고 봅니다.

넷째, 위원회에서 구술심리 신청 안내가 있었으나 신청기간을 지나친 경우 또는 구술심리에 대해 알지 못하고 심리기일이 닥친 경우라고 하더라도 적극적으로 행정심판위원회 담당자에게 심리기일에 출석할 수 있도록 도와달라고 하는 것이 좋습니다. 어차피 밑져야 본전입니다. 행정심판 심리 당일이라도 자신의 사정을 설명하면서 위원회에 참석하고 싶다는 뜻을 전달하면 허가해주는 경우도 있습니다.

❯ 구술심리 과정에서 유의할 점

　행정심판을 청구한 경우에는 되도록 구술심리를 신청하는 것을 권합니다. 다만, 심리기일에 출석해서 감정의 과잉을 드러낸다든지, 중언부언하면서 쟁점을 흐린다든지, 위원들을 협박하거나 무례한 태도를 보인다든지 등의 경우에는 오히려 출석하지 않은 것만 못하다는 사실을 염두에 두기 바랍니다.

12강

가족이 대신 행정심판 절차를 진행할 수 있나요?

> 저희 아버지가 계시는 마을이 지적재조사 사업지구로 결정되었습니다. 얼마 전 아버지로부터 아버지 소유의 토지 경계가 축소 조정되었다는 연락을 받았습니다. 주말에 아버지를 찾아가 구청에서 온 서류를 보니, 경계결정 처분을 다투려면 행정심판을 청구하라고 되어 있었습니다.
> 아버지는 고령이고, 건강도 좋지 못합니다. 아버지를 대신해서 아들인 제가 대신 행정심판 절차를 진행할 수 있나요?

❯ 대리 제도의 의의

대리 제도는 자신의 시간적·물리적 한계 등을 제3자를 통해 극복하기 위해 만들어졌습니다. 대리는 보통 민사·상사 영역에서 발달해왔지만, 행정심판이나 행정소송 등 공법 영역에서도 도입되어 있습니다. 대리 제도를 이용하면 대리인이 자신을 대신하여 행정심판 절차를 진행하되, 그 효과는 본인에게 미치게 됩니다.

한편, 대리인은 크게 법정대리인과 임의대리인으로 구분됩니다. 민법상 법정대리인은 친권자와 같이 본인에 대해 일정한 지위에 있는 자가 당연히 대리인이 되는 경우, 부재자의 재산관리인과 같이 법원의 선임에 의한 경우 등이 있습니다. 행정심판법상 법정대리인의 대표적인 경우로 청구인이 미성년자인 경우 친권자를 들수 있습니다. 이러한 법정대리인 외에 청구인에 의해 선임될 수 있는 대리인에 대해서는 행정심판법 제18조에서 규정하고 있습니다. 이에 의하면 청구인은 ① 청구인의 배우자, 청구인 또는 배우자의 사촌 이내의 혈족, ② 청구인이 법인이거나 제14조에 따른 청구인 능력이 있는 법인이 아닌 사단 또는 재단인 경우 그 소속 임직원, ③ 변호사, ④ 다른 법률에 따라 심판청구를 대리할 수 있는 자, ⑤ 그 밖에 위원회의 허가를 받은 자를 대리인으로 선임할 수 있습니다. 한편, 피청구인은 ① 그 소속 직원, ② 변호사, ③ 다른 법률에 따라 심판청구를 대리할 수 있는 자, ④ 그 밖에 위원회의 허가를 받은 자를 대리인으로 선임할 수 있습니다.

❯ 대리인 선임 허가신청서 작성 방법

행정심판법 시행규칙 [별지 제26호] 소정의 '대리인 선임 허가신청서'를 보면서 대리인 선임 허가신청서 작성 방법을 알아봅니다.
　① '사건명'란에는 행정심판을 청구할 때 행정심판위원회에서 부여한 '영업정지 처분 취소청구', '이행강제금 부과처분

대리인 선임 허가신청서

접수번호		접수일	
사건명			
청구인	성명		
	주소		
피청구인			
대리인이 될 자	성명		
	주소		
	주민등록번호(법인등록번호, 외국인등록번호)		
선임 이유			
대리인과의 관계			
증명 방법			

「행정심판법」 제18조제1항·제2항 및 같은 법 시행령 제16조에 따라 위와 같이 대리인 선임 허가를 신청합니다.

년   월   일

신청인   (서명 또는 인)

○○행정심판위원회 귀중

첨부서류	없음	수수료 없음

처리 절차			

신청서 작성	→	접수	→	결정	→	통지
신청인		○○행정심판위원회		○○행정심판위원회		

210mm×297mm[백상지 80g/㎡]

취소청구', '건축허가 의무이행청구' 등을 기재합니다.

② '청구인'란에는 청구인의 성명, 주소를 적습니다.

③ '피청구인'란에는 처분을 내린 행정청을 기재합니다.

④ '대리인이 될 자'란에 청구인을 대신해서 행정심판 절차를 진행할 사람을 작성합니다.

⑤ '선임 이유'란에는 어떠한 이유로 제3자를 대리인으로 선임 하게 되었는지 그 이유를 적는데, '청구인이 고령이거나 건 강이 좋지 않아서' 등과 같은 내용이면 됩니다.

⑥ '대리인과의 관계'란에는 그 관계를 적습니다.

⑦ '증명 방법'에는 대리인 관계를 입증할 서류를 적습니다. 가족인 경우 가족관계증명서 등을, 변호사인 경우 위임장 등을 기재하고 첨부하면 됩니다.

❯ 대리인 선임 이유 중 '그 밖에 위원회의 허가를 받은 자'

실무상 대리인 선임과 관련하여 문제되는 것은 행정심판법 제 18조 제1항 제5호 소정의 '그 밖에 위원회의 허가를 받은 자'입니다. 앞선 행정심판법 제18조 제1항 제1호 내지 제4호의 관계가 없음에도 위원회에 대리인 선임 허가를 신청한 경우 위원회는 여러 가지 사정을 고려하여 결정을 내리는데, 특별히 위 제1호 내지 제4호의 관계가 없다면 대리인 선임을 불허하는 결정을 하게 됩니다.

이와 관련하여 행정심판이 익숙하지 않은 일반인이 행정심판을 청구하고자 하는 경우 비용 문제로 행정사를 대리인으로 선임하는 경우가 있습니다. 행정사는 행정기관에 제출하는 서류의 작성, 행정기관에 제출하는 서류의 제출 대행, 행정 관계 법령 및 행정에 대한 상담 또는 자문에 대한 응답에 관한 업무를 수행합니다(행정사법 제2조 제1항). 행정사법에 의하면 행정사는 행정심판과 관련된 서류를 작성하고 이에 대한 제출행위를 대행할 수 있을 뿐 행정심판을 대리할 수 있는 권한이 없습니다. 따라서 행정사에 대한 대리인 선임 허가신청은 받아들여질 수 없습니다.

한편, 예전에는 변호사와 같은 전문가를 행정심판 대리인으로 선임하는 경우가 많지는 않았습니다. 대부분의 행정심판 청구는 쟁점이 복잡하지 않고, 처분의 부당성을 다투는 경우가 많아 본인이 직접 수행하여도 큰 어려움이 없었기 때문입니다. 하지만 최근에 이르러 사건이 복잡해지고, 행정소송과 비교하여 장점이 있다는 점이 부각되면서 변호사를 대리인으로 선임하여 진행되는 행정심판 청구 사례가 증가하고 있습니다.

▶ 사례의 해결

사례에서는 청구인이 고령인 데다 건강이 좋지 못합니다. 이러한 경우에는 가족관계증명서를 첨부하여 청구인의 아들에 대한 대리인 선임 허가신청을 하면 됩니다. 이에 대해 행정심판위원회로부터 허가를 받게 되면 본인을 대신하여 행정심판 절차 전반을 진행할 수 있게 됩니다. 여기에는 서면의 작성 및 제출, 수령뿐만 아니라 구술심리의 참여도 포함됩니다.

본인의 특수한 사정으로 인해 행정심판 절차의 진행이 어려운 경우 대리 제도를 이용해 보기 바랍니다.

13강

경제적으로 형편이 어려운데 변호사, 노무사의 도움을 받으면서 행정심판을 진행할 수 있나요?

> 저는 2년 전 시각장애 2급 판정을 받았습니다. 장애재판정 기한이 다가와서 장애정도 신청을 하였는데, 구청장으로부터 장애의 정도가 심하지 않은 장애인 판정을 받았습니다. 갑자기 등급이 하향되다 보니 기존에 받았던 혜택이 축소되어 불편합니다. 더구나 저는 기초생활수급자로서 경제적인 형편이 좋지 않습니다.
> 행정심판을 청구하고 싶은데 변호사와 같은 전문가를 선임할 형편이 안 됩니다. 이 경우 도움 받을 길이 없나요?

▶ 국선변호인 제도

영화 '변호인'에서 주인공의 역할은 국선변호인입니다. 영화, 드라마 등에서 국선변호인은 단골 캐릭터라서 그런지 일반인에게 잘 알려져 있는 편입니다. 형사소송법 제33조에 의하면 피고인이 구속된 때, 미성년자인 때, 70세 이상인 때, 농아자인 때, 심신장애의 의심이 있는 때, 사형·무기 또는 단기 3년 이상의 징역이나 금고에 해당하는 사건으로 기소된 때에는 법원은 직권으로 변호인을 선정하여야 하고, 피고인이 빈곤 그 밖의 사유로 변호인을 선임할 수 없는 경우에 피고인의 청구가 있는 때에는 법원은 변호인을 선정하여야 합니다. 국선변호인은 형사절차에서 피고인을 보호하고, 조력하는 역할을 합니다.

❯ 행정심판법에도 국선대리인 제도가 있다

앞서 본 국선변호인 제도가 행정심판법에도 도입되었습니다. 2017. 10. 31. 행정심판법이 개정되어 2018. 11. 1.부터 시행되었는데, 행정심판법 제18조의2는 국선대리인에 대하여 규정하고 있습니다. 이에 의하면 청구인이 경제적 능력으로 인해 대리인을 선임할 수 없는 경우에는 위원회에 국선대리인을 선임하여 줄 것을 신청할 수 있고, 위원회는 그 신청에 따른 국선대리인 선정 여부에 대한 결정을 하며, 지체 없이 청구인에게 그 결과를 통지하여야 하는데, 이 경우 위원회는 심판청구가 명백히 부적법하거나 이유 없는 경우 또는 권리의 남용이라고 인정되는 경우에는 국선대리인을 선정하지 아니할 수 있습니다. 또한, 국선대리인 신청절차, 국선대리인 지원 요건, 국선대리인의 자격·보수 등 국선대리인 운영에 필요한 사항은 대통령령으로 정하도록 하였는데, 행정심판법 시행령 제16조의2 내지 제16조의6에서 자세히 규정하고 있습니다.

❯ 국선대리인 신청 자격

국선대리인을 선임하여 줄 것을 신청할 수 있는 청구인은 국민기초생활 보장법 제2조 제2호에 따른 수급자, 한부모가족지원법 제5조 및 제5조의2에 따른 지원대상자, 기초연금법 제2조 제3호에 따른 기초연금 수급자, 장애인연금법 제2조 제4호에 따른 수급자, 북한이탈주민의 보호 및 정착지원에 관한 법률 제2조 제2호에 따른 보호대상자, 그 밖에 위원장이 경제적 능력으로 인하여 대리인을 선임할 수 없다고 인정하는 사람이어야 합니다(행정심판법 시행령 제16조의2 제1항). 그리고 국선대리인의 선임을 신청할 수 있는 청구인은 행정심판위원회 심리기일 전까지 신청하여야 하며, 위 제1항 각 호의 어느 하나에 해당하는 사람이라는 사실을 소명하는 서류를 함께 제출하여야 합니다(같은 법 시행령 제16조의2 제2항).[19) 형사소송법상 필요적 국선변호인 선임과는 달리 행정심판법에서는 국선대리인 선임 신청을 하였다고 하여 반드시 국선대리인이 선정되는 것은 아닙니다. 행정심판위원회는 국선대리인 선임 신청에 대해 청구인의 자격, 심판청구의 적법성, 권리의 남용 여부 등을 종합적으로 고려하여 선정 여부를 결정하게 됩니다.

한편, 국선대리인은 변호사법 제7조에 따라 등록한 변호사, 공인노무사법 제5조에 따라 등록한 공인노무사 중에 선정합니다(같은 법 시행령 제16조의3). 그리고 위원회는 선정된 국선대리인이 대리하는 사건 1건당 50만 원 이하의 금액을 예산의 범위에서 그 보수로

---

19) 신청대상별 필요한 소명서류

지급할 수 있는데, 국선대리인이 해당 사건에 관여한 정도, 관련 사건의 병합 여부 등을 고려하여 위원장이 정하게 됩니다(같은 법 시행령 제16조의5). 국선대리인에 대한 보수는 위원회에서 지급하므로 청구인은 '무료'로 국선대리인의 조력을 받을 수 있습니다.

❯ 국선대리인 선임 신청서 작성 방법

행정심판법 시행규칙 [별지 제27호의2] '국선대리인 선임 신청서' 서식을 보며 국선대리인 선임 신청서 작성 방법을 알아봅니다.

① '사건명(사건번호)'란에는 위원회에서 부여한 사건명을 기재합니다. 행정심판청구와 동시에 국선대리인 선임 신청서를 제출하는 경우에는 '영업정지처분 취소청구', '이행강제금 부과처분 취소청구', '장애정도 미해당결정처분 취소청구',

신청 대상	소명서류
「국민기초생활 보장법」 제2조 제2호에 따른 수급자	수급자 증명서(「국민기초생활보장법」 시행규칙 별지 제3호의2 서식)
「한부모가족지원법」 제5조 및 제5조의2에 따른 지원대상자	한부모가족증명서(「한부모가족지원법」 시행규칙 별지 제2호 서식)
「기초연금법」 제2조 제3호에 따른 수급자	기초연금 수급자 확인서(2018 보건복지부 기초연금사업안내 제19호 서식)
「장애인연금법」 제2조 제4호에 따른 수급자	사회보장급여 결정통지서(「사회보장급여 관련 공통서식에 관한 고시」 별지 제6호 서식상 장애인연금 결정통지 사항, 지자체 발행 장애인연금 지급 통지서 등)
「북한이탈주민의 보호 및 정착지원에 관한 법률」 제2조 제2호에 따른 보호대상자	통일부장관 발행 북한이탈주민등록 확인서(「북한이탈주민 거주지보호 및 신원확인 등에 관한 지침」 별지 제2호 서식)
그 밖에 위원장이 경제적 능력으로 인해 대리인을 선임할 수 없다고 인정하는 자	소득금액증명원, 근로소득자 원천징수 영수증 등

■ 행정심판법 시행규칙 [별지 제27호의2서식] <개정 2020. 6. 19.>

국선대리인 선임 신청서

※ [ ]에는 해당되는 곳에 √표시를 합니다.

사건명(사건번호)	

청 구 인	성명		주민등록번호	
	주소			
	연락처(전화번호, 휴대전화번호)			

국선대리인 선임 신청 요건	[ ] 1. 「국민기초생활 보장법」 제2조제2호에 따른 수급자
	[ ] 2. 「한부모가족지원법」 제5조 및 제5조의2에 따른 지원대상자
	[ ] 3. 「기초연금법」 제2조제3호에 따른 기초연금 수급자
	[ ] 4. 「장애인연금법」 제2조제4호에 따른 수급자
	[ ] 5. 「북한이탈주민의 보호 및 정착지원에 관한 법률」 제2조제2호에 따른 보호대상자
	[ ] 6. 그 밖에 위원장이 경제적 능력으로 인하여 대리인을 선임할 수 없다고 인정하는 사람

「행정심판법」 제18조의2제1항, 같은 법 시행령 제16조의2 및 같은 법 시행규칙 제5조제3항제10호의2에 따라 위와 같이 국선대리인의 선임을 신청합니다.

20　　년　　월　　일

신청인　　　　　　　　　　　　　(서명 또는 인)

○○○행정심판위원회 귀중

신청인 첨부 서류		
3. 「기초연금법」 제2조제3호에 따른 기초연금 수급자	「기초연금법」 제2조제3호에 따른 기초연금 수급자임을 소명하는 서류	수수료 없음
5. 「북한이탈주민의 보호 및 정착지원에 관한 법률」 제2조제2호에 따른 보호대상자	「북한이탈주민의 보호 및 정착지원에 관한 법률」 제2조제2호에 따른 보호대상자임을 소명하는 서류	

행정정보 공동이용 동의서
본인은 이 건의 업무처리와 관련하여 담당공무원이 「전자정부법」 제36조제1항에 따른 행정정보의 공동이용을 통하여 본인에 대한 「행정심판법 시행령」 제16조의2제1항 다음 각 호의 사항을 확인하는 것에 동의합니다(해당되는 곳에 √표시를 합니다). [ ] 1. 「국민기초생활 보장법」제2조제2호에 따른 수급자임을 소명하는 서류 [ ] 2. 「한부모가족지원법」 제5조 및 제5조의2에 따른 지원대상자임을 소명하는 서류 [ ] 4. 「장애인연금법」 제2조제4호에 따른 수급자임을 소명하는 서류 [ ] 6. 관련 소명서류 중 국세청 소득금액증명 ※ 동의하지 않는 경우에는 신청인이 직접 관련 서류를 제출해야 합니다.

신청인　　　　　　　　　　　　　(서명 또는 인)

처리 절차

신청서 작성	→	접 수	→	선정 여부 결정	→	통지
신청인		○○행정심판위원회		○○행정심판위원회 위원장		

210mm×297mm[백상지(80g/㎡)]

'건축허가 이행청구' 등으로 작성하면 됩니다.

② '청구인'란에는 청구인 본인의 인적사항을 작성합니다.

③ 서식 하단의 '첨부서류'란을 확인하고 본인이 해당하는 관계 법령상 필요서류를 신속하게 제출해야 합니다. 이러한 관련 서류가 제출되지 않으면 국선대리인 선임 허가가 내려지기 어렵습니다.

❯ 사례의 해결

사례에서는 청구인이 국민기초생활 보장법 제2조 제2호에 따른 기초수급자에 해당한다면 행정심판위원회에 국선대리인 선임 신청서와 함께 수급자 증명서와 그 밖에 경제적 능력으로 인해 대리인을 선임하기 어렵다는 서류를 제출하면 됩니다. 특별한 사정이 없다면 사례의 청구인은 행정심판위원회에서 선정해 준 국선대리인을 통해 행정심판 절차를 진행할 수 있을 것입니다.

❯ 국선대리인 제도를 적극적으로 이용해 보자

행정심판법상 국선대리인 제도는 아직 널리 알려져 있지 않은 상황입니다. 이에 중앙행정심판위원는 각 행정심판위원회와 행정청에게 행정처분서에 국선대리인 선임 신청 등 안내 문구를 기재해 줄 것을 요청하는 등 적극적으로 홍보하고 있습니다. 행정심판은 준사법적 절차로서 법률적인 주장이 필수적으로 요구됩니다. 혼자서 행정심판을 청구하는 것보다는 변호사·노무사와 같은 전문가의 도움을 받아 보는 것을 추천합니다.

14강 ───────── 제척, 기피, 회피

행정심판 심리기일에 출석했는데, 위원 중 한
사람이 제게 편파적인 질문을 하고 있습니다.
이런 상황에서 공정한 재결이 내려질 수 있을지
걱정입니다. 어떻게 해야 하나요?

> 행정심판 심리기일에 출석해서 구술심리를 진행하고 있었습니다. 위
> 원들이 저에게 이것저것을 물어보는데, 그중 한 사람이 저를 대하는
> 태도가 굉장히 공격적이고, 편파적인 질문을 하고 있습니다.
> 이런 상황에서 공정한 재결이 내려질 수 있을지 걱정입니다. 어떻게
> 해야 하나요?

❯ 제척, 기피, 회피 제도의 의의

실무상 자주 있는 경우는 아니지만, 행정심판위원회에 출석하
여 구술심리를 진행하는데, 행정심판위원장의 진행이 원만하지 않
다든지, 상대방인 처분청 담당자의 주장만 경청하고 청구인 주장은
무시한다든지, 청구인을 대하는 태도가 공격적·편파적이어서 공정
한 재결을 기대하기 어려운 상황에 처할 수 있습니다. 이때 고려해
볼 수 있는 것이 행정심판법 제10조 소정의 기피 신청입니다.

기피는 행정심판 청구 사건의 당사자의 신청이 있을 때 행정심판위원회의 결정에 의하여 당해 위원의 직무집행을 못하게 하는 제도입니다. 이와 관련하여 제척, 회피 제도도 있는데, 제척은 법률이 정하는 사유가 있는 위원의 직무집행이 당연히 정지되는 것이고, 회피는 행정심판위원회 위원 또는 직원 자신이 스스로 직무를 집행하지 않는 것을 말합니다.

행정심판은 소송과는 달리 청구인이 출석하지 않아도 재결이 내려질 수 있고(서면심리), 구술심리로 진행하더라도 거의 대부분 심리기일 당일에 결론이 나기 때문에 소송과 비교하여 기피 제도가 이용될 여지가 상대적으로 작기는 합니다. 하지만 제척과 회피는 소송과 다를 것이 없기 때문에 소송과 동일하게 적용됩니다.

❯ 제척, 기피, 회피 관련 내용

제척, 기피, 회피와 관련된 규정을 살펴봅니다. 이러한 규정은 사건의 심리·의결에 관한 사무에 관여하는 위원 아닌 직원에게도 동일하게 적용됩니다(행정심판법 제10조 제8항).

먼저, 제척입니다. 행정심판위원회의 위원은 ① 위원 또는 그 배우자나 배우자이었던 사람이 사건의 당사자이거나 사건에 관하여 공동 권리자 또는 의무자인 경우, ② 위원이 사건의 당사자와 친족이거나 친족이었던 경우, ③ 위원이 사건에 관하여 증언이나 감정(鑑定)을 한 경우, ④ 위원이 당사자의 대리인으로서 사건에 관여하거나 관여하였던 경우, ⑤ 위원이 사건의 대상이 된 처분 또는 부작위에 관여한 경우에 해당할 때에는 그 사건의 심리·의결에서 제척되고, 제척결정은 위원회의 위원장이 직권으로 또는 당사자의 신청에 의하여 합니다(행정심판법 제10조 제1항).

다음으로 기피입니다. 당사자는 위원에게 공정한 심리·의결을 기대하기 어려운 사정이 있으면 위원장에게 기피신청을 할 수 있고, 위원에 대한 기피신청은 그 사유를 소명한 문서로 하여야 합니다(같은 법 제10조 제2항, 제3항). 제척사유에는 해당하지 않더라도 재결의 공정성을 방해할 만한 모든 사유에 대해 그 사유마다 개별적인 결정을 통해 위원에게 공정을 기대하기 어려운 사정이 있는지 여부를 가려내려는 것이 기피 제도의 취지입니다. 따라서 청구인 입장에서 어떤 위원과 적대관계에 있다든지, 해당 사건의 결과로 인해 위원에게 특별한 이해관계가 발생한다든지 등의 사정이 있을 때 기피 신청을 할 수 있습니다.

마지막으로 회피입니다. 행정심판위원회의 회의에 참석하는 위원이 제척사유 또는 기피사유에 해당되는 것을 알게 되었을 때에는 스스로 그 사건의 심리·의결에서 물러날 수 있는데, 이 경우 회피하고자 하는 위원은 위원장에게 그 사유를 소명하여야 합니다(같은 법 제10조 제7항). 통상 위원이 행정심판 청구 사건과 관련된 사건을 이전에 처리한 적이 있는 경우, 관련 사건을 선임한 경우 등에 해당 사건 심리과정에서 회의장을 떠나는 형식을 취하게 됩니다.

❯ 제척, 기피 신청서 작성 방법

행정심판법 시행규칙 [별지 제18호] '행정심판위원회 위원 제척/기피 신청서' 서식을 보면서 제척, 기피 신청서 작성 방법을 설명합니다.

① '사건명(사건번호)'란에는 위원회에서 부여한 사건명을 기재합니다. '영업정지처분 취소청구', '이행강제금 부과처분 취소청구', '장애정도 미해당결정처분 취소청구', '건축허가 이행청구' 등으로 작성하면 됩니다.

② '청구인'란에는 청구인의 인적사항을 작성합니다.

③ '피청구인'란에는 상대방인 행정청을 기재합니다.

④ '신청 취지'에는 해당 위원에 대해 행정심판법 제10조 제1항 각 호 소정의 제척사유가 있는 경우 또는 그에는 해당하지 않더라도 기피할 사유가 있는 경우 "○○○ 위원은 ○○행정심판위원회 제○회 심리기일에서 제척되어야 한다." 또는 "청구인은 ○○○ 위원에 대해 ○○행정심판위원회 제○회 심리기일과 관련하여 기피를 신청한다."라는 정도로 기재합니다.

⑤ '신청 원인'란에는 제척사유 또는 기피사유에 대해 기재합니다. 이때 기피사유에 대해서는 어떠한 이유로 공정한 재결을 기대하기 어려운 것인지에 대해 구체적으로 작성해야 합니다. 단순히 해당 위원이 싫어서, 공정한 재결을 기대하기 어려워서 등의 이유로는 원하는 결과를

행정심판위원회 위원 [ ] 제척 신청서
[ ] 기피

접수번호	접수일	
사건명		
청구인	성명	
	주소	
피청구인		
신청 취지		
신청 원인		
소명 방법		

「행정심판법」 제10조 및 같은 법 시행령 제12조에 따라 위와 같이 신청합니다.

년   월   일

신청인   (서명 또는 인)

○○행정심판위원회 귀중

첨부서류	없음	수수료 없음

처리 절차			
신청서 작성	접수	결정	송달
신청인	○○행정심판위원회	○○행정심판위원장	

210mm×297mm[백상지 80g/㎡]

얻기 어렵습니다.

⑥ '소명 방법'란에는 제척 또는 기피 신청을 뒷받침할 수 있는 자료의 제목을 적고 신청서에 첨부합니다.

❯ 제척, 기피 신청에 대한 처리

제척 또는 기피신청에 대해서 위원장은 제척 또는 기피의 신청이 이유 없다고 인정하는 경우에는 결정으로 이를 기각하고, 이유 있다고 인정하는 경우에는 결정으로 이를 인용하며, 제척신청이나 기피신청이 사유를 소명한 문서로 제출되지 않았을 때에는 결정으로 이를 각하합니다(행정심판법 제10조 제4항, 같은 법 시행령 제12조 제4항, 제5항). 그리고 이러한 결정에 대해서는 불복신청을 하지 못합니다(같은 법 시행령 제12조 제6항).

❯ 사례의 해결

사례에서는 심리 과정에서 한 위원이 청구인에게 편파적이고 공격적인 질문을 하는 등 공정한 재결을 받기 어려운 사정이 있어 보입니다. 청구인은 이를 이유로 기피 신청서를 작성하여 위원회에 제출할 수 있습니다.

이처럼 행정심판 심리와 관련하여 공정한 재결을 받기 어려운 사정이 있다면 기피 제도를 이용할 필요가 있습니다.

15강 ——— 변론주의, 직권탐지주의

청소년에게 술을 팔았다고 적발되었는데,
아무래도 옆 가게에서 꾸민 일 같아요.
이런 경우 행정심판위원회에서 알아서 판단해
주나요?

> 저는 일반음식점을 운영하고 있습니다. 하루는 문신을 하고, 체구도
> 건장한 남자 손님 세 명이 가게로 들어왔습니다. 신분증을 보자고 하
> 니 일행 중 한 명이 차에 두고 왔다고 하면서, 신분증을 가지고 올
> 테니 일단 술을 달라고 하였습니다. 외모나 하는 행동으로 봐서는 성
> 인으로 판단되어 일단 술을 제공했습니다.
> 그런데 얼마 지나지 않아 가게에 미성년자가 있다는 신고를 받고 출
> 동했다면서 경찰이 들이닥쳤습니다. 알고 보니 남자 손님 세 명이 18
> 세 청소년으로 밝혀졌습니다.
> 경찰서에서 조사를 받고 돌아오던 길에 옆 가게를 지나쳤는데, 옆 가
> 게 사장이 그 청소년들의 어깨를 두드리며 봉투를 주는 것을 봤습니
> 다. 아마도 옆 가게에서 꾸민 일 같은데, 행정심판을 청구하면 이러
> 한 사정을 받아들여 줄까요?

❯ 변론주의의 의의

민사소송의 가장 중요한 원칙 중에 변론주의라는 것이 있습니

다. 변론주의란 소송의 자료가 되는 사실과 증거의 수집·제출의 책임을 당사자에게 맡기고, 당사자가 수집하여 제출한 소송자료만을 재판의 기초로 삼아야 한다는 입장을 말합니다.[20] 행정쟁송에서도 이러한 변론주의의 원칙이 기본적으로 적용됩니다.

　변론주의를 이해하기 위해서는 사실과 진실을 구별할 수 있어야 합니다. A에게 1천만 원을 빌려준 경우, 실제로 그것이 진실이더라도 재판 과정에서 증거 자료로 보완되지 않는 이상 이것은 사실이라고 할 수 없습니다. 물론 진실 중에는 증거 자료로 뒷받침되지 않더라도 인정되는 것이 있습니다. 예를 들면 지구는 둥글다거나 태양은 동쪽에서 떠서 서쪽으로 진다 등과 같이 과학적으로 입증된 것, 상대방이 특별히 다투지 않거나 인정해버린 사실관계 등에 대해서는 증거 자료로 뒷받침되지 않아도 됩니다. 그런데 그 외의 주장과 관련된 내용에 대해서는 그것을 뒷받침할 수 있는 증거 자료가 필요합니다.

　본인 입장에서 어떤 주장이 아무리 진실이라도 이것을 판단하는 행정심판위원회나 법원 입장에서는 증거 자료로 보완되지 않는 이상 사실로 보기 어려운 경우가 있습니다. 이때에는 그 주장을 입증할 만한 증거 자료가 없는 이상 그로 인한 불이익은 그 주장을 한 사람에게 돌릴 수밖에 없게 됩니다(즉 행정쟁송에서 지게 됩니다). 이것이 변론주의의 당연한 결론입니다.

---

20) 이시윤, 신민사소송법 제9판, 박영사, 320쪽

❯ 행정심판법상 변론주의와 관련된 규정

행정심판법 제33조, 제34조는 "당사자는 심판청구서·보정서·답변서·참가신청서 등에서 주장한 사실을 보충하고 다른 당사자의 주장을 다시 반박하기 위하여 필요하면 위원회에 보충서면을 제출할 수 있고, 심판청구서·보정서·답변서·참가신청서·보충서면 등에 덧붙여 그 주장을 뒷받침하는 증거서류나 증거물을 제출할 수 있다."고 규정하고 있지만, 규정형식만 보고 이를 재량규정으로 이해하면 곤란합니다. 이 규정은 반드시 지켜야 하는 기속규정으로 이해해야 합니다. 따라서 당사자는 반드시 자신의 주장을 보충할 수 있는 증거서류나 증거물을 제출해야 합니다.

❯ 증거 자료의 제출은 필수적이다

사례에서 청구인은 옆 가게에서 청소년 세 명을 사주하여 일을 꾸몄다는 의심을 하고 있습니다. 아마도 행정심판청구서에 그러한 주장을 담을 것입니다. 실제 경쟁 업소에서 행정처분을 받게 할 목적으로 이러한 일을 꾸미거나, 행정청에 민원을 넣는 등의 사례는 비일비재합니다. 이때 그러한 상황이 의심된다고 하더라도 그것을 입증할 증거가 뒷받침되지 않는다면 그 주장은 받아들여지지 않습니다. 물론 그것을 입증하기 위한 자료를 수집하는 것은 상당히 어려운 일입니다. 하지만 이를 증명할 만한 자료를 제출하지 않은 채 억울한 사정을 행정심판위원회에서 제대로 판단해주지 않는다고 하소연해 봐야 소용이 없습니다. 같은 이유로 법원에 행정소송을 제기하더라도 결론은 마찬가지입니다. 따라서 행정쟁송에서 이기기 위해서는 자신의 주장을 뒷받침할 수 있는 증거 자료의 수집이 필수적입니다.

뿐만 아니라 처분의 취소 또는 감경을 구하기만 하고 이를 뒷받침하는 증거 자료를 제출하지 않는다면 역시 좋은 결과를 기대하기 어렵습니다. 처분이 가혹하여 정상참작을 바란다고 하면서 청구인의 건강 상태, 경제적 형편 등에 대한 객관적인 자료를 제시하지 못한다면 그 주장을 받아들이기 어렵기 때문입니다. 따라서 청구인 또는 동거가족의 건강이 좋지 않다면 입·통원 확인서, 진단서, 진료기록 등과 같은 의료기록이 필요합니다. 경제적 형편이 좋지 않다면 금융기관으로부터 대출내역서, 부채증명서, 임대인과 사이에 작성한 임대차계약서 등을 준비해야 합니다. 사건에 대해 반성하고 있다는 내용의 반성문도 제출하는 것도 괜찮습니다. 인근 가게 업주로부터 탄원서를 받을 수 있다면 역시 준비하는 것이 좋습니다.

이처럼 자신의 주장과 상황을 입증할 수 있는 증거 자료의 제출은 필수적입니다. 이러한 자료가 뒷받침되지 않는다면 청구인의 주장을 입증할 만한 자료가 없어 청구인의 주장을 받아들이기 어렵다는 위원회의 판단이 내려질 것입니다.

❯ 직권탐지주의의 의의

한편, 변론주의와 대비되는 개념으로 직권탐지주의가 있습니다. 직권탐지주의는 변론주의와 달리 증거 자료의 제출책임을 행정심판위원회에 두는 입장입니다. 행정심판법 제39조는 "위원회는 필요하면 당사자가 주장하지 아니한 사실에 대하여도 심리할 수 있다."고 규정하고 있는데, 이 규정에 기대어 증거 자료를 제출하지 않아도 된다고 이해하면 곤란합니다. 왜냐하면 일반적으로 직권탐지주의의 대상은 가능한 한 객관적인 진실발견이 필요하다고 인정되는 사항인데,21) 이를 확대하는 경우 상대방인 행정청에게 예상하지 못한 피해가 발생하기 때문입니다. 따라서 위원회는 당사자가 주장하지 않은 사실에 대해 적극적으로 심리하는 것이 아니라 '필요하면 심리할 수 있는' 것입니다.

❯ 직권심리의 범위

실무적으로 직권심리를 하는 사항은 취소심판이나 거부처분에 대한 의무이행심판에서 청구기간의 준수 여부, 처분문서의 적법한 송달 여부, 청구인에게 법률상 이익 또는 권리보호이익이 있는지 여부 등과 같은 심판의 적법요건과 사안에 따라 당사자가 주장하지 않았더라도 사건의 결론에 영향을 미칠 수 있는 사실에 관한 사

---

21) 앞의 책, 329쪽

항 등(예를 들면, 청구인이 절차상 하자에 대해 주장하지 않았더라도 처분이 내려지는 과정에 청문을 거치지 않았다거나, 의견제출 기회를 주지 않았다거나, 처분의 이유제시가 부족했다는 등의 절차적 위법이 있는 경우, 행정청이 이행강제금을 부과하기 전에 시정명령을 내렸어야 함에도 내리지 않고 곧바로 이행강제금을 부과한 경우 등)입니다. 경험에 비추어 보면 일률적으로 그러하다고 단정하기는 어렵지만 행정심판은 행정소송보다는 행정심판법 제39조 소정의 직권심리 규정을 좀 더 적극적으로 활용하는 것 같습니다. 그렇다고 이러한 직권심리 규정만 믿고 주장과 사실 입증을 소홀히 해서는 안 될 것입니다.

❯ 행정심판에서 이기기 위해 증거 자료에 신경 쓰자

사례에서 청구인이 옆 가게에서 꾸민 일이라고 주장하더라도 그와 관련된 구체적인 자료를 제출하지 못한다면 그 주장은 받아들여지기 어려울 것입니다.

행정심판은 기본적으로 행정심판위원들을 법률적·논리적으로 설득해 가는 과정이라고 이해해야 합니다. 입장을 바꾸어서 제3자의 주장에 설득이 되기 위해서는 주장이 논리적이어야 할 뿐만 아니라, 그 주장을 뒷받침할 수 있는 객관적인 증거 자료가 있어야 하지 않을까요? 이를 유념하고 행정심판에 임하기 바랍니다.

16강 ─────── 조정제도

행정심판을 진행하고 있는데 행정심판위원회
에서 사건을 조정 절차에 회부하겠다고 합니
다. 조정제도에 대해서 궁금합니다.

[실제사례]

청구인들은 ○○시 ○○구 ○○동 ○○○(이하 '이 사건 토지'라 합
니다)의 공유자들이고, 참가인들은 이 사건 토지와 인접한 ○○시 ○○
구 ○○동 ○○○(이하 '이 사건 인접토지'라 합니다) 및 그 지상 건
축물의 공유자들입니다.

참가인들은 피청구인으로부터, 2010. ○. ○○. 이 사건 인접토지 지
상에 대한 건축허가를 받은 후, 철근콘크리트구조 건물(이하 '이 사건
인접건물'이라 합니다)을 준공하였고, 2010. ○. ○○. 이 사건 인접
건물에 대한 사용승인(이하 '이 사건 사용승인처분'이라 합니다)을 받
았습니다. 한편, 참가인들은 2010. ○. ○○. 이 사건 인접토지의 지
목을 도로에서 대지로 변경하였고, 같은 해 ○. ○. 이 사건 인접건물
에 대한 소유권보존등기를 경료하였습니다.

청구인들은 이 사건 사용승인처분으로 인해 이 사건 토지로의 통행이
어렵고, 이 사건 토지에 건물을 짓기 어렵게 되었다고 하면서, 2010.
○. ○. 행정심판을 청구했습니다. 한편, 이 사건 청구에 대해 ○○광
역시행정심판위원회에서 조정에 회부되었으나 결렬되었습니다.

여기서 조정제도가 무엇일까요?

❯ 조정제도의 도입

2017. 10. 31. 행정심판법 개정으로 조정제도가 도입되었습니다. 행정심판법 제43조의2 제1항은 "위원회는 당사자의 권리 및 권한의 범위에서 당사자의 동의를 받아 심판청구의 신속하고 공정한 해결을 위하여 조정을 할 수 있다. 다만, 그 조정이 공공복리에 적합하지 아니하거나 해당 처분의 성질에 반하는 경우에는 그러하지 아니하다."고 규정함으로써 당사자의 조정과 양보에 따른 합리적인 해결책을 모색하는 조정제도가 시행되었습니다.

❯ 자율적 분쟁 해결수단

당사자 사이에 발생한 분쟁을 해결하는 방식은 여러 가지가 있습니다. 그중에 법적 테두리 안에서 분쟁을 해결하는 방식의 가장 대표적인 것이 바로 소송을 통하는 것입니다. 사적 영역에서는 당사자 사이에 합의가 이루어지면 즉각 그 분쟁은 종료됩니다. 서로 의견의 일치를 이루지 못한 경우 중립적인 법원의 판단을 구하기 위해 소송을 제기하는 것입니다. 소송에서도 조정과 같은 자율적인 분쟁 해결수단이 도입되기 전에는 누군가가 이기면 누군가는 지는 이른바 '제로섬' 논리가 그대로 적용되었습니다. 이기는 사람이야 좋지만 지는 입장에서는 상당한 피해가 발생합니다. 이러한 간극을 줄여보고자 민사 분야에서 조정·화해와 같은 자율적 분쟁 해결수단이 도입되었습니다.

자율적 분쟁 해결수단을 거치게 되면 분쟁의 신속한 해결이 가능합니다. 판결까지 기다려야 한다면 상당한 시간이 소요되는데, 조정·화해 등의 절차를 통하면 여기에 소요되는 시간적 비용을 상당히 아낄 수 있습니다. 이러한 이점으로 조정·화해와 같은 자율적 분쟁 해결수단은 민사 분야에서 광범위하게 활용되고 있습니다.

❯ 행정 분야에 대한 자율적 분쟁 해결수단의 도입

그렇다면 행정 분야에서는 어떠할까요? 어떤 사안에 대해 담당공무원이 관련 법령에 근거하여 처분을 내린 경우 해당 처분을 취소하거나 철회해 달라는 요구를 받는다면 그 담당공무원이 선뜻 이에 응할 수 있을까요? 공무원은 보통 자신이 한 행정행위에 문제가 있음을 인정하고, 이를 바로잡으려고 하는 것에 대해 상당히 주저합니다. 나중에 감사라도 받게 되면 왜 갑자기 행정행위를 바꾸었는지에 대해 설명하기가 곤란해지기 때문입니다. 상급자의 지시를 받았더라도 누군가 책임을 져야 하는 상황이 발생할 수 있기 때문에 마찬가지입니다. 이러한 이유로 행정 분야에는 자율적 분쟁 해결수단이 도입되기가 쉽지 않았습니다.

그런데 행정심판법에 조정제도가 도입되면서 이러한 책임 부담이 행정심판위원회로 전가되는 효과가 발생했습니다. 담당공무원 입장에서는 자신은 적법하게 처분을 내렸지만, 상급자의 검토를 거쳐 행정심판위원회에서 제시한 조정안을 받아들여 분쟁이 종료되었다면 그 책임을 행정심판위원회로 돌릴 수 있기 때문입니다. 바로 이 점을 노리고 행정심판법에 조정제도가 도입된 것입니다.

행정청이 부담할 책임을 어느 정도 덜 수 있다면 일반 국민에게도 나쁠 것이 없습니다. 담당공무원과 일대일로 이야기해 봐야 해결될 기미가 보이지 않았는데, 행정심판을 청구한 후 조정에 회부되면 사건이 양측의 양보로 해결될 가능성이 조금은 생긴 것이기 때문입니다. 행정청 입장에서도 행정심판 청구가 조정에 회부되면 인용될 가능성이 없는 것은 아니라고 생각하기 때문에 조정을 진행해 볼만 하게 됩니다. 이러한 보이지 않는 신경전의 산물이 바로 조정제도인 것입니다.

행정심판에서는 일부 인용 재결이 있기는 하지만, 원래 당사자 사이에 발생한 처분과 관련된 분쟁에 대해서는 '모 아니면 도', '백 대 영', 'winner takes all'의 논리가 적용되었습니다. 다시 말해 처분을 취소하든지 유지하든지의 결론만이 있었을 뿐입니다. 그런데 행정심판법에 조정제도가 도입되면서 양 당사자의 양보와 합의에 따른 절충적인 문제 해결이 가능하게 되었습니다.

❯ 행정심판법상 조정 절차

조정 절차는 다음과 같습니다.

(당사자의 동의를 받아 행정심판위원회의 결정으로) 조정 개시 →
(당사자들의 합의사항 도출 후) 합의서 작성 → 조정서 작성 → 행
정심판위원회에 상정 후 확인 → 조정 성립

① 행정심판위원회에서는 해당 청구를 조정으로 해결하는 것
이 합리적이라고 판단될 경우 조정에 회부할 것을 결정할
수 있습니다. 여기에는 청구인, 피청구인, 참가인 등 모든
당사자의 동의가 필요합니다. 당사자 중 어느 한쪽이라도
조정 회부를 동의하지 않으면 조정 절차가 진행되지 않습
니다. 따라서 행정심판위원회에서 조정에 회부하겠다고 결
정한 후 동의 여부를 확인할 때에는 조정이 강제되는 것은
아니므로 반드시 응할 필요는 없습니다. 그러나 행정심판
위원회에서 조정에 회부하기로 한 결정의 의미를 잘 이해
해야 합니다. 아무 사건이나 조정에 회부하는 것은 아니기
때문입니다. 조정 회부 결정은 일종의 중간 재결인 셈입니
다. 거칠기는 하지만 이 말은 조정 회부 결정에는 행정심
판위원회의 판단이 조금은 반영되어 있다는 뜻입니다. 청
구인 입장에서 보면 청구가 전부 인용되어야 한다고 생각
했는데 아닐 수 있다는 것이고, 피청구인 입장에서 보면
청구가 기각되어야 한다고 생각했는데 인용될 수도 있다는
것입니다. 이 경우에는 일단 조정 회부에 동의한 다음 행
정심판위원회에서 제시하는 조정안을 보고 수용 여부를 판

단해도 늦지 않으니, 조정 회부 결정에 동의하는 것이 좋다고 생각됩니다.

② 조정이 개시되면 행정심판위원회에서 조정기일을 정합니다. 조정기일에는 3명 정도의 조정위원이 참석하여 당사자들의 의견을 조율합니다. 조정위원은 심판의 입장에서 당사자들의 이해관계를 조정합니다. 이러한 과정에서 조정위원은 조정이 공공복리에 적합하지 않거나, 처분의 성질에 반하지 않는 선에서 당사자들이 받아들일 수 있는 범위의 합의사항을 제시하게 됩니다. 위원회는 조정을 함에 있어서 심판 청구된 사건의 법적·사실적 상태와 당사자 및 이해관계자의 이익 등 모든 사정을 참작하고, 조정의 이유와 취지를 설명하여야 합니다(행정심판법 제43조의2 제2항). 합의사항에 대해 당사자들이 합의를 하게 되면 당사자의 서명 또는 날인을 받은 후 합의서를 작성합니다. 반대로 합의가 되지 않으면 조정절차는 종료됩니다.

③ 행정심판위원회는 합의서를 바탕으로 조정서를 작성합니다.

④ 작성된 조정서는 차기 행정심판위원회에 상정되고, 위원들의 확인을 거친 후 확정됩니다(같은 법 제43조의2 제3항).

❱ 조정의 대상 및 효력

행정심판법상 조정의 대상은 행정법규 위반에 대한 제재처분

의 변경, 징계처분의 감경, 행정상 강제집행의 연기, 거부처분 또는
부작위에 대해 원래 신청된 내용보다 축소된 처분으로의 변경 등
입니다. 이것은 예시일 뿐이고 실제 조정의 대상과 범위는 행정심
판법 제43조의2 제1항 소정의 공공복리에 적합하지 않거나, 해당
처분의 성질에 반하지 않는 한 가능하다고 할 수 있습니다.

이러한 절차를 거쳐 성립된 조정은 행정심판 재결과 동일한
효력이 인정됩니다(같은 법 제43조의2 제4항). 따라서 조정 내용에
따라 행정청은 청구인에게 일정한 처분을 해야 하고, 이를 따르지
않을 경우 행정심판위원회는 직접 처분을 하거나 간접강제를 명할
수 있습니다(같은 법 제50조, 제50조의2). 그리고 당사자들은 성립된
조정에 대해 다시 행정심판을 청구할 수 없습니다(같은 법 제51조).

❯ 사례의 해결

사례에서 참가인들은 자신들의 토지에 건물을 짓기 위해 도로
였던 지목을 대지로 변경하였습니다. 청구인들은 당초 지목이 도로
였던 참가인들 토지에 접해 있는 자신들의 토지에 건물을 짓고자
했는데(건축허가가 나기 위해서는 해당 토지가 너비 4m 이상의 통과도로
와 2m 이상 접해 있어야 합니다), 참가인들 토지의 지목이 도로에서
대지로 바뀌면서 자신들의 토지에서 떨어져 있는 도로를 활용해야
하는 문제가 생겼습니다. 그래서 참가인들이 행정청으로부터 받은
지목변경처분을 취소해 달라는 행정심판을 청구한 것입니다.

해당 행정심판위원회에서는 참가인들이 지목을 변경한 토지의 일부를 청구인들에게 매각하고, 청구인들은 그 토지의 지목을 다시 도로로 바꾸면 청구인들의 토지에 건물을 지을 수 있기 때문에 청구인, 피청구인, 참가인의 동의를 받아 조정 절차에 돌입했습니다. 이 사건에서 문제 해결의 열쇠는 참가인들이 쥐고 있었기 때문에 조정 절차에 돌입하는 것 자체도 쉽지 않았습니다. 다행히 참가인들이 조정 절차 회부에 동의하여 조정 절차가 진행된 것입니다.

조정 과정에서 해당 행정심판위원회는 참가인들에게 지목을 변경한 토지 일부를 매도할 의사가 있는지, 있다면 그 가격은 어느 정도로 할 것인지에 대해 확인하여 청구인들에게 이를 매수할 의사가 있는지를 묻고자 했습니다. 그런데 참가인들은 행정심판에 이르기까지 청구인들과의 감정의 골이 깊었던지 그럴 생각이 없다고 버텼습니다. 조정위원들이 재결 결과 청구인들의 청구가 인용될 수도 있다고 압박을 해 보기도 했지만, 참가인들은 의사를 바꾸지 않았습니다.

결국 참가인들의 반대로 합의에 이르지 못하였고, 조정은 결렬되고 말았습니다.

❱ 조정제도를 적극적으로 활용해 보자

　　행정심판법에 조정제도가 도입되어 시행된 지 2년 정도가 흘렀지만, 조정이 진행되는 경우는 별로 없었습니다. 애초에 조정이 가능한 사건이 그리 많지는 않기 때문입니다. 하지만 조정제도는 신속하고 공정하게 분쟁을 해결할 수 있고, 당사자들 모두에게 win-win의 결과를 가져올 수 있기 때문에 적극적으로 활용될 필요가 있습니다. 청구인으로서는 해당 사건이 조정으로 해결될 여지가 보인다면 처분의 취소만을 주장할 것이 아니라 전략적으로 행정심판위원회에 조정의 의사가 있으니 조정에 회부해 달라는 의사를 개진해 보는 것도 나쁘지 않다고 생각됩니다. 조정을 통해 분쟁해결의 실마리가 보일 수도 있고, 행정청의 입장을 더욱 이해할 수 있기 때문입니다. 앞으로 조정제도가 활성화되기를 기대해 봅니다.

17강

행정심판에서 이겼어요. 그런데 행정청이 새로운 처분을 하지 않고 있습니다. 어떻게 해야 하나요?

[실제사례]

A는 ○구청장에게 대형마트 건축허가를 신청했습니다. 그런데 ○구청장은 전통시장 및 상권을 보호한다는 이유로 건축불허가처분을 내렸습니다. 그러자 A는 ○○광역시행정심판위원회에 건축불허가처분의 취소를 구하는 행정심판을 청구하여 인용 재결을 받았습니다. 그런데 ○구청장은 A에게 건축허가를 내리지 않고, 차일피일 미루고만 있습니다.

이 경우 A는 어떤 추가적인 조치를 취할 수 있을까요?

행정심판을 청구해서 어렵사리 원하는 결과를 얻었습니다. 인용 재결만 받으면 그것으로 끝나는 줄 알았는데, 행정청에서 아무런 조치를 취하지 않습니다. 이럴 때는 어떻게 해야 할까요? 이때 기억해야 할 제도가 바로 '직접 처분'과 '간접강제'입니다. 두 제도 모두 청구인의 실질적인 권리구제를 위해 입법된 것으로서 상당히 요긴하므로 기억해 두어야 합니다. 두 제도에 대해 알아보기 전에 먼저 재결의 효력에 대해 알아봅니다.

❯ 재결의 기속력

　　통상 재결에는 기속력, 형성력, 불가변력, 공정력 등이 인정되는데, 여기서 가장 중요한 것은 기속력입니다(여기서는 재결의 기속력에 대해서만 다룹니다). 재결의 기속력이란 행정청뿐만 아니라 관계 행정청까지도 재결에 구속되는 효력을 말합니다. 재결의 기속력에 대해서는 행정심판법 제49조가 정하고 있습니다.

행정심판법 제49조(재결의 기속력 등) ① 심판청구를 인용하는 재결은 피청구인과 그 밖의 관계 행정청을 기속(羈束)한다.

② 재결에 의하여 취소되거나 무효 또는 부존재로 확인되는 처분이 당사자의 신청을 거부하는 것을 내용으로 하는 경우에는 그 처분을 한 행정청은 재결의 취지에 따라 다시 이전의 신청에 대한 처분을 하여야 한다.

③ 당사자의 신청을 거부하거나 부작위로 방치한 처분의 이행을 명하는 재결이 있으면 행정청은 지체 없이 이전의 신청에 대하여 재결의 취지에 따라 처분을 하여야 한다.

④ 신청에 따른 처분이 절차의 위법 또는 부당을 이유로 재결로써 취소된 경우에는 제2항을 준용한다.

⑤ 법령의 규정에 따라 공고하거나 고시한 처분이 재결로써 취소되거나 변경되면 처분을 한 행정청은 지체 없이 그 처분이 취소 또는 변경되었다는 것을 공고하거나 고시하여야 한다.

⑥ 법령의 규정에 따라 처분의 상대방 외의 이해관계인에게 통지된 처분이 재결로써 취소되거나 변경되면 처분을 한 행정청은 지체

> 없이 그 이해관계인에게 그 처분이 취소 또는 변경되었다는 것
> 을 알려야 한다.

이 규정에 의해 알 수 있는 점은 다음과 같습니다.

첫째, 재결은 당해 처분에 관하여 재결주문 및 그 전제가 된 요건사실의 인정과 판단에 대하여 처분청을 기속하므로, 당해 처분에 관하여 위법한 것으로 재결에서 판단된 사유와 기본적 사실관계에 있어 동일성이 인정되는 사유를 내세워 다시 동일한 내용의 처분을 하는 것은 허용되지 않습니다(대법원 2003. 4. 25. 선고 2002두3201 판결 참조). 이를 재결의 '반복금지효'라 합니다. 따라서 행정청은 재결이 내려지면 사정의 변경이 없는 한 같은 내용의 처분을 내릴 수 없습니다.

둘째, 학설상 논란의 여지가 없는 것은 아니나, 취소 재결이 내려지면 행정청은 처분에 의해 초래된 위법상태를 제거하여 원래대로 되돌릴 의무가 있는데, 이를 '원상회복의무'라 합니다.

셋째, 당사자의 신청을 거부하는 것을 내용으로 하는 처분이 취소되거나 무효 또는 부존재로 확인되면 행정청은 재결의 취지에 따라 다시 이전의 신청에 대한 처분을 하여야 합니다(행정심판법 제49조 제2항).

넷째, 이행을 명하는 재결이 내려지면 행정청은 지체 없이 재결의 취지에 따라 이전의 신청에 대해 처분을 하여야 합니다(같은 법 제49조 제3항).

다섯째, 신청에 따른 처분이 절차의 위법 또는 부당을 이유로 취소된 경우 행정청은 적법한 절차에 따른 처분을 해야 합니다(같은 법 제49조 제4항). 따라서 절차상 하자를 이유로 처분이 취소되는 경우에는 행정청은 다시 적법한 절차를 거쳐 동일한 내용의 처분을 하더라도 재결의 기속력에 반하지 않게 됩니다.

여섯째, 당사자의 신청을 거부하는 처분을 취소하는 재결이 있는 경우에는 행정청은 그 재결의 취지에 따라 이전의 신청에 대한 처분을 하여야 하는 것이므로 행정청이 그 재결의 취지에 따른 처분을 하지 아니하고 그 처분과는 양립할 수 없는 다른 처분을 하는 것은 위법한 것이라 할 것이고, 이 경우 그 재결의 청구인은 위법한 다른 처분의 취소를 구할 이익이 있습니다(대법원 1988. 12. 13. 선고 88누7880 판결 참조).

❯ 직접 처분의 의의

먼저, '직접 처분'에 대해 알아봅니다.

직접 처분은 국민의 권리구제를 보다 확실하게 보장하고, 행정법 관계에 관한 분쟁을 행정부 내에서 해결하도록 함으로써 사법부의 업무를 경감시키며, 위원회의 행정청에 대한 감독기능을 강화한다는 측면에서 고안된 제도입니다.[22]

당사자의 신청을 거부하거나 부작위로 방치한 처분의 이행을

---

22) 국민권익위원회, 행정심판 사건처리 매뉴얼(총괄), 2011, 297쪽

명하는 재결이 있으면 행정청은 지체 없이 이전의 신청에 대하여 재결의 취지에 따라 처분을 하여야 합니다(행정심판법 제49조 제3항). 그럼에도 행정청이 아무런 처분을 하지 않는 경우 행정심판위원회는 당사자가 신청하면 기간을 정하여 서면으로 시정을 명하고, 그 기간에 이행하지 않으면 직접 처분을 할 수 있습니다(같은 법 제50조 제1항).

행정심판 인용 재결은 행정청과 그 밖의 관계 행정청을 기속하기 때문에(같은 법 제49조 제1항) 행정청은 인용 재결이 있으면 반드시 따라야 하나, 행정청에게 의무의 이행을 명하는 재결(이른바 의무이행명령재결)의 경우는 심판청구가 인용되어도 행정청이 적극적으로 처분을 하여야 하므로 행정청이 이를 따르지 않을 경우 큰 문제가 발생합니다. 즉 행정심판에서 열심히 다퉈서 인용 재결을 얻었더라도 행정청이 일정한 행위를 하지 않으면 무용지물일 수 있습니다. 이러한 경우 청구인의 실질적인 권리보호를 위해 '직접 처분'의 존재 이유가 빛을 발합니다.

❯ 직접 처분의 요건

직접 처분이 내려지기 위해서는 첫째, 당사자의 신청을 거부하거나 부작위로 방치한 처분에 대해 이행을 명하는 재결이 있을 것, 둘째, 행정청이 재결의 취지에 따른 처분을 하지 않을 것, 셋째, 당사자의 신청이 있을 것, 넷째, 위원회가 서면으로 기간을 정하여 시정을 명할 것, 다섯째, 행정청이 그 기간 내에 아무런 조치를 취하지 않을 것이 요구됩니다. 다만, 그 처분의 성질이나 그 밖의 불가피한 사유로 위원회가 직접 처분을 할 수 없는 경우(예를 들어, 해당 행정청만이 보유하고 있는 정보에 대한 공개는 그 행정청만이 할 수 있으므로 이 경우 행정심판위원회는 직접 처분을 할 수 없습니다)에는 그러하지 아니합니다(행정심판법 제50조 제1항).

❯ 간접강제의 의의

이제 '간접강제'에 대해 살펴봅니다.

간접강제란 채무자가 스스로 채무를 이행하지 않는 경우 일정한 금전의 배상을 명함으로써 심리에 압박을 가하여 채무를 이행하도록 하는 집행방법 중 하나입니다. 이러한 간접강제 규정이 2017. 4. 18. 행정심판법에 도입되었습니다. 행정심판법 제50조의2 제1항은 "위원회는 피청구인이 제49조 제2항(제49조 제4항에서 준용하는 경우를 포함한다) 또는 제3항에 따른 처분을 하지 아니하면 청구인의 신청에 의하여 결정으로 상당한 기간을 정하고 피청구인이 그 기간 내에 이행하지 아니하는 경우에는 그 지연기간에 따라 일정한 배상을 하도록 명하거나 즉시 배상을 할 것을 명할 수 있다."고 규정하고 있습니다.

간접강제의 예를 들면, 건축허가불허처분을 취소하는 재결이 내려졌음에도 행정청이 재결의 취지에 따라 건축허가 신청에 대한 처분을 하지 않는 경우 청구인은 위원회에 간접강제를 청구할 수 있는데, 위원회에서 정한 상당한 기간 내에 행정청이 처분을 이행하지 않는 경우 그 지연기간에 따라 일정한 배상(1일당 10만 원 등)을 하도록 명할 수 있습니다.

▶ 간접강제의 효력

위원회의 간접강제 결정의 효력은 행정청이 소속된 국가·지방자치단체 또는 공공단체에 미치며, 결정서 정본은 민사집행법에 따른 강제집행에 관하여는 집행권원과 같은 효력을 가집니다(행정심판법 제50조의2 제5항). 따라서 청구인은 간접강제 결정서 정본을 통해 해당 행정청의 재산을 압류하고 집행할 수 있게 됩니다.

참고로 간접강제와 관련된 아래 국민권익위원회의 2019. 4. 10.자 보도 자료를 보면 어떠한 경우에 간접강제가 유용할지에 대해 알 수 있을 것입니다.

□ 행정기관이 행정심판위원회의 결정을 이행하지 않았다면 청구인에게 이행 지연에 따른 배상금을 지급해야 된다는 결정이 나왔다. 국민권익위원회(위원장 박은정) 소속 중앙행정심판위원회(이하 '중앙행심위')는 A대학교의 정보 비공개 처분을 취소한 중앙행심위의 결정이 있었음에도 이를 따르지 아니한 A대학교에 대해 불이행에 따른 배상을 하라고 결정했다.

□ 청구인 B씨는 A대학교에게 자신의 로스쿨 입학 최종 점수 등의 정보 공개를 청구했지만 A대학교는 영업상 비밀에 해당한다며 정보를 공개하지 않았다. 이에 B씨는 A대학교의 정보 비공개 처분을 취소하여 달라며 중앙행심위에 심판을 청구했다. 중앙행심위는 영업상 비밀로 보기 어렵다는 등의 이유로 2018년 9월 A대학교의 정보 비공개 처분을 취소하는 결정을 하였다.

□ 그러나 A대학교는 중앙행심위의 결정에 따른 정보 공개를 하지 않았고, B씨는 다시 중앙행심위에 결정 불이행에 따른 배상을 명하는 간접강제를 신청하였다. 중앙행심위는 B씨의 간접강제 신청을 받아들여 '30일 내에 A대학교가 중앙행심위 결정 취지에 따른 재처분을 하지 않으면 그 지연에 대한 배상액으로 이행완료일까지 1일 10만 원을 신청인에게 지급'하라고 결정하였다.

❯ 사례의 해결

사례에서 A는 어떤 추가적인 조치를 취할 수 있을까요?

A는 ○구청장의 건축불허가처분에 대해 ○○광역시행정심판위원회로부터 인용 재결을 받았습니다. 그럼에도 ○구청장은 재결 취지에 따른 건축허가를 내리지 않고 있는데, A는 ○○광역시행정심판위원회에 행정심판법 제50조에 따른 직접 처분을 신청하거나, 제50조의2에 따른 간접강제를 신청할 수 있습니다. ○○광역시행정심판위원회에서 일정한 기간을 정하여 ○구청장에게 건축허가를 명했음에도 ○구청장이 이를 따르지 않는 경우 위원회는 A에게 건

축허가처분을 내리거나, ○구청장에게 건축허가처분을 내릴 때까지 하루당 일정한 금원의 배상을 명할 수 있습니다.

참고로 이 사안은 한 광역시에서 있었던 실제 사례입니다. 당시에는 행정심판법에 간접강제 규정이 신설되기 전이어서 간접강제는 내려지지 않았고, 해당 행정심판위원회에서 직접 처분이 내려졌습니다. 아울러 청구인이 해당 구와 구청장을 상대로 건축불허가처분으로 입게 된 손해에 대해 손해배상소송을 제기하여 일부 승소하기도 하였습니다.

행정심판 청구가 인용되었음에도 행정청이 아무런 조치를 취하지 않는 경우 직접 처분과 간접강제를 통하면 실질적인 권리 구제가 가능함을 기억하기 바랍니다.

18강 ——————— 재청구의 금지

행정심판에서 졌어요.
더 다툴 수 있는 방법이 있나요?

> 행정심판을 청구했으나 기각 재결을 받았습니다. 그런데 아무리 재결
> 서를 읽어봐도 행정심판위원회에서 잘못 판단한 것 같습니다. 행정심
> 판위원회에 재심을 청구할 수 있나요?

❯ 행정심판 재결에 대한 재청구의 금지

행정심판을 청구해서 열심히 다퉜는데 원하는 결과를 얻지 못
했다면 어떻게 해야 할까요? 결론부터 말하면 행정심판 재결에 불
복하는 청구인은 행정심판을 다시 청구할 수 없고, 법원에 행정소
송을 제기해야 합니다. 행정심판법 제51조는 "심판청구에 대한 재
결이 있으면 그 재결 및 같은 처분 또는 부작위에 대하여 다시 행
정심판을 청구할 수 없다."고 하여 행정심판의 재청구가 금지됨을
선언하고 있습니다. 만약 청구인이 이를 어기고 다시 행정심판을
청구하는 경우 위원회는 각하 재결을 내리게 됩니다.

그런데 청구인 중에는 행정심판도 행정청에서 처리하므로 민원을 제기하면 결론이 달라질 수도 있다고 생각하고, 이미 재결이 내려졌음에도 행정심판위원회를 찾아와 다시 처리해줄 것을 요구하는 경우가 있습니다. 실무를 담당하는 입장에서 이러한 경우가 매우 난감합니다. 재결이 내려진 경우 재청구는 금지되고, 다툴 방법은 법원에 행정소송을 제기하는 것뿐이어서 행정소송을 제기하라고 권유하면 화를 내거나, 소송을 하면 돈이 든다면서 떼를 쓰는 경우가 적지 않습니다.

행정심판도 넓게 보면 민원의 일종이긴 합니다. 민원 중에는 성격에 따라 한 번 내려진 결론이 뒤바뀌는 경우도 없진 않습니다. 하지만 이것은 행정청에서 그렇게 처리하더라도 관련 법령에 저촉되지 않기 때문일 가능성이 높은 경우입니다. 행정심판법은 재청구의 금지를 명확히 하고 있기 때문에 재결이 내려지면 그 재결은 바뀌지 않습니다.

❱ 행정소송을 제기할 때 유의할 점

그렇다면 행정소송을 제기하는 경우 어떻게 해야 할까요?

행정소송법 제19조는 "취소소송은 처분등을 대상으로 한다. 다만, 재결취소소송의 경우에는 재결 자체에 고유한 위법이 있음을 이유로 하는 경우에 한한다."고 규정하고 있습니다. 이를 '원처분주의'라고 합니다. 취소소송에서는 행정심판을 거친 경우라도 그 대상은 원래의 처분입니다. 즉, 영업정지 1월 처분을 받고 행정심판을 청구했는데 기각 재결이 내려진 경우, 행정소송을 제기할 때는 원처분인 '영업정지 1월 처분'을 그 대상으로 삼아야지 행정심판위원회의 '기각 재결'을 대상으로 삼아서는 안 된다는 것입니다. 예외적으로 재결의 취소를 구하는 소송이 가능하지만, 모든 경우가 여기에 해당하는 것은 아니고, '재결 자체에 고유한 위법이 있음을 이유로 하는 경우'에 한합니다.

❯ '재결 자체에 고유한 위법이 있음을 이유로 하는 경우'의 의미

'재결 자체에 고유한 위법이 있음을 이유로 하는 경우'에 대해서 대법원은 "원처분에는 없고 재결에만 있는 재결청의 권한 또는 구성의 위법, 재결의 절차나 형식의 위법, 내용의 위법 등을 뜻하고, 그중 내용의 위법에는 위법·부당하게 인용 재결을 한 경우가 해당한다."(대법원 1997. 9. 12. 선고 96누14661 판결 참조)라고 하고 있습니다.

예를 들어 구체적으로 살펴보면 ① 행정심판위원회 구성원에 결격자가 있거나 정족수 흠결 등의 사유가 있는 경우 주체의 하자에 해당하고, ② 행정심판법 소정의 절차와 방식을 준수하지 않은 경우 절차의 하자에 해당하며, ③ 서면에 의하지 않은 재결, 주문만 기재되어 있고 이유를 결한 경우 형식의 하자에 해당하고, ④ 행정심판청구가 부적법하지 않음에도 각하한 재결은 심판청구인의 실체심리를 받을 권리를 박탈한 것으로서 내용의 하자에 해당하고, 또한 인용 재결은 원처분과 내용을 달리하는 것이므로 내용의 하자에 해당합니다. 따라서 재결 자체에 고유한 위법이 있음을 이유로 재결취소소송을 제기한 경우에는 이러한 점에 대해 주장·입증하여야 합니다.

이와 관련된 판례의 입장을 몇 가지 살펴봅니다.

① 이른바 복효적 행정행위, 특히 제3자효를 수반하는 행정행위에 대한 행정심판청구에 있어서 그 청구를 인용하는 내용의 재결로 인하여 비로소 권리이익을 침해받게 되는 자는 그 인용 재결에 대하여 다툴 필요가 있고, 그 인용 재결은 원처분과 내용을 달리하는 것이므로 그 인용 재결의 취소를 구하는 것은 원처분에는 없는 재결에 고유한 하자를 주장하는 셈이어서 당연히 항고소송의 대상이 된다. 당해 재결과 같이 그 인용 재결청인 문화체육부장관 스스로가 직접 당해 사업계획승인처분을 취소하는 형성적 재결을 한 경우에는 그 재결 외에 그에 따른 행정청의 별도의 처분이 있지 않기 때문에 재결 자체를 쟁송의 대상으로 할 수밖에 없다고 본 사례(대법원 1997. 12. 23. 선고 96누10911 판결)

② 행정소송법 제19조에 의하면 행정심판에 대한 재결에 대하여도 그 재결 자체에 고유한 위법이 있음을 이유로 하는 경우에는 항고소송을 제기하여 그 취소를 구할 수 있고, 여기에서 말하는 '재결 자체에 고유한 위법'이란 그 재결 자체에 주체, 절차, 형식 또는 내용상의 위법이 있는 경우를 의미하는데, 행정심판청구가 부적법하지 않음에도 각하한 재결은 심판청구인의 실체심리를 받

을 권리를 박탈한 것으로서 원처분에 없는 고유한 하자가 있는 경우에 해당하고, 따라서 위 재결은 취소소송의 대상이 된다(대법원 2001. 7. 27. 선고 99두2970 판결).

③ 처분상대방이 아닌 제3자가 당초의 양식어업면허처분에 대하여는 아무런 불복조치를 취하지 않고 있다가 도지사가 그 어업면허를 취소하여 처분상대방인 면허권자가 그 어업면허취소처분의 취소를 구하는 행정심판을 제기하고 이에 재결기관인 수산청장이 그 심판청구를 인용하는 재결을 하자 비로소 그 제3자가 행정소송으로 그 인용 재결을 다투고 있는 경우, 수산청장의 그 인용 재결은 도지사의 어업면허취소로 인하여 상실된 면허권자의 어업면허권을 회복하여 주는 것에 불과할 뿐 인용 재결로 인하여 제3자의 권리이익이 새로이 침해받는 것은 없고, 가사 그 인용 재결로 인하여 그 면허권자의 어업면허가 회복됨으로써 그 제3자에 대하여 사실상 당초의 어업면허에 따른 효과와 같은 결과를 초래한다고 하더라도 이는 간접적이거나 사실적 · 경제적인 이해관계에 불과하므로, 그 제3자는 인용 재결의 취소를 구할 소의 이익이 없다고 본 사례(대법원 1995. 6. 13. 선고 94누15592 판결) ☞ (필자 주) 이 사건은 원고에게 소의 이익이 없어 각하되었는데, 인용 재결에 대해 제3자가 재결취소소송을 제기하는 경우 재결 자체의 고유한 위법이 있는지를 따지기 전에 제3자에게 소의 이익이 있는지 여부를 먼저 심사하라는 취지의 판결입니다.

④ 행정소송법 제19조는 취소소송은 행정청의 원처분을 대상으로 하되(원처분주의), 다만 "재결 자체에 고유한 위법이 있음을 이유로 하는 경우"에 한하여 행정심판의 재결도 취소소송의 대상으로 삼을 수 있도록 규정하고 있으므로 재결취소소송의 경우 재결

> 자체에 고유한 위법이 있는지 여부를 심리할 것이고, 재결 자체
> 에 고유한 위법이 없는 경우에는 원처분의 당부와는 상관없이 당
> 해 재결취소소송은 이를 기각하여야 한다(대법원 1994. 1. 25.
> 선고 93누16901 판결).

❯ 재결주의

한편, 개별 법률에 의해 재결이 취소소송의 대상이 되는 경우
가 있는데 이를 원처분주의와 대비하여 '재결주의'라고 합니다. 여
기에 해당하는 경우로서, 감사원법 제40조 제2항에 따라 감사원의
재심의 판결에 대해 감사원을 당사자로 하여 행정소송을 제기하는
경우, 노동위원회법 제27조 제1항에 따라 중앙노동위원회의 처분
에 대해 중앙노동위원회 위원장을 피고로 하여 소송을 제기하는
경우 등이 있습니다. 이때에는 원래의 처분이 아니라 해당 행정심
판위원회의 재결을 취소소송의 대상으로 삼아야 합니다.

❯ 행정소송의 제소기간

행정소송을 제기할 경우 제소기간을 지켜야 합니다. 행정소송
중 취소소송은 처분이 있음을 안 날부터 90일 또는 재결이 있은
날부터 1년(취소심판은 처분이 있음을 안 날부터 90일 또는 처분이 있은

날부터 180일) 내에 제기하여야 하는데, 행정심판을 거친 뒤에 행정소송을 제기하는 경우에는 재결서의 정본을 송달받은 날부터 기간을 계산하게 됩니다(행정소송법 제20조 제1항). 혹시 이러한 제소기간을 지나쳐 버렸다면 무효등확인소송을 제기할 수밖에 없음은 행정심판 청구기간과 관련하여 설명한 것과 같습니다.

❯ 기타 주의할 점

마지막으로 행정소송을 제기하는 경우 1심 또는 2심에서 승소하더라도 이때부터는 패소한 행정청도 판결에 불복하여 상소할 수 있음 또한 기억해야 합니다. 또한 행정소송에서 패소하는 경우 재판 과정에서 발생한 소송비용을 부담해야 할 수 있음 또한 염두에 두기 바랍니다.

제 2 부

분야별 행정심판의 실제
– 사안별 재결서, TIP, 행정심판청구서 기재례 –

식품접객업소 관련 청구 사건

재결사례 1
청소년 주류 제공으로 과징금 부과처분을 받은 사례(기각)

1. 사건개요

청구인은 ○○ ○○ ○○○ 소재 '○○○'라는 상호의 일반음식점(이하 '이 사건 업소'라 한다)을 운영하는 자로서, 20○○. ○. ○. 17 : 00경 ○○○(여, 15세, 이하 '이 사건 청소년'이라 한다) 및 동행한 성인에게 맥주 1병, 안주 등 20,000원 상당의 주류 등을 판매한 사실로 적발되었다.
이에 피청구인은 식품위생법 및 인허가범죄 입건통보 등을 근거로 20○○. ○. ○○. 청구인에게 과징금 390만 원(이하 '이 사건 처분'이라 한다)을 부과하였다.

2. 청구인 주장

이 사건 청소년이 아버지로 보이는 성인과 동행한 점, 이 사건 청소년이 맥주 반잔 정도 마신 것을 두고 음주라고 하는 것은 재량권을 일탈 내지 남용한 것인 점, 이 사건 청소년과 동행한 60대 남성의 진술에 따르면 자신이 이 사건 업소에 들어서려는데 갑자기 이 사건 청소년이 음식이 먹고 싶은데 돈이 없다고 하여 안타까운 마음에 데리고 들어오게 된 것이라는 점, 그 후 이 사건 청소년의 남자친구가 들어와 행패를 부린 것을 보면 위 남성에게 금품을 갈취하기 위해 일을 벌인 것으로 추정되는 점 등을 고려하면 이 사건 처분은 가혹하므로 취소되어야 한다.

3. 피청구인 주장

관련자료 등에 의하면 청구인이 신분증 검사를 하지 않은 사실이 명백한 점, 청구인이 기소유예처분 받은 것을 감안하여 이미 감경된 처분을 내린 점, 판매한 주류의 양이 많지 않다는 것은 행정처분을 함에 있어 고려요소에 해당하지 않는 점, 행정처분은 공익달성을 목적으로 법규위반이라는 객관적인 사실에 착안하여 가하는 제재이므로 청구인의 의무소홀을 탓할 수 없는 정당한 사유가 있는 등의 특별한 사정이 없는 한 위반자에게 고의가 없다고 하더라도 부과되는 것인 점 등을 고려할 때 이 사건 청구는 기각되어야 한다.

4. 관계법령

가. 식품위생법 제44조 제1항 제3호, 제75조, 제82조
나. 식품위생법 시행령 제53조, [별표1] 영업정지 등의 처분에 갈음하여 부과하는 과징금 산정기준
다. 식품위생법 시행규칙 제89조, [별표23] 행정처분 기준

5. 인정사실

양 당사자 사이 다툼이 없는 사실, 청구인과 피청구인이 제출한 청구서, 답변서 및 증거 자료 등 제출된 각 사본의 기재에 의하면 다음 사실을 인정할 수 있다.

　가. 청구인이 20○○. ○. ○. 17 : 00경 이 사건 청소년의 연령을 확인하지 않고 주류를 판매하였다.

　나. ○○○○경찰서는 20○○. ○. ○○. 피청구인에게 청구인에 대한 사건 처리결과를 통보하였다.

　다. 이로 인해 청구인은 20○○. ○. ○. ○○지방검찰청으로부터 기소유예처분을 받았다.

　라. 피청구인은 청구인이 기소유예처분을 받은 것을 감안하여 20○○ ○. ○○. 청구인에게 영업정지 2월을 2분의 1만큼 감경한 후 영업정지 1월에 갈음한 과징금 390만원 처분을 내렸다.

6. 판단

　가. 식품위생법 제44조 제2항에 따르면 식품접객영업자는 청소년에게 주류를 제공하는 행위를 하여서는 아니 되고, 제75조 제1항 제13호 및 같은 법 시행규칙 제89조 관련 [별표23]에 따르면 청소년에게 주류를 제공하는 행위에 대하여는 1차 위반 시 영업정지 2개월에 해당하는 행정처분을 할 수 있으며, 다만 해당 위반사항에 관하여 검사로부터 기소유예의 처분을 받거나 법원으로부터 선고유예의 판결을 받은 경우 처분기간의 2분의 1이하의 범위에서 그 처분을 경감할 수 있다.

한편, 식품위생법 제82조 및 같은 법 시행령 제53조는 영업정지 등의 처분에 갈음하여 부과하는 과징금 산정기준 등을 규정하고 있는데 이 사건 업소와 같이 연간 매출액이 5천만 원 이상 1억 원 이하인 경우 영업정지 1일에 해당하는 과징금은 13만 원이다.

나. 청구인의 주장에 관하여 본다.

행정심판청구서 및 답변서 등에 따르면 청구인이 이 사건 청소년의 연령을 확인하지 않고 주류를 판매한 사실이 인정되고, 이로 인해 청구인은 기소유예처분을 받은 점, 피청구인은 청구인이 ○○지방검찰청으로부터 기소유예처분을 받은 것을 감안하여 이미 감경하여 이 사건 처분을 내린 점, 이 사건 청소년이 성인과 동행하였다고 하더라도 그 연령이 15세로서 청구인에 대한 비난의 정도가 작지 아니한 점, 피청구인이 이 사건 처분을 함에 있어 관련 절차를 위반하였다는 등의 위법이 존재하지 않는 점 등을 종합적으로 고려할 때 청구인의 주장을 받아들이기는 어렵다고 판단된다.

7. 결론

그렇다면 이 사건 청구는 이유 없다고 할 것이므로 주문과 같이 재결한다.

재결사례 2
청소년 주류 제공으로 영업정지 처분을 받은 사례
(영업정지 1월에서 15일로 일부 인용)

1. 사건개요

청구인은 ○○ ○○ ○○○ 소재 '○○○○○'이라는 상호의 일반음식점(이하 '이 사건 업소'라 한다)을 운영하는 자로서, 이 사건 업소 종업원으로 하여금 20○○. ○○. ○. 23:00경 청소년 ○○○(남, 17세) 등 청소년 8명(이하 '이 사건 청소년들'이라 한다)에게 주류를 판매(이하 '이 사건 위반행위'라 한다)한 사실로 적발되었다.

이에 피청구인은 식품위생법 등을 근거로 20○○. ○○. ○○. 청구인에게 영업정지 1월 처분(이하 '이 사건 처분'이라 한다)을 하였다.

2. 청구인 주장

가장 바쁜 날인 금요일 밤에 청구인은 주방에서 음식을 정신 없이 조리하고 있었고, 홀에서는 아르바이트 학생이 근무 중이었다. 3명의 손님이 외관상 미성년자로 의심되어 신분증 제시를 요청하였지만 3명 중 2명이 신분증을 가져 오지 않아 1명만 신분증 확인을 하였다. 1명의 신분은 1997년생으로 23세임을 확인하였고, 신분증 미제시자와 친구관계라는 말을 믿고 음식과 주류를 제공하게 되었다.

만약 1개월 동안 영업을 못하게 되면 현재의 지역 경기불황과 단골손님 위주로 운영되는 조그만 선술집인 이 사건 업소는 주변 경쟁업체에도 밀리게 되어 향후 영업이 심하게 어렵게 되는 것은 불 보듯 뻔하다.

영업의 어려움은 매달 벌어서 갚아야 하는 부채와 월세, 공과금, 국민연금, 생활비 등도 부담할 수 없게 되어 결국 파산으로 이어질 것이다.

따라서 이 사건 처분은 취소되어야 한다.

3. 피청구인 주장

청구인은 철저한 신분확인 없이 술을 판매한 것으로 청소년보호법에서는 청소년이 유해한 환경에 접할 수 없도록 하거나 출입을 하지 못하도록 하는 등의 필요한 노력을 하여야 한다고 규정하고 있는 것은 비단 규정뿐만 아니라 모두가 아는 상식이다.

이 사건 위반사실은 청구인을 속이는 행위에 속아 넘어간 것이 아닌 청소년들의 신분증 검사를 제대로 하지 않아 발생한 것이다. 또한 행정처분은 영업주의 고의, 과실, 선의 여부에 관계없이 개관적인 사실에 근거하여 내려지는 것으로 청구인의 주장은 이유 없다.

따라서 이 사건 청구는 기각되어야 한다.

4. 관계법령

　가. 식품위생법 제44조 제2항 제4호, 제75조 제1항
　나. 식품위생법 시행규칙 제89조, [별표23] 행정처분 기준

5. 인정사실

양 당사자 사이 다툼이 없는 사실, 청구인과 피청구인이 제출한 청구서, 답변서 및 증거 자료 등 제출된 각 사본의 기재에

의하면 다음 사실을 인정할 수 있다.

　가. 피청구인은 20○○. ○○. ○. ○○○○경찰서로부터 청구인의 이 사건 위반행위를 통보 받았다.

　나. 피청구인은 20○○. ○○. ○○. 청구인에게 행정처분에 따른 사전통지 및 의견제출 기회를 제공하였다.

　다. 청구인은 20○○. ○○. ○. 피청구인에게 청소년 주류 제공 위반으로 인해 검찰수사가 진행 중이므로 결과가 나올 때까지 행정처분을 유보하여 주기 바란다는 의견을 제출하였다.

　라. 피청구인은 20○○. ○○. ○○. ○○지방검찰청으로부터 청구인에 대한 기소유예처분 결과를 회신 받았다.

　마. 피청구인은 20○○. ○○. ○○. 청구인에 대하여 영업정지 1월의 이 사건 처분을 하였다.

6. 판단

　가. 식품위생법 제44조 제2항 제4호에 따르면 식품접객영업자는 청소년에게 주류를 제공하는 행위를 하여서는 아니 되고, 제75조 제1항 제13호 및 같은 법 시행규칙 제89조 관련 [별표23]에 따르면 청소년에게 주류를 제공하는 행위에 대하여는 1차 위반 시 영업정지 2개월에 해당하는 행정처분을 할 수 있으며, 해당 위반사항에 관하여 검사로부터 기소유예의 처분을 받거나 법원으로부터 선고유예의 판결을 받은 경우로서 그 위반사항이 고의성이 없거나 국민보건상 인체의 건강을 해할 우려가 없다고 인정되는 경우에는 2분의 1의 범위에서 감경하여 처분할 수 있다.

나. 청구인의 주장에 관하여 본다.

① 행정심판청구서 및 답변서, 관련서류에 따르면 청구인은 식품위생법 제44조 제2항의 영업자 준수사항에 따라 모든 손님에 대하여 신분확인을 하고, 청소년으로 확인되면 주류를 제공하여서는 아니 됨에도 이러한 주의의무를 소홀히 하여 이 사건 종업원으로 하여금 이 사건 청소년들에게 주류를 제공한 사실이 인정되는 점, ② 이 사건 청소년들에 대한 주류 제공 행위에 청구인의 어떠한 관여나 고의·과실이 존재하지 않는다고 하더라도, 행정법규 위반에 대하여 가하는 제재조치는 행정법규 위반이라는 객관적 사실에 착안하여 가하는 제재(대법원 2003. 9. 2. 선고 2002두5177 판결 참조)이므로 반드시 현실적인 행위자가 아니라도 법령상 책임자로 규정된 자에게 부과되는 것이고, 다른 특별한 사정이 없는 한 위반자에게 고의나 과실이 없더라도 부과할 수 있는 점, ③ 피청구인은 청구인에 대한 ○○지방검찰청의 기소유예처분을 반영하여 관련 절차를 적법하게 거친 후 이 사건 처분을 한 것인 점, ④ 이 사건 청소년들의 숫자, 이들에게 판매된 주류의 양 등에 비추어 청구인에 대한 비난의 정도가 결코 가볍지 아니한 점 등을 고려할 때 청구인의 주장을 그대로 받아들이기는 어렵다고 판단된다.

다만, 청구인이 깊이 반성하면서 재발 방지를 약속하고 있는 점, 과거 이 사건과 동일한 종류의 위반 전력이 없는 점, 이 사건은 출입한 청소년 중 1명의 신분증 검사를 하는 과정에서 타인의 주민등록증이 제시되면서 발생하게 되었던 점, 이 사건 처분으로 인하여 청구인의 생계유지가 곤란해질 우려가 있는 점 등을 고려하여 청구인의 주장을 일부 받아들이기로 한다.

7. 결론

따라서 이 사건 청구는 일부 이유 있으므로 주문과 같이 재결한다.

박변호사의 TIP

청소년 주류 제공 사건은 시 · 도 행정심판위원회 안건 처리건수의 다수를 차지하는 분야입니다. 아무래도 일반음식점 등을 운영하는 자영업자가 많기 때문일 것입니다.

청소년 주류 제공 사건에서 처분의 위법성을 다투는 경우는 많지 않습니다. 처분의 위법성을 다투는 경우로는 청소년이 아니었던 경우, 처분이 내려지는 과정에 절차적인 하자(행정청이 청구인에게 의견제출 기회를 제공하지 않은 경우, 처분 사유가 기재되지 않은 경우 등)가 있는 경우 등이 있으나, 실무상 청소년보호법 위반으로 수사기관을 거쳐 검찰청으로부터 기소유예처분이 내려지거나 법원으로부터 벌금형이 선고된 후 행정처분이 내려지므로 청소년이 아니었던 경우는 사실상 거의 없다고 보아도 무방합니다.

따라서 청소년 주류 제공 사건에서는 거의 대부분 처분의 부당성을 다투게 되고, 시 · 도 행정심판위원회에서도 당해 처분의 부당성에 대해 주로 판단합니다. 위 재결사례들의 판단 부분을 주의 깊게 살펴볼 필요가 있습니다. 당해 처분은 위법한 것은 아니지만, ① 청구인이 깊이 반성하면서 재발 방지를 약속하고 있는 점, ② 청구인에게 동종의 위반 전력이 없는 점, ③ 사건의 발생 경위에 비추어 참작할 만한 사정이 있는 점, ④ 청구인의 경제적인 형편에 비추어 당해 처분으로 청구인의 생계가 곤란해질 염려가 있는 점 등을 근거로 일부 인용 재결이 내려졌습니다.

이를 통해 행정심판위원회에서 어떠한 사정을 기각 사유로 삼는지 또는 감경 사유로 삼는지 알 수 있습니다. 행정심판위원회는 청구인에게 동종의 위반 전력이 있는지, 청구인이 신분 확인을 위한 노력을 기울였는지, 주류를 제공받은 청소년의 연령, 숫자, 제공된 주류의 양은 어떠한지, 사건이 불거지게 된 경위에 참작할 만한 사정이 있는지, 당해 처분으로 달성하고자 하는 공익과 청구인이 입게 될 피해를 비교하여 청구인의 피해가 더 크지는 않은지 등을 고려합니다. 따라서 처분의 부당성을 다툴 때에는 이러한 참작 사유에 대해서 자세하게 다루어야 합니다.

청구인이 검찰로부터 기소유예처분을 받거나, 법원으로부터 선고유예 판결을 받게 되면 행정청은 통상 식품위생법에 따라 영업정지 2월 처분을 2분의 1만큼 감경하여 1월 처분을 내립니다. 사안에서도 청구인이 기소유예처분을 받은 것을 이유로 피청구인이 영업정지 2월 처분을 절반으로 감경하여 준 것입니다.

아울러 행정청은 청구인의 의사를 확인하여 청구인이 원하는 경우 영업정지 처분에 갈음한 과징금 부과처분을 내리기도 합니다. 과징금은 전년도 매출액을 기준으로 1일당 부과기준이 정해져 있습니다. 다만, 청구인이 해당 사건으로 벌금형 이상의 형을 선고 받은 경우 영업정지 처분에 갈음한 과징금 부과처분이 내려지지 않습니다.

[행정심판청구서 기재례] ☞ 이에 대해서는 '제1부 제8강 행정심판청구서 작성 방법'을 함께 참고하기 바랍니다.

사건명 : 식품접객업소 영업정지 1월 처분 취소청구

청구인 : 홍길동

피청구인 : ○○광역시 ○구청장

청 구 취 지

피청구인이 20○○. ○○. ○○. 청구인에 대하여 한 영업정지 1월 처분을 취소한다.

청 구 원 인

1. 사건개요

사건 당일 청구인은 업소 주방에서 음식을 조리하고 있었고, 홀에서는 아르바이트생이 근무 중이었습니다. 이 사건은 금요일 밤에 발생했는데, 청구인은 손님이 많아 정신이 없었습니다.

3명의 손님이 이 사건 업소에 들어왔는데, 아르바이트생은 이들이 외관상 미성년자로 의심되어 신분증을 제시할 것을 요구했습니다. 2명이 신분증을 가져오지 않아 1명만 신분 확인을 하였는데, 1997년생으로 확인되었습니다. 아르바이트생은 나머지는 친구관계라는 말을 믿고 주류를 제공하게 되었습니다.

그런데 갑자기 출동한 경찰에 의해 적발되었고, 이로 인해 피청구인은 청구인에게 영업정지 1월 처분(이하 '이 사건 처분'이라 합니다)을 내리게 된 것입니다.

2. 이 사건 처분의 위법·부당성

청구인은 이 사건 업소를 5년여 정도 운영해 오면서 관련 법령을 위반한 전력이 없습니다. 또한 청구인은 항상 종업원에게 신분증을 확인할 것을 교육하고 있는데, CCTV 영상을 보면 사건 당일에도 청구인의 종업원은 실제로 신분 확인을 하고 있는 것을 알 수 있습니다. 다만, 사건 당일이 금요일로 손님이 많아 너무 바쁜 나머지 다른 2명의 신분을 확인하지 못한 잘못은 인정합니다. 현재 아르바이트생은 자신의 부주의 때문에 청구인에게 큰 피해를 입혔다면서 자책하고 있습니다.

한편, 이 사건 처분으로 인해 청구인의 영업을 1개월 동안 쉬게 되면 경기불황인 상황에 비추어 단골손님 위주로 운영되는 이 사건 업소는 주변 경쟁업체에 밀려 심각한 타격을 입을 것이 불을 보듯 뻔합니다. 아울러 청구인은 이 사건 업소의 운영을 위해 1억 원의 대출을 받았는데 대출금을 못 갚게 되고, 200만 원의 월세도 밀리게 될 뿐만 아니라 청구인 가족과 아르바이트의 생계가 막막해지는 등 청구인이 입게 되는 피해가 너무 막대합니다.

청구인이 이 사건 청소년들에게 소주 3병을 팔아 얻는 이익은 8천 원 정도인데, 이로 인해 이 사건 업소 영업을 1개월이나 쉬어야 한다면 이 사건 처분으로 달성하고자 하는 공익과 비교할 때 처분으로 입게 될 피해가 너무 큰바, 이 사건 처분은 가혹하므로 취소되어야 할 것입니다.

3. 결론

이러한 사정에 비추어 이 사건 처분은 너무 가혹하므로 취소되어야 합니다.

입 증 방 법

갑 제1호증 처분 문서

갑 제2호증 CCTV 영상

갑 제3호증 대출금 확인서

갑 제4호증 임대차 계약서 사본

20○○. ○○. ○○.

청 구 인 : 홍 길 동

○○광역시행정심판위원회 귀중

재결사례 3
유통기한 경과 제품을 조리판매목적으로 보관한 사례
(과징금 840만 원에서 560만 원으로 일부 인용)

1. 사건개요

청구인은 ○○ ○○ ○○○ 소재 '○○○○'이라는 상호의
일반음식점(이하 '이 사건 업소'라 한다)을 운영하는 자로, 피
청구인은 20○○. ○. ○○. 청구인이 이 사건 업소에서 유통
기한이 각 20○○. ○. ○○. 및 20○○. ○. ○○.까지인 ○○
제품들(이하 '이 사건 식품'이라 한다)을 조리판매목적으로 보
관한 사실을 적발하였다.
이에 피청구인은 식품위생법 등을 근거로 20○○. ○○. ○.
청구인에게 과징금 840만 원 부과처분(이하 '이 사건 처분'이
라 한다)을 하였다.

2. 청구인 주장

청구인은 이 사건 업소를 3년 정도 운영해 오면서 이 사건이
발생하게 되어 반성하고 있다. 이 사건이 발생하기 전까지 주
1회 냉장고 정리 및 식자재의 유통기한을 확인하였고, 종업원
들에게 유통기한이 경과한 제품은 폐기할 것을 강조하였다.
이 사건 제품을 판매하여 얻은 이익에 비해 관리비, 인건비,
프랜차이즈 비용, 이 사건 처분으로 인해 청구인 및 종업원들
의 생계에 큰 타격이 예상되는 점 등을 고려하면 이 사건 처
분은 가혹하므로 취소되어야 한다.

3. 피청구인 주장

이 사건 처분은 관련 법령에 따라 내려진 것으로 절차상 하자가 없으며, 피청구인에게 이 사건 업소에서 유통기한이 경과된 식품을 판매하고 있다는 민원이 제기되어 20○○. ○. ○○. 위생점검을 실시하게 되었고, 이를 통해 청구인의 위반행위를 적발하게 된 것이다.

유통기한이 경과된 제품을 사용하여 조리할 경우 국민의 건강에 해를 끼칠 수 있어 이를 강력하게 단속할 수밖에 없는 점, 행정처분은 고의나 과실, 선의 여부와는 무관하게 객관적 사실에 근거하여 내려지는 것인 점 등을 고려할 때 이 사건 청구는 기각되어야 한다.

4. 관계법령

가. 식품위생법 제44조 제1항, 제75조 제1항, 제82조 제1항
나. 식품위생법 시행령 제53조
다. 식품위생법 시행규칙 제57조, 제89조

5. 인정사실

양 당사자 사이 다툼이 없는 사실, 청구인과 피청구인이 제출한 청구서, 답변서 및 증거 자료 등 제출된 각 사본의 기재에 의하면 다음 사실을 인정할 수 있다.

가. 피청구인은 20○○. ○. ○○. 청구인이 이 사건 업소에서 유통기한이 각 20○○. ○. ○○. 및 20○○. ○. ○○.까지인 이 사건 식품을 판매목적으로 보관한 사실을 적발하였다.

나. 피청구인은 20○○. ○. ○○. 청구인에게 식품위생법

위반업소 행정처분에 따른 사전통지를 하였다.

다. 청구인은 20○○. ○. ○○. 피청구인에게 이 사건 업소
에 근무하였던 직원 ○○○(이하 '이 사건 직원'이라 한
다)이 따로 보관하던 유통기한이 경과한 제품을 고의로
냉장고에 넣어둔 뒤 피청구인에게 신고하여 적발된 것으
로 이를 참작하여 선처하여 달라는 의견을 제출하였다.

라. 피청구인은 20○○. ○○. ○. 청구인에게 영업정지 15
일에 갈음한 과징금 840만 원을 부과하는 내용의 이 사
건 처분을 하였다.

6. 판단

가. 식품위생법 제44조 제1항 및 같은 법 시행령 제53조에
따르면 식품접객업자 및 그 종업원은 유통기한이 경과
된 제품·식품 또는 그 원재료를 제조·가공·조리·판
매의 목적으로 소분·운반·진열·보관하거나 이를 판매
또는 식품의 제조·가공·조리에 사용하지 아니하여야
하며 이를 위반한 때에는 같은 법 제75조 제1항 및 같
은 법 시행규칙 제89조에 따라 영업정지 15일의 처분을
할 수 있으며 이러한 경우 같은 법 제82조 제1항 및 같
은 법 시행령 제53조에 따라 영업정지에 갈음한 과징금
처분을 할 수 있되, 처분일이 속한 연도의 전년도 총 매
출금액이 400백만 원 초과 470백만 원 이하에 해당하는
경우 영업정지 1일에 해당하는 과징금은 54만 원이다.

나. 청구인의 주장에 관하여 본다.

① 행정심판청구서 및 답변서, 관련서류에 따르면 청구
인이 이 사건 업소에서 유통기한이 각 20○○. ○.

○○. 및 20○○. ○. ○○.까지인 이 사건 식품을 20○○. ○. ○○.까지 조리목적으로 보관한 사실이 인정되는 점, ② 식품접객업자 및 그 종업원은 영업의 위생관리 및 국민의 보건위생 증진을 위하여 유통기한이 경과된 식품을 판매의 목적으로 보관하여서는 아니 되므로 청구인은 보관 제품의 유통기한을 철저히 관리하였어야 함에도 이를 소홀히 한 점, ③ 청구인은 이 사건 직원이 고의로 이 사건 처분을 받게 된 것이라 주장하나 이를 인정할 만한 증거가 없고, 그러한 사실을 인정한다 하더라도 식품위생법을 위반한 사실에 관하여 달리 판단할 수는 없는 점, ④ 피청구인으로서는 청구인에게 식품위생법 등 관련 법령에 따라 영업정지 15일의 처분을 할 수 있으나 청구인의 의견을 고려하여 과징금 부과처분으로 변경하였던 점, ⑤ 피청구인이 이 사건 처분을 함에 있어 관련 절차를 위반한 사실이 없는 점 등을 고려할 때 청구인의 주장을 그대로 받아들이기는 어렵다고 판단된다.

다만, 청구인에게 동종의 법령을 위반한 전력이 없는 점, 이 사건 식품은 모두 약 2kg 정도로 그 양이 상대적으로 많지 아니한 점 등을 고려하여 청구인의 주장을 일부 받아들이기로 한다.

7. 결론

따라서 이 사건 청구는 일부 이유 있다 할 것이므로 주문과 같이 재결한다.

일반음식점을 운영하다 보면 뜻하지 않게 유통기한이 지난 식품을 보관하다가 적발되는 경우가 있습니다. 단속에 의해 유통기한이 경과된 식품을 조리판매목적으로 보관하는 사실이 적발될 가능성은 낮을 것이고, 음식점 내부 직원의 신고에 의한 경우가 대부분일 것입니다. 사안도 마찬가지입니다. 피고용인이 음식점을 그만두면서 앙심을 품고 민원을 제기하여 적발된 사안으로 보입니다.

유통기한이 경과된 식품을 조리판매목적으로 보관하다가 적발된 사안에서 가장 중요하게 고려하는 요소는 식품의 종류, 양뿐만 아니라 그 식품의 유통기한이 얼마나 경과하였는가입니다. 청구인은 매일 식품의 유통기한을 검사하였다고 주장하지만 이것을 입증할 만한 자료는 거의 없습니다. 그러한 점에서 위 주장을 추단케 하는 객관적인 요소는 바로 유통기한 경과일 수입니다. 유통기한 경과일수는 짧으면 짧을수록 좋습니다. 아울러 해당 식품이 신선 제품인지, 조리된 상태로 밀폐된 제품인지 여부도 중요한 고려요소가 됩니다.

유통기한 경과 제품 조리판매목적 보관 사건은 유통기한의 경과일수가 명백하므로 처분의 위법성을 다투는 경우는 거의 없습니다. 유통기한 경과일수가 짧고, 보관된 제품의 양이 많지 않으며, 청구인에게 관련 법령을 위반한 전력이 없고, 해당 처분이 청구인의 형편에 비추어 가혹하다는 등의 주장을 중심으로 행정심판청구서를 작성하면 됩니다.

[행정심판청구서 기재례]

사건명 : 식품접객업소 과징금부과처분 취소청구

청구인 : 홍길동

피청구인 : ○○광역시 ○구청장

청 구 취 지

피청구인이 20○○. ○○. ○○. 청구인에 대하여 한 과징금 840만 원 부과처분을 취소한다.

청 구 원 인

1. 사건개요

청구인은 '맛있다 김밥'이라는 상호의 음식점(이하 '이 사건 업소'라 합니다)을 작년 3월에 인수한 이후, 현재까지 운영해오고 있습니다. 사건이 발생하기 일주일 전 청구인은 청구 외 ○○○을 직원으로 채용하였습니다. 그런데 ○○○은 다른 식당에서 근무한 경력이 있다고 하였음에도 일처리가 미숙하고, 동료 직원들과도 잘 어울리지 못하는 모습을 보였습니다.

사건 발생 3일 전, ○○○과 주방장 사이에 다툼이 일어났습니다. 둘 중 한 명은 가게를 떠나야 할 정도로 큰 다툼이었는데, 사정을 들어보니 청구인 입장에서는 가게에서 더 오랫동안 일한 주방장의 편을 들 수밖에 없었습니다. 결국 청구인은 ○○○에게 가게를 떠나도록 하였습니다.

사건 당일 정신없이 주문받은 요리를 하고 있는데, 갑자기 피청구인 담당공무원이 들이닥쳤습니다. 식자재 냉장고에 유통기한이 경과된

○○제품을 보관하고 있다는 이유였습니다. 그럴 리 없다고 생각했는데, 냉장고를 열어보니 유통기한이 3일 지난 ○○ 2kg이 보관되어 있었습니다.

이 사건으로 인해 청구인은 피청구인으로부터 영업정지 15일 처분에 갈음한 과징금 840만 원 부과처분(이하 '이 사건 처분'이라 합니다)을 받게 된 것입니다.

2. 이 사건 처분의 위법·부당성

이 사건 업소는 김밥을 주로 판매하는 곳으로 부재료가 적지 않게 필요합니다. 때문에 청구인은 매일 김밥재료들이 납품될 때 유통기한이 경과하였는지 여부를 일일이 확인하고 있고, 가게 직원들에게도 이러한 점을 늘 강조하고 있습니다.

이 사건의 발단은 사건이 발생하기 1주일 전 채용된 ○○○과 가게 주방장 사이의 불화가 원인입니다. ○○○은 김밥집에서 일한 경력이 있다는 말과는 달리 손도 느리고, 음식이 어떻게 주문되어 나가는지에 대해 전혀 사전지식이 없었습니다. 뿐만 아니라 위생상태 또한 불량하여 가게 주방장과 적지 않게 다툼이 있었습니다.

사건 발생 3일 전, ○○○은 손톱을 정리하지 않은 채 출근하였고, 불결한 손톱 위생 상태를 확인한 주방장과 큰 다툼이 생겼습니다. 사건 경위를 들어보니 청구인 입장에서는 가게에서 더 오랫동안 일한 주방장의 편을 들 수밖에 없었습니다. 결국 청구인은 ○○○에게 가게를 떠나도록 하였습니다.

사건 당일 분주히 주문된 음식을 조리하고 있는데, 갑자기 피청구인 담당 공무원들이 들이닥쳐 민원 제보를 받고 현장점검을 나왔다고 하였습니다. 담당공무원은 마치 가게 주방구조를 꿰고 있는 것처럼 곧장 주방으로 들어가 식자재 냉장고를 열더니 유통기한이 3일 지난 ○○ 2kg 팩을 발견했습니다. 우리 가게에는 식자재 냉장고가 3

대가 있는데, 담당공무원이 정확하게 ○○이 보관되어 있는 냉장고를 조사한 것입니다. 이에 비추어 보면 ○○○이 앙심을 품고 피청구인에게 민원을 넣은 것이 아닌지 의심됩니다.

한편, ○○은 2kg 정도로 양이 많지 않고, 유통기한 경과 일수가 3일에 불과한 점, 청구인은 현재까지 가게를 운영하면서 관련 법령을 위반한 전력이 없는 점, 김밥을 주로 판매하다 보니 노동력은 상당히 요구되나 그로 얻는 이익이 크지 않는 점, 가게 운영을 위해 5천만 원을 대출받았고, 직원 다섯 명의 월급을 주고 나면 실제로는 100만 원 남짓 남는 점, 청구인은 현재 허리디스크로 통원치료를 받으면서도 생계를 위해 힘들게 가게를 운영하고 있는 점 등에 비추어 볼 때 이 사건 처분은 가혹하므로 취소되어야 합니다.

3. 결론

이 사건 경위 및 청구인이 처한 형편을 고려할 때 이 사건 처분은 너무 가혹하므로 취소되어야 합니다.

입 증 방 법

갑 제1호증 처분 문서
갑 제2호증 가게 위치도(냉장고 위치 확인을 위해)
갑 제3호증 대출금 확인서
갑 제4호증 통원치료서

20○○. ○○. ○○.

청 구 인 : 홍 길 동

○○광역시행정심판위원회 귀중

1. 사건개요

청구인은 ○○ ○구 ○○○ 소재 '○○○○○'라는 상호의
일반음식점(이하 '이 사건 업소'라 한다)을 운영하는 자로, 판
매를 목적으로 하는 식품에는 오염된 비위생적인 이물이 포함
되지 아니하도록 하여야 함에도 불구하고, 20○○. ○. ○○.
판매하였던 음식물에 이물(머리카락)이 포함되어 있다는 사실
이 이 사건 업소를 찾은 손님의 민원으로 적발되었다.

이에 피청구인은 식품위생법 등을 근거로 20○○. ○. ○○. 청
구인에게 시정명령처분(이하 '이 사건 처분'이라 한다)을 하였다.

2. 청구인 주장

사건 당일 이 사건 업소의 종업원은 손님의 말만 듣고 음식물
에 머리카락이 있는 것으로 생각하여 사과한 것이고, 바로 청
구인의 남편과 직원이 위 음식물을 확인하였으나 머리카락은
없었으며 이러한 사실 또한 손님에게 확인시켜 주었다. 그럼
에도 위 손님은 여러 블로그에 악의적으로 글을 게시하였고,
피청구인에게도 제보하였으며 피청구인은 위 손님의 근거 없
는 주장만을 신뢰하여 이 사건 처분을 하였다.

따라서 이 사건 처분은 취소되어야 한다.

3. 피청구인 주장

피청구인이 현지 출장차 이 사건 업소에 방문하여 청구인의

남편과 통화하였으나 당시 위 종업원이 음식물에 머리카락이 실제로 들어 있는지 확인하지 않고 손님에게 죄송하다고 하였던 것이고, 청구인의 남편과 주방장이 확인하였으나 이물이 없어 소란이 생겼던 것이라고 답변하였다.

청구인의 남편은 이물을 확인하지는 못하였지만 앞으로 조심히 하겠다고 답변하여 피청구인은 청구인에게 식품위생법 제7조 위반으로 이 사건 처분을 한 것이다. 피청구인은 이 사건 처분에 앞서 사전통지를 하였으나 청구인은 이에 관한 의견을 제출하지 아니하였다.

따라서 이 사건 청구는 기각되어야 한다.

4. 관계법령

가. 식품위생법 제7조 제1항, 제71조 제1항

나. 식품의약품안전처 고시 제2019-16호 식품의 기준 및 규격 2. 3. 식품일반의 기준 및 규격

5. 인정사실

양 당사자 사이 다툼이 없는 사실, 청구인과 피청구인이 제출한 청구서, 답변서 및 증거 자료 등 제출된 각 사본의 기재에 의하면 다음 사실을 인정할 수 있다.

가. 피청구인에게 20○○. ○. ○○. 이 사건 업소에서 20○○. ○. ○○. 판매한 음식물에 이물(머리카락)이 혼입되어 있었다는 내용의 민원이 접수되었다.

나. 피청구인은 20○○. ○. ○○. 현장조사를 위해 이 사건 업소를 방문하였다.

다. 피청구인은 20○○. ○. ○○. 청구인에게 사전통지를

하였다.

라. 피청구인은 20○○. ○. ○○. 청구인에게 이 사건 처분을
하였다.

6. 판단

가. 식품위생법 제3조에 따르면 누구든지 판매를 목적으로
식품 또는 식품첨가물을 채취·제조·가공·사용·조리·
저장·소분·운반 또는 진열을 할 때에는 깨끗하고 위생
적으로 하여야 하고, 제7조 제1항에 따르면 식품위약품
안전처장은 국민보건을 위하여 필요하면 판매를 목적으
로 하는 식품 또는 식품첨가물에 관하여 제조·가공·사
용·조리·보존 방법에 관한 기준 및 성분에 관한 규격
에 관한 사항을 정하여 고시하여야 하며, 식품의약품안
전처고시 제2019-16호 식품의 기준 및 규격에 따르면
식품은 오염된 비위생적인 이물을 포함하여서는 아니
된다. 또한, 식품의약품안전처장, 시·도지사 또는 시장·
군수·구청장은 식품 등의 위생적 취급에 관한 기준에
맞지 아니하게 영업하는 자와 이 법을 지키지 아니하는
자에게는 필요한 시정을 명하여야 한다.

나. 청구인의 주장에 관하여 본다.

① 식품위생법에 따르면 판매를 목적으로 식품을 조리
할 때에는 깨끗하고 위생적으로 하여야 하고, 오염된 비
위생적인 이물을 포함하여서는 아니 되며, 이를 위반한
경우에는 식품위생법에 따른 시정명령이 내려질 수 있
는 점, ② 청구인은 당시 위 음식물에 머리카락이 들어
있었다는 사실을 뒷받침할 만한 증거라고 할 것은 음식

을 주문하였던 손님의 진술 외에는 없으므로 이 사건 처분이 취소되어야 한다고 주장하나, 위 손님은 위반행위와 관련된 장소, 시간 및 사건의 경위에 관하여 상당히 구체적으로 진술하고 있어 진술 외 다른 증거가 없다는 이유로 이러한 진술의 신빙성을 의심하기는 어렵다할 것이고, 당시 위 손님이 음식을 받은 뒤 종업원에게 위 음식물에 머리카락이 있다고 항의하자 이에 해당 종업원은 이를 인정하여 즉시 사과를 한 뒤 위 음식물을 조리실로 가지고 들어갔던바, 이러한 상황에서 피청구인으로서는 다른 증거를 확보하기 쉽지 않았을 것으로 보이는 점, ③ 청구인은 종업원이 실제로 이물을 확인하지 아니하고 섣불리 사과한 것이라 주장하나 이는 청구인의 주장일 뿐 이를 뒷받침할 만한 증거는 없는 점 등을 고려할 때 청구인의 주장은 받아들이기 어렵다고 판단된다.

7. 결론

따라서 이 사건 청구는 이유 없다 할 것이므로 주문과 같이 재결한다.

박변호사의 TIP

최근 '블랙 컨슈머(black consumer)'가 문제되고 있습니다. 블랙 컨슈머란 구매한 상품의 하자를 의도적으로 문제 삼아 과도한 피해보상금을 요구하거나, 거짓으로 피해를 본 것처럼 꾸며 피해를 입히는 사람을 말합니다. 블랙 컨슈머는 일부러 음식에 이물질이 들어 있었다고 트집을 잡아 음식 값을 내지 않거나, 블로그 등 인터넷에 해당 내용을 올리겠다고 협박하여 보상금을 뜯어내기도 합니다.

음식에서 이물질이 발견되었다는 민원이 접수된 경우, 담당공무원은 민원을 이유로 현장 조사를 하게 됩니다. 공무원에게는 민원이 접수된 이상 민원인에게 처리결과를 통보해야 할 의무가 있기 때문입니다. 그 결과 민원인이 의도적으로 또는 악의적으로 민원을 제기한 것이 아닌 이상 이물질이 포함된 사진, 출장 후 음식점 관계자로부터 받은 확인서 등을 근거로 식품위생법에 따른 시정명령처분을 내리게 됩니다.

음식점 주인 입장에서 실제로 음식에 이물질이 포함되어 있었다고 선뜻 인정하기는 어려울 것입니다. 시정명령처분을 받게 되면 당장은 큰 문제가 없지만 2차, 3차 위반에 이를 경우 더욱 중한 처분을 받을 위험이 있으므로 행정심판을 청구하는 것이 좋습니다.

위 사례에서 청구인은 억울한 마음에 행정심판을 청구하였습니다. 논란의 여지가 없는 것은 아니지만, 해당 행정심판위원회에서는 민원의 처리 과정에 비추어 청구인 직원의 확인서를 배척하기 어렵다는 취지로 기각 재결을 내렸습니다. 위와 같은 사안에서는 확인서가 처분의 정당성을 뒷받침할 유력한 증거가 되기 때문에 섣불리 작성해서는 안 됩니다. 적발 과정에서 경황이 없어서 확인서를 작성하는 경우가 많은데, 그럴수록 더욱 신중하게 대처할 필요가 있습니다.

아울러 행정심판청구서에는 민원이 제기된 과정, 민원인이 청구인에게 과도한 보상금을 요구한 사실, 주방에서 위생모자, 마스크 등을 착용하고 음식을 조리하고 있는 사실 등에 대해서 주장할 필요가 있습니다. 그중 가장 중요한 부분은 민원인의 문제 제기 과정일 것입니다. 일반적인 상식에 비추어 민원인의 태도가 적절하지 않았다는 점도 부각하는 것이 좋습니다.

사건명 : 식품접객업소 시정명령처분 취소청구

청구인 : 홍길동

피청구인 : ○○광역시 ○구청장

청 구 취 지

피청구인이 20○○. ○○. ○○. 청구인에 대하여 한 시정명령처분을 취소한다.

청 구 원 인

1. 사건개요

사건 당일 청구인은 다른 볼일로 가게에 없었고, 종업원들이 음식을 조리하고 있었습니다. 종업원으로부터 구청 위생 공무원이 가게에 와서 확인서를 작성하고 있다는 전화를 받고 가게에 가보니, 이미 위생 공무원이 종업원으로부터 확인서를 받아간 뒤였습니다.

그로부터 한 달쯤 지나 청구인은 피청구인으로부터 시정명령처분(이하 '이 사건 처분'이라 합니다)을 받게 되었습니다.

2. 이 사건 처분의 위법 · 부당성

청구인 가게의 주방장 ○○○은 15년 경력의 베테랑으로서 음식을 조리하면서 항상 위생모자, 위생장갑, 마스크 등을 착용하고 있습니다. 사건 당일에도 역시 마찬가지였습니다.

청구인 가게는 보쌈만을 판매하는 곳으로서, 주방장을 포함한 모든 종업원이 주방에 있을 때는 위생에 대해 각별히 신경을 쓰고 있습니다. 청구인 가게는 이 지역에서 나름 유명세를 타고 있기 때문에 위생뿐만 아니라 재료 하나에도 세심한 주의를 기울이고 있습니다.

사건 당일 청구인은 은행 업무로 잠시 가게를 비웠습니다. 하필 그때 손님 한 명이 들어와 보쌈을 주문하였는데, 그 손님은 누가 보더라도 고가로 보일만한 DSLR 카메라를 휴대하였습니다. 그 손님은 음식 주문 과정에서도 고압적인 태도로 자신이 유명 블로거인데 사장님은 어디 갔느냐, 내 블로그에 이 집 음식을 실어줄 테니 음식을 무료로 달라, 서비스 음식은 왜 안 주느냐고 하면서 이것저것을 까다롭게 요구하였습니다.

그 손님에게 보쌈을 가져다주었는데, 얼마 지나지 않아 갑자기 음식에서 머리카락이 나왔다면서 주인을 불러 달라고 했습니다. 주방장이 사태를 수습하고자 했는데, 그 손님은 느닷없이 스마트폰으로 사진을 몇 장 찍더니 관할 구청에 민원을 제기했습니다. 구청 위생 공무원이 민원 조사 차 가게에 와서는 이러한 경우 어쩔 수 없다고 하면서 확인서에 서명할 것을 종용하였고, 주방장이 당황한 나머지 확인서에 서명을 하고 만 것입니다.

이러한 사정에 비추어 볼 때 보쌈에서 머리카락이 발견되었다는 사실 자체를 인정하기 어렵습니다. 주방 식구들 모두 위생모자를 쓰고 있어서 머리카락이 들어갈 가능성이 없기 때문입니다. 아울러 민원인 주장 외에는 이 사건 처분을 입증할 만한 증거 또한 없고, 나중에 그 민원인으로부터 전화가 와서는 이제라도 합의금을 주면 민원을 취하해 주겠다는 등의 회유가 있었는바, 민원 하나에 근거하여 내려진 이 사건 처분은 취소되어야 합니다.

한편, 이 사건 처분이 취소되지 않으면 향후 청구인은 2차, 3차 위반으로 더 무거운 처분을 받을 위험에 처하게 되는 점, 그 민원인이 자신의 블로그에 청구인 가게에 대한 악의적인 글을 게시하여 손해가 큰 점 등에 비추어 볼 때 이 사건 처분은 취소되어야 할 것입니다.

3. 결론

이 사건 경위 및 청구인이 처한 형편을 고려할 때 이 사건 처분은 취소되어야 합니다.

입 증 방 법

갑 제1호증   처분 문서
갑 제2호증   민원인의 블로그 게시글
갑 제3호증   가게 CCTV 영상(민원인이 행패를 부리는 모습)
갑 제4호증   통화내역(민원인과의 통화가 있었음을 입증하기 위해)

20○○. ○○. ○○.

청 구 인 : 홍 길 동

○○광역시행정심판위원회 귀중

재결사례 5
업소 면적을 무단으로 변경한 사례(기각)

1. 사건개요

청구인은 ○○ ○○ ○○○ 소재 '○○○○○'이라는 상호의 일반음식점(이하 '이 사건 업소'라 한다)을 운영하는 자로, 20○○. ○○. ○. 이 사건 업소의 영업장 면적에 대한 변경신고를 하지 않고 영업하고 있다는 사실로 적발되었다.

이에 피청구인은 식품위생법 등을 근거로 20○○. ○○. ○○. 청구인에게 시정명령처분(이하 '이 사건 처분'이라 한다)을 하였다.

2. 청구인 주장

청구인은 횟집을 운영하고 있다. 청구인은 이 사건 업소의 테라스 부분에 수족관을 설치했는데, 이 사건 업소의 테라스 부분은 영업의 목적이 아닌 손님 휴식 및 대기공간이다. 또한, 수족관은 횟집 대부분이 외부에 설치하여 영업을 하고 있는데 내부에 설치하든 외부에 설치하든 위생상 차이가 없다.

따라서 이 사건 처분은 취소되어야 한다.

3. 피청구인 주장

피청구인이 20○○. ○○. ○. 14 : 52경 이 사건 업소를 확인한 결과 테라스에 탁자 및 의자가 설치되어 있었고, 수족관은 외부에 설치되어 있어 이 사건 업소 종업원에게 확인서를 제출받았다.

피청구인은 식품위생법 등 관련 규정에 따라 이 사건 처분을 한 것이며 청구인은 이 사건 처분 전에 의견을 제출하지 않은 점, 수족관은 이 사건 업소 내에 두어야 하고, 옥외에 설치된 수족관은 관계 법령에 저촉되지 않는 범위 내에서 영업장 면적에 포함하여 신고하여야 하는 점 등을 고려할 때 이 사건 처분은 적법, 타당한 것으로 이 사건 청구는 기각되어야 한다.

4. 관계법령

가. 식품위생법 제37조 제4항, 제75조 제1항 제7호
나. 식품위생법 시행령 제26조 제4호
다. 식품위생법 시행규칙 제89조, [별표23] 행정처분 기준

5. 인정사실

양 당사자 사이 다툼이 없는 사실, 청구인과 피청구인이 제출한 청구서, 답변서 및 증거 자료 등 제출된 각 사본의 기재에 의하면 다음 사실을 인정할 수 있다.

가. 피청구인은 20○○. ○○. ○. 이 사건 업소에 대하여 민원 제보에 따른 점검을 실시하였고, 그 결과 청구인이 이 사건 업소의 영업장 외의 테라스에 테이블 및 의자를 놓고 영업하고 있는 사실을 적발하였다.
나. 피청구인은 20○○. ○○. ○○. 청구인에게 행정처분에 따른 사전통지 및 의견제출 기회를 제공하였다.
다. 피청구인은 20○○. ○○. ○○. 청구인에게 이 사건 처분을 하였다.

6. 판단

가. 식품위생법 제37조 제4항 및 같은 법 시행령 제26조 제

4호에 따르면 일반음식점 영업을 하려는 자는 대통령령으로 정하는 바에 따라 영업 종류별 또는 영업소별로 식품의약품안전처장 또는 특별자치시장·특별자치도지사·시장·군수·구청장에게 신고하여야 하고, 신고한 사항 중 영업장의 면적과 같이 중요한 사항을 변경하는 경우에도 이와 같다.

한편, 식품위생법 제75조 제1항 제7호 및 같은 법 시행규칙 제89조 [별표 23] 행정처분 기준에 따르면 영업장의 면적을 변경하고 변경 신고를 하지 아니한 경우 1차 위반 시 시정명령을 할 수 있다.

나. 청구인의 주장에 관하여 본다.

① 피청구인이 제출한 20○○. ○○. ○.자 이 사건 업소의 종업원 ○○○가 작성한 확인서, 20○○. ○○. ○.자 피청구인의 출장결과보고서 등에 의하면 청구인이 이 사건 업소의 면적과 관련하여 기존에 신고한 내용과 다르게 이 사건 업소 외부에 테이블, 의자 및 수족관을 설치하고 영업을 하고 있다는 사실이 인정되는 점, ② 한편, 피청구인이 이 사건 처분을 내리는 과정에서 청구인의 위반 내용을 '영업장 면적 변경 미신고(영업장 무단확장)'로 하여 사전통지 및 이 사건 처분을 내린 사실이 인정되는데, 행정절차법 제23조 제1항은 행정청이 처분을 하는 때에는 당사자에게 그 근거와 이유를 제시하도록 규정하고 있고, 이는 행정청의 자의적 결정을 배제하고 당사자로 하여금 행정구제절차에서 적절히 대처할 수 있도록 하는 데 그 취지가 있으므로 처분서에 기재된 내용과 관계 법령 및 당해 처분에 이르기까지 전

체적인 과정 등을 종합적으로 고려하여, 처분 당시 당사자가 어떠한 근거와 이유로 처분이 이루어진 것인지를 충분히 알 수 있어서 그에 불복하여 행정구제절차로 나아가는 데에 별다른 지장이 없었던 것으로 인정되는 경우에는 처분서에 처분의 근거와 이유가 구체적으로 명시되어 있지 않았다고 하더라도 그로 말미암아 그 처분이 위법한 것으로 된다고 할 수는 없는바(대법원 2013. 11. 14. 선고 2011두18571 판결 참조), (a) 피청구인이 이 사건 업소를 방문하여 이 사건 업소 밖에 수족관, 테이블 및 의자를 설치하여 영업을 하고 있는 위반행위를 적발한 점, (b) 청구인이 이 사건 행정심판에 이르러 이 사건 처분이 위 수족관, 테이블 및 의자에 관한 것임을 알고 그에 관하여 주장하고 있는 점 등에 비추어 피청구인이 위 처분을 함에 있어 관련 절차를 위반하였다는 등의 위법이 있다고 보기 어려운 점, ③ 위 테이블 및 의자가 놓인 위치, 면적, 용도 등에 비추어 위 테이블 및 의자는 이 사건 업소의 영업을 위한 것으로 볼 것이고, 단순히 이 사건 업소를 이용하는 손님들의 대기 및 휴식장소라는 청구인의 주장은 타당하다고 보기 어려운 점 등을 고려할 때 이 사건 청구는 기각되어야 할 것으로 판단된다.

7. 결론

따라서 이 사건 청구는 이유 없다 할 것이므로 주문과 같이 재결한다.

일반음식점을 운영하면서 가게 밖 공간이나, 심지어 인도 등에 간이탁자, 의자 등을 놓고 영업을 하는 경우를 본 적 있을 것입니다. 그런데 이러한 영업형태는 식품위생법에 따라 신고된 영업장의 면적을 임의로 변경한 것으로서 처분 대상이 됩니다. 일반인이라면 이러한 규정이 있는지에 대해 알기 어려운데, 아마도 인근 경쟁 업소의 신고에 의해 적발되는 경우가 대부분일 것입니다.

위 사안도 이와 유사합니다. 위 사안은 특이하게 업소 밖 외벽에 영업을 위한 수족관을 설치해 두었는데, 평소 청구인과 사이가 좋지 않았던 민원인의 신고에 의해 적발된 것입니다. 횟집을 운영하는 청구인에게 수족관은 영업에 필수적인 시설입니다. 처음 영업신고를 하면서 영업장 면적을 가게 밖까지 신고하지 않은 이상 이러한 영업시설은 모두 영업장 내부에 두어야 하는데, 청구인과 같은 횟집 운영자라면 손님의 관심을 끌기 위해서 수족관을 영업장 외부에 두는 경우가 많습니다. 설치장소가 신고된 영업장 면적 내에 포함되어 있으면 아무런 문제가 없으나, 그렇지 않다면 이 사건처럼 문제가 되는 것입니다.

사안에서 눈여겨볼 것은 행정심판위원회에서 처분의 정당성을 뒷받침하는 증거로 '피청구인의 출장결과 보고서', '종업원의 확인서'를 들고 있다는 것입니다. 적발 과정에서 무심코 작성한 확인서가 처분을 뒷받침하는 증거로 사용되는 만큼 확인서를 작성하는 경우에는 꼼꼼하게 검토할 필요가 있습니다. 확인서는 실무상 담당공무원이 내용을 작성하고, 상대방이 그 내용을 확인한 후 서명 · 날인하는 경우가 많은데, 이러한 경우라면 더욱 세심하게 확인서를 살펴볼 필요가 있습니다. 나중에 "경황이 없었다, 담당공무원의 강압에 못 이겨 작성한 것이다."고 변명해 봐야 받아들여지기 어렵습니다.

하나 더 유념할 것은 판단 부분에 인용된 대법원 판례입니다. 처분이 내려지는 과정에서 행정청은 행정절차법 제23조 제1항 소정의 처분의 이유 제시 규정을 준수해야 하고, 이를 지키지 않고 처분을 내린 경우 절차적 위법을 이유로 처분은 취소를 되는 경우가 많습니다. 그런데 위 판례와 같이 처분 당시 당사자가 어떠한 근거와 이유로 처분이 이루어진 것인지를 충분히 알 수 있어서 그에 불복하여 행정구제절차로 나아가는 데에 별다른 지장이 없었던 것으로 인정되는 경우에는 처분서에 처분의 근거와 이유가 구체적으로 명시되어 있지 않았다고 하더라도 그로 말미암아 그 처분이 위법하다고 할 수는 없게 됨을 주의해야 합니다(물론 절차적 위법을 이유로 처분이 취소되더라도 나중에 다시 그 절차를 거쳐 처분을 내리게 되면 해당 처분은 유효하게 되기는 합니다).

자영업자들은 임의로 신고된 영업장의 면적을 변경하는 경우 행정처분을 받게 될 수 있으니 주의가 필요합니다.

[행정심판청구서 기재례]

사건명 : 식품접객업소 시정명령처분 취소청구

청구인 : 홍길동

피청구인 : ○○광역시 ○구청장

청 구 취 지

피청구인이 20○○. ○○. ○○. 청구인에 대하여 한 시정명령처분을 취소한다.

청 구 원 인

1. 사건개요

청구인은 횟집을 운영하고 있습니다. 청구인은 횟집 운영을 위해 업소 유리벽 바깥에 수족관을 두고 있습니다. 평소와 같이 영업을 하고 있는데, 갑자기 구청에서 민원이 접수되었다면서 수족관의 위치를 문제 삼았습니다. 당시 청구인은 영업 준비를 위해 근처 시장에 나가 있었던 상황이었습니다.

담당 공무원은 가게 종업원으로부터 확인서를 받아갔는데, 그 뒤로 구청으로부터 시정명령처분(이하 '이 사건 처분'이라 합니다)을 받게 된 것입니다.

2. 이 사건 처분의 위법 · 부당성

적발된 수족관은 횟집 내부에 있든, 외부에 있든 위생상 아무런 차이가 없습니다. 더구나 수족관을 외부에 두고 깔끔하게 관리하는 것은 횟집 대부분의 영업 방식이기도 합니다. 그리고 적발된 수족관은 횟집 외벽에 바로 붙어 있고, 신고된 영업장 면적과 비교하여 위반하였다는 면적은 불과 3㎡에도 이르지 않습니다. 수족관을 업소 내부로 옮기려면 상당한 비용이 수반되는 것도 문제입니다.

청구인은 업소를 운영하면서 한 번도 관련 법령을 위반한 전력이 없습니다. 이 사건은 평소 청구인에게 좋지 않은 감정을 가지고 있던 ○○○의 신고에 기인한 것으로 보이는데, ○○○은 청구인의 영업을 방해하기 위해 이 밖에도 수차례 민원을 제기하고 있습니다.

아울러 종업원에게 들은 바에 의하면 종업원은 당시 경황이 없어서 담당공무원이 불러주는 말을 그대로 받아 적었다고 합니다. 종업원의 서명 · 날인이 되어 있는 것은 맞지만, 이러한 확인서는 효력이 없다고 생각됩니다.

한편, 이 사건 처분이 취소되지 않으면 향후 청구인은 2차, 3차 위반으로 더 무거운 처분을 받을 위험에 처하게 되는 점, 청구인이 위반하였다는 면적이 3㎡에 불과한 점 등에 비추어 볼 때 이 사건 처분은 취소되어야 할 것입니다.

3. 결론

이 사건 경위 및 위반 면적 등을 고려할 때 이 사건 처분은 취소되어야 합니다.

입 증 방 법

갑 제1호증   처분 문서
갑 제2호증   업소 평면도(수족관의 면적 계산을 위해)
갑 제3호증   CCTV 영상(위 ○○○이 평소 청구인 가게에 와서 행패를 부리는 모습)

20○○. ○○. ○○.

청 구 인 : 홍 길 동

○○광역시행정심판위원회 귀중

재결사례 6
단란주점에서 주류 및 접대부를 제공한 사례(기각)

1. 사건개요

청구인은 ○○ ○구 ○○○ 소재 '○○○○'이라는 상호의 단란주점(이하 '이 사건 업소'라 한다)을 운영하고 있는 자로서, 20○○. ○. ○○. 20 : 00경 이 사건 업소를 방문한 손님 6명(이하 '이 사건 손님들'이라 한다) 중 1명으로부터 '도우미 1명을 보내 달라'는 부탁을 받고 ○○○(여)으로 하여금 위 손님들과 술을 마시고 노래를 부르게 한 사실로 적발되었다. 이에 피청구인은 20○○. ○. ○○. 청구인에게 영업정지 2월 처분(이하 '이 사건 처분'이라 한다)을 내렸다.

2. 청구인 주장

피청구인은 '유흥접객행위 2차'를 이 사건 처분의 원인으로 삼고 있으나 1차 위반행위의 주체는 전 영업주인 점, 손님들 중 1명이 '급히 심부름 시킬 일이 있으니 사람을 보내 달라'고 부탁하여 ○○○을 보낸 것인 점, 청구인은 ○○○이 손님들과 술을 마시고 노래를 부른 사실을 전혀 몰랐던 점, 이 사건 업소를 인수하기 위해 보증금 4,000만 원, 권리금 6,800만 원 합계 1억여 원의 빚을 지게 되었으나 영업이 정지될 경우 갚을 길이 없는 점 등을 고려하면 이 사건 처분은 가혹하므로 취소되어야 한다.

3. 피청구인 주장

관련 수사 자료에 의하면 청구인이 유흥접객원을 고용하여 손님을 접대하도록 한 사실이 인정되는 점, 식품위생법 규정에 따라 식품접객영업을 하려는 자는 식품위생교육을 받아야 하므로 양도인이 받은 행정처분의 효과가 양수인에게 승계되어 가중 처분된다는 사실을 인지하고 있는 점, 청구인이 ○○경찰서에 제출한 자필진술서에 따르면 손님들로부터 도우미 1명을 불러줄 것을 요청받고 유흥접객원을 들여보낸 점, 행정처분은 공익 달성을 목적으로 객관적인 법규위반 사실에 대하여 가하는 제재이므로 청구인의 의무소홀을 탓할 수 없는 정당한 사유가 있는 등의 특별한 사정이 없는 한 위반자에게 고의가 없다고 하더라도 부과되는 점 등을 고려할 때 이 사건 청구는 기각되어야 한다.

4. 관계법령

가. 식품위생법 제44조 제1항, 제75조 제1항

나. 식품위생법 시행규칙 제57조 [별표17] 행정처분 기준, 제89조 [별표23]

5. 인정사실

양 당사자 사이 다툼이 없는 사실, 청구인과 피청구인이 제출한 청구서, 답변서 및 증거 자료 등 제출된 각 사본의 기재에 의하면 다음 사실을 인정할 수 있다.

가. 청구인이 20○○. ○. ○○. 이 사건 손님들로부터 요청을 받아 도우미로 하여금 이 사건 손님들과 술을 마시고 노래를 부르게 하였다.

나. 피청구인은 20○○. ○. ○○. 청구인에게 영업정지 2월 처분을 내렸다.

6. 판단

가. 식품위생법 제44조 제1항 및 시행규칙 제57조 [별표17] 7. 타. 1)에 따르면 단란주점영업자는 유흥접객원을 고용하여 유흥접객행위를 하게 하거나 종업원의 이러한 행위를 조장하거나 묵인하는 행위를 하여서는 아니 되고, 같은 법 시행규칙 제89조 관련 [별표23]에 따르면 단란주점영업자가 유흥접객원을 고용하여 유흥접객행위를 하게 하거나 종업원의 이러한 행위를 조장하거나 묵인하는 행위를 할 경우 2차 위반 시 영업정지 2개월을 부과할 수 있다.

나. 청구인의 주장에 관하여 본다.

① 행정심판청구서 및 답변서 등에 따르면 청구인이 유흥접객원을 고용하여 유흥접객행위를 하게 한 사실이 인정되고, 이로 인해 청구인이 ○○지방법원으로부터 200만 원의 벌금형을 선고받은 점, ② 이 사건과 같이 일시적으로 유흥접객원을 고용한 경우라고 하더라도 '유흥접객원을 고용하여 유흥행위를 하게 하는 행위'에 해당하는 점(서울행정법원 2007. 9. 19. 선고 2006구합 24343 판결 참조), ③ 청구인은 전 영업주로부터 이 사건 업소를 양수한 이후 이 사건에 이르게 되었는데, 이와 같이 식품접객영업자 지위승계가 있는 경우 양도인인 전 영업주가 받은 행정처분 효과가 양수인인 청구인에게 승계되는 점, ④ 피청구인이 이 사건 처분을 함에 있어 관련 절차를 위반하였다는 등의 위법이 존재하지 않는 점 등을 종합적으로 고려할 때 청구인의 주장을 받아들이기는 어렵다고 판단된다.

7. 결론

그렇다면 이 사건 청구는 이유 없다고 할 것이므로 주문과 같이 재결한다.

박변호사의 TIP

식품접객업자 중 단란주점영업자는 유흥접객원을 고용하여 유흥접객행위를 하게 하거나, 종업원의 이러한 행위를 조장하거나 묵인하는 행위를 하여서는 안 됩니다. 이러한 사건에서 처분의 부당성을 주장하더라도 일부 인용 재결이 내려지기 어려운 이유는, 만약 일부 인용 재결이 내려지면 결국 단란주점에서 한 유흥주점 형태의 영업행위를 용인하는 결과가 되기 때문입니다.

단란주점에서 유흥접객원을 고용한 사실로 적발된 경우 처분의 위법성을 다투는 주장으로 내세우는 대표적인 것은 바로 유흥접객원을 고용하지 않았다는 주장입니다. 하지만 1회성으로 유흥접객원에게 연락하여 유흥접객행위를 하도록 하였더라도 이는 '고용'에 해당한다는 것이 법원의 입장임을 주의해야 합니다. 아울러 유흥접객원 고용행위로 인해 법원으로부터 벌금형 등을 받은 경우 그 판결 내용은 행정심판위원회에서 사실인정 자료로 사용되므로 처분의 위법성을 다투는 주장은 위원회를 설득하기 어려움을 기억해야 합니다.

한편, 위 사안에서 청구인은 전 영업주로부터 업소를 양수하여 처분을 받게 되었다는 주장을 하였지만, 식품위생법 제39조 제1항은 "영업자가 영업을 양도하거나 사망한 경우 또는 법인이 합병한 경우에는 그 양수인·상속인 또는 합병 후 존속하는 법인이나 합병에 따라 설립되는 법인은 그 영업자의 지위를 승계한다."고 규정하고 있는바, 식품위생법상 지위승계가 있는 경우 전 영업주가 받은 행정처분의 효과는 현재의 청구인에게 그대로 승계되기 때문에 이러한 주장은 받아들여지기 어렵습니다(실무상 양수인이 행정청에 지위승계 신고를 할 때 전 영업주가 행정처분을 받은 사실을 알고 있다는 내용의 확인서에 서명하게 되므로 행정심판에 이르러 이러한 주장을 한다고 하더라도 받아들여지기 어렵습니다).

결국 단란주점영업자가 유흥접객원 고용행위로 처분을 받은 경우 처분의 위법성보다는 부당성 부분에 집중해야 하지만, 앞서 살펴본 이유로 일부 인용 재결을 받기가 쉽지는 않을 것입니다. 그렇지만 청구인 각자의 특수한 사정으로 감경 받을 수는 있으니 최대한 노력해야 합니다.

[행정심판청구서 기재례]

사건명 : 식품접객업소 영업정지처분 취소청구

청구인 : 홍길동

피청구인 : ○○광역시 ○구청장

청 구 취 지

피청구인이 20○○. ○○. ○○. 청구인에 대하여 한 영업정지 2월 처분을 취소한다.

청 구 원 인

1. 사건개요

청구인은 ○○ ○구 ○○○ 소재 '○○○○'이라는 상호의 단란주점(이하 '이 사건 업소'라 합니다)을 운영하고 있습니다. 사건 당일 이 사건 업소를 방문한 손님이 '심부름을 시킬 일이 있으니 사람을 보내 달라.'고 하여 평소 알고 있던 ○○○을 보냈습니다.

한편, 위 손님은 ○○○과 함께 술을 마시고, 노래를 부르는 장면을 녹화하여 경찰에 신고하였는데, 이로 인해 청구인은 피청구인으로부터 영업정지 2월 처분(이하 '이 사건 처분'이라 합니다)을 받게 된 것입니다.

2. 이 사건 처분의 위법·부당성

청구인이 ○○○을 보내준 것은 맞지만, ○○○이 손님과 함께 술을 마시고, 노래를 보른 사실은 전혀 알지 못했습니다. 청구인과 ○○○ 사이에는 유흥접객행위 고용계약이 전혀 없었습니다.

한편, 위 손님은 이른바 파파라치로 의심되는 자입니다. ○○○에 의하면 ○○○은 심부름을 하러 들어갔는데, 위 손님이 ○○○에게 돈을 줄 테니 함께 술을 마시고 노래를 부르자고 하였다고 합니다. ○○○이 강하게 거절하였으나, 결국은 술을 마시고 함께 노래를 부른 것으로 보입니다. 이러한 상황이 담긴 CCTV 영상을 보면 위 손님이 의도적으로 카메라를 설치하는 장면, ○○○이 위 손님의 손을 뿌리치는 장면이 보이는데, 이에 비추어 보면 위 손님은 의도적으로 이 사건을 벌인 것이라 할 것입니다.

위 손님은 경제적인 이익을 위해 유흥접객행위의 의사가 없는 ○○○을 꼬여 유흥행위에 이르게 하였습니다. 이러한 상황을 미리 설치해 둔 카메라를 통해 녹화하였고, 어느 정도 증거가 확보되었다고 판단하자 즉시 이 사건 업소를 떠난 것만 보아도 그 의도가 충분하다고 보입니다.

한편, 청구인은 이 사건 업소를 인수하기 위해 보증금, 권리금 등으로 1억 원 넘게 지급한 점, 매달 월세 3백만 원을 내고 나면 겨우 1백만 원도 남지 않는 점, 요즘 같은 불경기에 영업을 쉬게 되면 생계가 어려워지는 점 등에 비추어 볼 때 이 사건 처분은 가혹하므로 취소되어야 할 것입니다.

3. 결론

이 사건 경위 및 청구인의 형편 등을 고려할 때 이 사건 처분은 취소되어야 합니다.

<h2 style="text-align:center">입 증 방 법</h2>

갑 제1호증   처분 문서
갑 제2호증   ○○○ 진술서
갑 제3호증   CCTV 영상(○○○이 망설였으나, 손님이 강하게 요구하는 장면)
갑 제4호증   임대차계약서 사본
갑 제5호증   대출금 내역서

20○○. ○○. ○○.

청 구 인 : 홍 길 동

○○광역시행정심판위원회 귀중

2장

담배소매인 관련 청구 사건

재결사례

청소년에게 담배를 판매하여 영업정지 처분을 받은 사례
(영업정지 1월에서 15일로 일부 인용)

1. 사건개요

청구인은 ○○ ○○ ○○○ 소재 '○○○○○'이라는 상호
(이하 '이 사건 업소'라 한다)로 담배소매점을 운영하던 중, 20
○○. ○○. ○○. 18 : 30경 청구인의 종업원(이하 '이 사건
종업원'이라 한다)이 청소년 ○○○(남, 17세, 이하 '이 사건
청소년'이라 한다)에게 담배를 판매한 사실이 ○○○○경찰서
경찰관에게 적발되었다.

이에 피청구인은 ○○○○경찰서의 통보내용 및 담배사업법
제17조 등을 근거로 20○○. ○. ○○. 청구인에게 영업정지
1개월 처분(이하 '이 사건 처분'이라 한다)을 하였다.

2. 청구인 주장

이 사건 종업원이 담배를 판매할 당시 이 사건 청소년의 주민등록증을 확인하였을 뿐만 아니라 신분증에 기재된 사항을 문답으로 확인한 점, 이후 이 사건 청소년이 외모가 비슷한 타인의 신분증을 도용했다는 사실을 알게 된 점, 평소 청소년 보호의무를 다하기 위해 최선의 노력을 다한 점, 경기불황으로 업소 운영이 힘든 점 등을 고려할 때 이 사건 처분은 가혹하므로 취소되어야 한다.

3. 피청구인 주장

이 사건 청소년의 나이가 17세로 어린 점, 신분증 확인 시 휴대폰에 찍힌 신분증을 제시하는 것은 공적 신분증으로 인정되지 않는 점, 이 사건 종업원이 기소유예처분을 받은 점을 고려하여 영업정지 2개월이 아닌 영업정지 1개월 처분을 한 점, 청소년을 유해한 환경으로부터 보호할 공익상의 필요가 절실한 점, 관련 법령을 준수하며 영업하고 있는 동종 업자와의 형평성 등에 비추어 볼 때 이 사건 청구는 기각되어야 한다.

4. 관계법령

　가. 청소년보호법 제2조, 제28조
　나. 담배사업법 제17조
　다. 담배사업법 시행규칙 제11조

5. 인정사실

양 당사자 사이 다툼이 없는 사실, 청구인과 피청구인이 제출한 청구서, 답변서 및 증거 자료 등 제출된 각 사본의 기재에 의하면 다음 사실을 인정할 수 있다.
　가. 이 사건 종업원은 20○○. ○○. ○○. 이 사건 청소년

의 연령을 확인하지 않고 담배를 판매하였다.

나. 이 사건 종업원은 20○○. ○. ○○. ○○지방검찰청으
로부터 기소유예처분을 받았다.

다. 피청구인은 20○○. ○. ○○. 이 사건 종업원이 기소
유예처분 받은 것을 감안하여 영업정지 2개월이 아닌
영업정지 1개월 처분을 내렸다.

6. 판단

가. 청소년보호법 제2조는 담배를 청소년유해약물로 정의하
고 있으며, 같은 법 제28조는 청소년유해약물 등을 판
매·대여·배포하고자 하는 자는 그 상대방의 연령을 확
인하여야 하고 청소년에게 판매하여서는 아니 된다고
규정하고 있다.

한편, 담배사업법 제17조 제2항에 의하면 시장·군수·구
청장은 소매인이 청소년에게 담배를 판매한 때에는 1년
이내의 기간을 정하여 그 영업의 정지를 명할 수 있고,
같은 법 시행규칙 제11조 제4항 [별표3]에 의하면 1차
위반의 경우 영업정지 2개월 처분을 내릴 수 있으며, 위
반행위의 내용·정도·동기·기간·횟수 및 위반행위로
인하여 얻은 이익 등을 참작하여 영업정지 기간의 2분
의 1의 범위 안에서 이를 가중 또는 감경할 수 있다.

나. 청구인의 주장에 관하여 본다.

행정심판청구서, 답변서, ○○○○경찰서 청소년 보호
법위반 업소 적발 통보 등에 의하면 이 사건 종업원이
이 사건 청소년에게 연령 확인 없이 청소년유해약물인
담배를 판매한 사실이 명백한 점, 청구인은 업소 종업원

의 행정법규 위반행위로 인한 행정책임을 져야 하는데 (대법원 1993. 5. 25. 선고 92누18726 판결 참조) 이 사건의 경우 청구인이 이 사건 종업원의 이 사건 청소년에 대한 담배 판매행위로 인한 행정책임을 지는 것이 당연하다 할 것인 점, 외관상으로 보아도 성인이 아닌지 의심할 수 있을 정도의 어린 나이의 17세 청소년에게 담배를 판매한 행위는 사회적 비난 가능성이 매우 높다고 보이는 점, 피청구인이 이 사건 처분을 내림에 있어 관련 절차를 위반하였다는 등의 위법이 존재하지 않는 점 등을 고려할 때 청구인의 주장을 그대로 받아들이기 어렵다고 판단된다.

다만, 이 사건 종업원이 신분증 확인 노력을 한 점, 청구인이 이 사건 업소를 운영하면서 약 6년간 관련 법령을 위반한 전력이 없는 점, 청구인의 경제적 사정 등을 종합적으로 고려하여 이 사건 처분이 가혹하다는 청구인의 주장을 일부 받아들이기로 한다.

7. 결론

그렇다면 이 사건 청구는 일부 이유 있다고 인정되므로 주문과 같이 재결한다.

청소년에게 담배를 판매한 경우 청소년보호법과 담배사업법에 의해 1차 위반 시 영업정지 2월 처분을 받게 됩니다. 1차 위반 시 받게 되는 처분이 청소년에게 주류를 제공한 경우와 같습니다. 우리나라의 입법자는 청소년에게 유해약물인 술이나 담배를 판매한 경우 대단히 엄격하게 다루고 있음을 알 수 있습니다.

청소년에게 담배를 판매한 경우도 주류를 제공한 경우와 마찬가지로 처분의 위법성보다는 부당성에 초점을 맞추어 행정심판청구서를 작성하는 것이 좋습니다. 수사 과정에서 연령 확인을 통해 청소년임이 증명된 경우이므로 청소년이 아니라는 주장보다는 위반 전력이 없는 점, 청소년의 외모가 성인과 구별하기 어려웠던 점, 신분 확인을 위해 노력한 점, 청구인의 경제 사정이 어려운 점 등을 자세히 기재해야 합니다.

한편, 담배소매인 영업정지 처분이 내려지더라도 그와 별개인 편의점 영업 등은 정지되지 않으므로 청구인으로서는 해당 처분으로 단순히 생계가 곤란하다고 주장하는 것은 행정심판위원회를 설득하기에 부족합니다. 경제 형편이 좋지 않다는 점에 대해서 더욱 자세하게 다룰 필요가 있습니다.

[행정심판청구서 기재례]

앞에서 본 식품접객업소 청소년 주류 제공 사건을 참고하여 청소년에게 담배를 판매한 경위, 청구인의 형편에 비추어 처분이 가혹한 사정 등을 중심으로 행정심판청구서를 작성하기 바랍니다.

게임제공업소 관련 청구 사건

재결사례 1
게임제공업소에서 청소년 출입시간을 위반한 사례(기각)

1. 사건개요

청구 외 ○○○(이하 '전 영업주'라 한다)은 ○○ ○○ ○○○
소재 '○○○○○○○○'라는 상호의 인터넷게임제공업소(이
하 '이 사건 업소'라 한다)를 운영하던 자로서, 전 영업주의 종
업원(이하 '이 사건 종업원'이라 한다)이 청소년 출입시간제한
을 위반하여 청소년 ○○○(이하 '이 사건 청소년'이라 한다)
으로 하여금 이 사건 업소에서 게임을 하도록 한 사실이 적발
되었다.

이에 피청구인은 게임산업진흥에 관한 법률(이하 '게임산업법'
이라 한다) 제36조에 근거하여 20○○. ○. ○○. 전 영업주
에게 영업정지 15일에 갈음한 과징금 75만 원 부과처분(이하
'이 사건 처분'이라 한다)을 내렸다.

한편, 청구인은 20○○. ○○. ○○. 전 영업주로부터 이 사
건 업소를 양수한 후, ○○광역시행정심판위원회에 청구인지
위승계 허가신청서를 제출하여 허가되었다.

2. 청구인 주장

청구인은 평소 직원들에게 미성년자 출입금지에 대하여 수시로 교육을 실시한 점, 사건 당시 이 사건 종업원이 이 사건 청소년에게 신분증 검사를 실시하여 1998년생으로 확인했는데, 이 사건 청소년이 신분증을 위조한 것으로 보이는 점 등을 고려할 때 이 사건 처분은 가혹하므로 취소되어야 한다.

3. 피청구인 주장

수사기관의 적발보고서에 의하면 17세인 이 사건 청소년으로 하여금 게임물을 이용하게 한 사실로 적발된 점, 청구인은 20○○. ○. ○.경에도 청소년출입시간 위반으로 1차 적발되어 과징금 부과처분을 받았으나 피청구인의 6차 납입 독촉에도 불구하고 미이행한 점, 이 사건 처분은 기초질서를 확립하고 행정목적과 효율성을 구현하는 최소한의 제재조치라 할 수 있는 점 등에 비추어 볼 때 이 사건 청구는 기각되어야 한다.

4. 관계법령

가. 게임산업진흥에 관한 법률 제28조, 제36조
나. 게임산업진흥에 관한 법률 시행령 제16조
다. 게임산업진흥에 관한 법률 시행규칙 제27조 [별표6]

5. 인정사실

양 당사자 사이 다툼이 없는 사실, 청구인과 피청구인이 제출한 청구서, 답변서 및 증거 자료 등 제출된 각 사본의 기재에 의하면 다음 사실을 인정할 수 있다.
가. 이 사건 종업원은 20○○. ○. ○○. 청소년 출입제한

시간에 이 사건 청소년의 연령을 확인하지 아니하고 컴퓨터 이용을 허용하였다.

나. 이 사건 종업원은 20○○. ○. ○○. ○○지방검찰청으로부터 기소유예처분을 받았다.

다. 피청구인은 20○○. ○. ○○. 전 영업주에게 과징금 75만 원 부과처분을 내렸다.

라. 청구인이 20○○. ○○. ○○. 전 영업주로부터 이 사건 업소를 양수하였고, 20○○. ○○. ○○. ○○광역시 행정심판위원회에 이 사건 청구에 관한 청구인지위 승계허가 신청을 하여 허가되었다.

6. 판단

가. 게임산업법 제28조에 따르면 영업시간 및 청소년의 출입시간을 위반하여 영업을 하여서는 아니 되며, 제36조, 같은 법 시행규칙 제26조 관련 [별표5] 및 시행규칙 제27조 관련 [별표6]에 따르면 청소년 출입시간 제한을 위반하여 영업한 행위에 대하여는 1차 위반 시 영업정지 10일에 해당하는 행정처분을 할 수 있고, 2차 위반 시 영업정지 1월에 해당하는 행정처분을 할 수 있으며, 영업정지 1일에 해당하는 과징금 금액은 5만 원이다.

나. 청구인의 주장에 관하여 본다.

① 행정심판청구서 및 답변서 등에 따르면 이 사건 종업원이 청소년 출입시간제한을 위반하여 이 사건 청소년으로 하여금 이 사건 업소에서 게임을 하도록 한 사실이 인정되고 이로 인해 이 사건 종업원이 ○○지방검찰청으로부터 기소유예처분을 받은 점, ② 청구인은 전

영업주로부터 이 사건 업소를 양수하였으므로 전 영업
주에 대한 이 사건 처분의 효과가 청구인에게 그대로
미치는 점, ③ 청구인은 업소 종업원의 행정법규 위반
행위로 인한 행정책임을 져야 하는데(대법원 1993. 5.
25. 선고 92누18726 판결 참조) 이 사건의 경우 청구인
이 이 사건 종업원의 행위로 인한 행정책임을 지는 것
이 당연하다 할 것인 점, ④ 행정법규 위반에 대하여 가
하는 제재조치는 행정목적 달성을 위하여 행정법규 위
반이라는 객관적인 사실에 착안하여 가하는 제재이므로
위반자의 의무해태를 탓할 수 없는 정당한 사유가 있는
등의 특별한 사정이 없는 한 위반자에게 고의나 과실이
없다고 하더라도 부과될 수 있는바(대법원 2003. 9. 2.
선고 2002두5177 판결 참조), 관련 자료 등에 의하면
청구인에게 그 의무해태를 탓할 수 없을 정도로 정당한
사유가 있었다고 보기 어려운 점, ⑤ 국민의 건전한 게
임문화를 확립함으로써 국민경제의 발전과 국민의 문화
적 삶의 질 향상에 이바지함을 목적으로 하는 게임산업
법의 입법취지 및 게임산업법이 일정한 시간에 미성년
자 출입을 금지함으로써 달성하고자 하는 공익이 청구
인이 이 사건 처분으로 인해 입는 피해보다 크다고 봄
이 상당한 점 등을 종합적으로 고려할 때 청구인의 주
장은 받아들이기 어렵다고 판단된다.

7. 결론

그렇다면 이 사건 청구는 이유 없으므로 기각하기로 하여 주
문과 같이 재결한다.

재결사례 2
게임시설제공업소에서 사행행위를 했다는 이유로 등록취소 처분이 내려진 사례(기각)

1. 사건개요

청구인은 ○○ ○○ ○○○ 소재 '○○○○○○'(이하 '이 사건 업소'라 한다)이라는 상호로 인터넷컴퓨터게임시설제공업을 하는 자로서, 20○○. ○○. ○. 이 사건 업소에서 손님 ○○○(이하 '이 사건 손님'이라 한다)으로부터 100만 원을 받고 게임머니를 충전해주고, 이 사건 손님의 남은 게임머니를 현금 15만 원으로 환전해준 사실(이하 '이 사건 위반행위'라 한다)로 적발되었다.

이에 피청구인은 게임산업진흥에 관한 법률(이하 '게임산업법'이라 한다) 등 관련 법령에 따라 20○○. ○○. ○○. 청구인에게 등록취소 처분(이하 '이 사건 처분'이라 한다)을 내렸다.

2. 청구인 주장

청구인이 이 사건 손님에게 직접 환불을 하여 준 것이 아니며, '○○○'라는 게임의 본사인 ○○○○○○(이하 '이 사건 회사'라 한다)에서 이 사건 손님의 친구에게 환불을 하여 준 것이고, 위 과정에서 청구인이 얻은 이익은 없다. 또한 청구인은 환전을 알선한 사실이 없으며, 청구인이 환전을 하여 주었더라도 1회성에 그치는 것으로 청구인이 환전을 '업(業)'으로 한 것으로 볼 수 없다.

청구인은 현재 상당한 금액의 채무가 있고, 이 사건 업소가 유

일한 생계수단인 점 등을 고려하여 이 사건 처분을 취소하여
주기 바란다.

3. 피청구인 주장

○○○○경찰서의 적발보고에 따르면 청구인은 20○○. ○○.
○. 환전행위를 매개하였던 사실이 있으므로 이 사건 위반행위
가 1회성에 그친 행위가 아님을 확인할 수 있고, 1회성 행위라
하더라도 게임산업법 시행규칙 제26조에 따르면 게임물을 이
용하여 도박이나 그 밖의 사행행위를 하게 하거나 하도록 내버
려 둔 때에는 바로 등록취소 처분을 하도록 되어 있는 점, 청구
인은 이 사건 손님으로 하여금 이 사건 회사에 송금하도록 하
고, 게임머니를 현금으로 환전하였으므로 이는 게임산업법을
위반한 것이며 ○○지방법원 또한 이를 인정하여 벌금형을 선
고하였던 점, 생계형 업소라는 이유로 처분을 감경할 수는 없
는 점 등을 고려할 때 이 사건 청구는 기각되어야 한다.

4. 관계법령

　　가. 게임산업진흥에 관한 법률 제28조 제2호, 제35조 제2항
　　　　제5호, 제4항
　　나. 게임산업진흥에 관한 법률 시행규칙 제26조 [별표5]

5. 인정사실

양 당사자 사이 다툼이 없는 사실, 청구인과 피청구인이 제출
한 청구서, 답변서 및 증거 자료 등 제출된 각 사본의 기재에
의하면 다음 사실을 인정할 수 있다.
　　가. ○○○○경찰서장은 20○○. ○○. ○○. 피청구인에

게 청구인이 20○○. ○○. ○. 이 사건 업소에서 이
사건 손님으로부터 100만 원을 받고 게임머니를 충전해
주고, 이 사건 손님의 남은 게임머니를 현금 15만 원으
로 환전해준 사실을 적발하였음을 통보하였다.

나. 피청구인은 20○○. ○. ○○. 청구인에게 행정처분에
따른 청문통지를 하였다.

다. 청구인은 20○○. ○. ○○. 피청구인에게 ○○지방법원
으로부터 벌금 200만 원의 약식명령을 받았으나 이에 관
한 정식재판을 청구하였으므로 법원의 확정판결 전까지
행정처분을 유보하여 주기 바란다는 의견을 제출하였다.

라. 청구인은 20○○. ○. ○○. ○○지방법원에 위 정식재
판청구를 취하하였다.

마. 청구인은 20○○. ○. ○○. 청구인은 피청구인에게 ○○
지방법원에 정식재판을 취하하였으므로 행정처분을 하
여 달라는 의견을 제출하였다.

바. 피청구인은 20○○. ○○. ○○. 청구인에게 이 사건
처분을 하였다.

6. 판단

가. 게임산업법 제28조 제2호에 따르면 게임물관련업자는
게임물을 이용하여 도박 그 밖의 사행행위를 하게 하거
나 이를 하도록 내버려 두지 아니하여야 하며, 이를 위
반한 경우에는 같은 법 제35조 제2항 제5호 및 제4항,
같은 법 시행규칙 제26조에 따라 1차 위의 경우 허가·
등록취소 또는 영업폐쇄를 명하도록 되어 있다.

나. 청구인의 주장에 관하여 본다.

① 행정심판청구서 및 답변서 등에 따르면 청구인은 이 사건 업소에서 이 사건 손님으로 하여금 이 사건 회사로 100만 원을 송금하여 게임머니로 환전하고, 게임결과물을 현금 15만 원으로 환전하여 주도록 한 사실이 인정되고, 이로 인해 ○○지방법원으로부터 벌금 200만 원의 형이 확정된 점, ② 게임산업법에서는 게임물을 이용하여 도박, 그 밖의 사행행위를 하게 하거나 이를 하도록 내버려 둔 경우에는 1회에 그친 행위라 하더라도 등록취소를 할 수 있도록 정하고 있는 점, ③ 청구인은 이 사건 업소에서 게임머니를 충전하여 주고, 게임결과물을 현금으로 환전하여 주도록 함으로써 손님이 게임물을 이용하여 사행행위를 하도록 하였으며 이러한 과정에서 청구인이 얻은 수익이 있는지 여부는 이 사건 처분과 무관한 점, ④ 국민의 건전한 게임문화를 확립함으로써 국민경제의 발전과 국민의 문화적 삶의 질 향상에 이바지하고자 하는 게임산업법의 입법 목적에 비추어 보면 게임산업법이 게임물관련업자에게 게임물을 이용하여 도박 그 밖의 사행행위를 하게 하거나 이를 하도록 내버려 두지 아니하도록 의무를 부과함으로써 달성하고자 하는 공익이 청구인이 이 사건 처분으로 인해 입는 피해보다 크다고 봄이 상당한 점 등을 고려할 때 청구인의 주장은 받아들이기 어렵다고 판단된다.

7. 결론

따라서 이 사건 청구는 이유 없다 할 것이므로 주문과 같이 재결한다.

박변호사의 TIP

게임산업진흥에 관한 법률에 의하면 게임제공업에는 청소년게임제공업, 일반게임제공업, 인터넷컴퓨터게임시설제공업 등이 포함되는데, 그중 일반게임제공업소를 운영하는 사람은 오후 10시부터 그 다음 날 오전 9시까지 업소에 청소년의 출입을 금지해야 합니다. 이를 위반하면 영업정지 처분이 내려지게 되고, 기소유예처분을 받은 경우에는 그에 갈음한 과징금 부과처분이 내려질 수 있습니다. 이러한 사안에서는 적발된 시간이 중요합니다. 오후 10시를 얼마 넘기지 않은 사건과 새벽 2시에 적발된 사건에 대한 판단은 다를 수 있습니다.

한편, 청소년보호법에 의하면 인터넷컴퓨터게임시설제공업소, 청소년게임제공업소와 같은 청소년고용금지업소를 운영하는 사람은 청소년을 고용하여서는 안 되는데, 이를 위반하면 과징금을 부과 받게 됩니다. 이러한 사안에서는 처분의 부당성과 관련된 내용 외에 청소년을 고용하게 된 경위, 해당 청소년과의 유대 관계에 대해서 주장할 필요가 있습니다.

그리고 게임산업진흥에 관한 법률에 의한 게임물관련업자는 게임물을 이용하여 도박 그 밖의 사행행위를 하게 하거나 이를 하도록 내버려 두어서는 안 되는데, 이를 위반한 경우 1차 위반이더라도 허가·등록취소 또는 영업소폐쇄 처분을 받게 됩니다. 사안에서는 인터넷컴퓨터게임시설제공업소를 운영하는 청구인이 손님으로부터 돈을 받고 충전해준 게임머니를 현금으로 환전해준 사실로 적발되어 등록취소처분을 받았습니다. 다른 위반 사유와 달리 굉장히 엄격함을 알 수 있습니다. 이러한 영업행위에 대해 관대한 처분을 내린다면 건전한 게임문화의 발전이 저해되고, 국민의 문화적 삶의 질 향상을 목적으로 하는 게임산업진흥에 관한 법률의 입법 목적이 크게 퇴색되는 문제가 생기게 됩니다. 행정심판위원회에서는 이러한 게임산업진흥에 관한 법률의 입법 목적을 중요한 고려사항으로 보고 이를 통해 달성하고자 하는 공익과 청구인이 입게 될 피해를 비교하여 전자가 월등하다는 판단을 내린 것을 주목해야 합니다. 따라서 이러한 사안에서는 쉽지는 않겠으나 환전 행위로 얻은 이익이 경미하다거나, 청구인이 입게 될 피해가 매우 크다는 부분을 주장할 수밖에 없습니다.
실무상 게임제공업 청구 사건이 인용(일부 인용)되는 경우는 많지 않았습니다. 그만큼 행정심판위원회에서 구제받기 어려운 분야임을 기억할 필요가 있습니다.

[행정심판청구서 기재례]

사건명 : 인터넷컴퓨터게임시설제공업소 등록취소처분 취소청구
청구인 : 홍길동
피청구인 : ○○광역시 ○구청장

청 구 취 지

피청구인이 20○○. ○○. ○○. 청구인에 대하여 한 인터넷컴퓨터게임시설제공업소 등록취소처분을 취소한다.

청 구 원 인

1. 사건개요

청구인은 ○○ ○○ ○○○ 소재 '○○○○○○'(이하 '이 사건 업소'라 합니다)이라는 상호로 인터넷컴퓨터게임시설제공업을 하고 있습니다. 청구인은 20○○. ○○. ○. 이 사건 업소에서 손님 ○○○(이하 '이 사건 손님'이라 합니다)으로부터 100만 원을 받고 게임머니를 충전해주고, 이 사건 손님의 남은 게임머니를 현금 15만 원으

로 환전해준 사실로 적발되었습니다.

이에 피청구인은 게임산업진흥에 관한 법률(이하 '게임산업법'이라 합니다)에 따라 20○○. ○○. ○○. 청구인에게 등록취소 처분(이 하 '이 사건 처분'이라 합니다)을 내렸습니다.

2. 이 사건 처분의 위법·부당성

피청구인은 청구인이 이 사건 손님에게 직접 게임머니를 현금 15만 원으로 환전해 주었다고 하나, 사실은 이와 다릅니다. 실제로는 이 사건 손님이 했던 게임인 '○○○'를 만든 본사인 ○○○○○○에 서 이 사건 손님에게 게임머니를 환불해준 것입니다. 이 과정에서 청구인이 개입한 것은 없고, 그로 인해 청구인이 얻은 이익 또한 전 혀 없습니다.

이 사건 업소에는 50여 대의 게임기가 설치되어 있는데, 청구인이 일일이 손님들이 환전 행위를 하는지 하지 않는지를 확인한다는 것 은 불가능에 가깝습니다. 따라서 청구인은 이 사건 손님이 ○○○ 게임을 하면서 게임머니를 ○○○○○○으로부터 환전하는 과정을 알지 못하였습니다. 청구인은 단순히 이 사건 손님이 ○○○ 게임 을 하고 게임머니를 다 사용하여 이 사건 업소를 떠난 것으로만 생 각하였습니다.

설사 이 과정에 청구인이 개입하였다고 하더라도 이는 1회성에 그 치는 것이고, 청구인이 환전을 '업(業)'으로 한 것은 아니라는 점에 서 이 사건 처분은 위법합니다.

한편, 청구인은 이 사건 업소를 운영하면서 부모님, 배우자, 자녀 2 명의 생계를 책임지는 가장입니다. 이 사건 처분으로 이 사건 업소 의 등록이 취소되면 청구인 가족의 생계가 크게 어려워집니다. 또한 청구인은 이 사건 업소를 인수하기 위해 권리금 으로 1억 원을 지급한 점, 월세 2백만 원과 아르바이트 비용을 주고 나면 남는 돈이 없는 점 등에 비추어 볼 때 이 사건 처분은 가혹하다고 할 것입니다.

3. 결론

이 사건 경위 및 청구인이 처한 상황 등을 고려할 때 이 사건 처분은 취소되어야 합니다.

입 증 방 법

갑 제1호증　처분 문서
갑 제2호증　임대차계약서 사본
갑 제3호증　주민등록등본
갑 제4호증　대출금 내역서

20○○. ○○. ○○.

청 구 인 : 홍 길 동

○○광역시행정심판위원회 귀중

4장

노래연습장업소 관련 청구 사건

재결사례
노래연습장에서 주류 및 접대부를 제공한 사례(기각)

1. 사건개요

청구인은 ○○ ○○ ○○○ 소재에서 '○○'이라는 상호로 노래연습장(이하 '이 사건 업소'라 한다)을 운영하던 중, 20○○. ○○. ○. 20 : 30경부터 같은 날 21 : 30경까지 이 사건 업소에서 손님에게 소주 1병 및 맥주 10병을 판매하고, 불상의 도우미 2명을 알선하여 유흥을 돋우게 한 사실이 적발되었다. 이에 피청구인은 ○○○○경찰서 통보내용 및 ○○지방법원 판결 등을 토대로 음악산업진흥에 관한 법률(이하 '음악산업법'이라 한다)에 따라 20○○. ○. ○○. 청구인에게 영업정지 40일 처분(이하 '이 사건 처분'이라 한다)을 내렸다.

2. 청구인 주장

손님의 주류 제공 요청에 대하여 평소와 같이 술과 접대부를 취급하지 않는다며 거부하였으나, 손님의 계속된 요구에 어쩔 수 없이 주류를 제공하고 도우미를 알선하였는데, 2시간 후에 손님이 지갑을 잃어버렸다고 파출소에 신고하여 적발되었다. 사건 경위, 관련 법령 위반 전력이 없는 점, 부채가 많고, 이 사건 업소를 운영하여 가족의 생계를 유지하고 있는 점 등에 비추어 이 사건 처분은 너무 가혹하므로 취소되어야 한다.

3. 피청구인 주장

청구인은 19ㅇㅇ년 노래연습장업 영업을 한 이래 총 3회 행정처분을 받고, 20ㅇㅇ년에는 같은 위반사항으로 영업정지 40일 처분을 받은 전력이 있다. 개인 형편을 이유로 취소 또는 감경된다면 타 영업자들도 법에 근거한 처분을 따르기보다는 처분기간 감경을 위해 행정심판을 청구할 것이다.

음악산업법은 노래연습장의 질서를 유지하기 위해 업주가 준수해야 할 사항을 규정하고 있는데, 청구인은 손님들에게 주류를 제공하고 접대부를 알선한 사실을 인정하고 있고, 이로 인해 벌금 300만 원을 선고받았는바, 만연해 있는 노래연습장 불법행위로부터 시민을 보호하고, 향후 통일된 기준으로 처분을 해 나갈 수 있도록 이 사건 청구는 기각되어야 한다.

4. 관계법령

  가. 음악산업진흥에 관한 법률 제22조, 제27조
  나. 음악산업진흥에 관한 법률 시행규칙 제15조 제1항 [별표2]

5. 인정사실

양 당사자 사이 다툼이 없는 사실, 청구인과 피청구인이 제출한 청구서, 답변서 및 증거 자료 등 제출된 각 사본의 기재에 의하면 다음 사실을 인정할 수 있다.

가. 청구인은 20○○. ○○. ○. 20 : 30경부터 같은 날 21 : 30경까지 이 사건 업소에서 손님에게 주류 판매 및 도우미 제공 사실이 적발되었다.

나. ○○○○경찰서는 20○○. ○○. ○○. 피청구인에게 청구인에 대한 위반사항을 통보하였다.

다. 이로 인해 청구인은 20○○. ○. ○○. ○○지방법원으로부터 벌금 300만 원을 선고받았다.

라. 피청구인은 ○○○○경찰서 통보내용 및 ○○지방법원 판결 등을 토대로 20○○. ○. ○. 청구인에게 영업정지 40일 처분을 내렸다.

6. 판단

가. 음악산업법 제22조 제1항에 따르면 노래연습장업자는 주류를 판매·제공하면 아니 되고 접대부(남녀를 불문한다)를 고용·알선하거나 호객행위를 하지 아니하여야 하고, 제27조 제1항 및 같은 법 시행규칙 제15조 관련 [별표2]에 따르면 주류를 판매·제공한 경우 1차 위반 시 영업정지 10일 처분, 접대부를 고용·알선한 경우 1차 위반 시 영업정지 1월을 할 수 있으며, 위반행위가 2 이상인 경우로서 그에 해당하는 각각의 처분기준이 다른 경우에는 그중 무거운 처분기준에 따르고 둘 이상의 처분기준이 영업정지인 경우에는 6개월의 범위에서 무거운 처분기준의 2분의 1 이내에서 가중할 수 있다.

나. 청구인 주장에 관하여 본다.

① 행정심판청구서 및 답변서 등에 따르면 청구인이 이 사건 업소에서 주류를 판매하고 접대부를 알선한 사실이 명백하고 이로 인해 법원으로부터 벌금 300만 원 형을 선고받은 점, ② 행정법규 위반에 대하여 가하는 제재조치는 행정목적 달성을 위하여 행정법규 위반이라는 객관적인 사실에 착안하여 가하는 제재이므로 위반자의 의무해태를 탓할 수 없는 정당한 사유가 있는 등의 특별한 사정이 없는 한 위반자에게 고의나 과실이 없다고 하더라도 부과될 수 있는바(대법원 2003. 9. 2. 선고 2002두5177 판결 참조), 관련 자료 등에 의하면 청구인이 손님의 부당한 요구를 거절할 수 없을 만큼 특별한 사정이 있었다고 보기 어려운 점, ③ 음악산업법이 노래연습장에서 주류 판매·제공 및 접대부 알선을 금지하고 있는 취지 및 그로 인해 달성하고자 하는 공익이 이 사건 처분으로 청구인이 입게 될 피해보다 훨씬 크다고 봄이 상당한 점, ④ 피청구인이 이 사건 처분을 내림에 있어 관련 절차를 준수하는 등 이 사건 처분에 위법함이 있거나 재량권을 일탈·남용했다고 볼 수는 없는 점 등을 종합적으로 고려할 때 청구인의 주장은 받아들이기 어렵다고 판단된다.

7. 결론

그렇다면 이 사건 청구는 이유 없으므로 기각하기로 하여 주문과 같이 재결한다.

노래연습장에서는 원칙적으로 손님에게 주류를 제공하거나 접대부를 고용·알선하는 행위가 금지됩니다. 이를 위반하면 주류 제공의 경우 영업정지 10일, 접대부 고용·알선의 경우 영업정지 1월 처분이 내려질 수 있는데, 이처럼 각각의 처분기준이 다른 경우에는 그중 무거운 처분기준에 따르되, 둘 이상의 처분기준이 영업정지인 경우에는 6개월의 범위에서 무거운 처분기준의 2분의 1 이내에서 가중할 수 있게 됩니다. 일상생활에서 빈번하게 벌어지는 일입니다만, 처분은 상당히 무거운 편이니 주의가 필요합니다.

한편, 노래연습장에서 주류를 제공하거나 접대부를 고용·알선한 경우 영업정지 처분을 취소하거나, 감경하는 경우 결국 유흥주점 형태의 영업을 용인하는 결과를 초래하므로 위원회에서 일부 인용 재결을 받기가 쉽지 않음을 기억할 필요가 있습니다.

사안에서 청구인은 손님의 강한 요구를 뿌리치지 못해서 주류 및 접대부를 제공하게 되었다고 주장하고 있지만, 그러한 사실을 입증할 수 있는 증거가 제출되지 않았습니다. 통상 노래연습장 사건에서 청구인들은 그렇게 주장하지만, 이를 입증할 만한 증거는 거의 찾아보기 어렵습니다. 하지만 그로 인해 사건이 확대되어 청구인이 제3자에게 도움을 청하였다는 등의 사정이 있다면 참작할 여지는 있을 것입니다.

사안에서 인용된 대법원 판례를 봅니다. 이 판례는 행정사건에서 청구인에게 고의나 과실이 없더라도 객관적인 행정법규 위반사실만으로도 처분이 내려질 수 있다는 점을 분명히 보여줍니다. 따라서 쉽지는 않지만 청구인의 행정법규 위반사실을 정당화할 수 있는 사유가 있다면 그 책임을 청구인에게 돌리는 것이 위법하다는 결론을 얻을 수 있을 것입니다. 결국 이러한 사안에서는 행정법규 위반사실을 정당화할 수 있는 특별한 사정의 존재 유무가 중요한 열쇠입니다.

최근 이른바 노파라치(노래연습장 파파라치)에 의해 적발된 것이 의심되는 사건이 있습니다. 이러한 경우 주류 및 도우미 제공 경위, 적발 과정 등을 고려하여 일부 인용된 사례가 있었는데, 참고해볼 만하다고 할 것입니다.

[행정심판청구서 기재례]

사건명 : 노래연습장 영업정지처분 취소청구
청구인 : 홍길동
피청구인 : ○○광역시 ○구청장

청 구 취 지

피청구인이 20○○. ○○. ○○. 청구인에 대하여 한 노래연습장 영업정지 40일 처분을 취소한다.

청 구 원 인

1. 사건개요

청구인은 ○○ ○○ ○○○ 소재에서 '○○'이라는 상호로 노래연습장(이하 '이 사건 업소'라 합니다)을 운영하고 있습니다. 한편, 청구인은 20○○. ○○. ○. 20:30경부터 같은 날 21:30경까지 이 사건 업소에서 손님에게 소주 1병 및 맥주 10병을 판매하고, 불상의 도우미 2명을 알선하여 유흥을 돋우게 한 사실로 적발되었습니다. 이 사건으로 인해 피청구인은 음악산업진흥에 관한 법률(이하 '음악산업법'이라 합니다)에 따라 20○○. ○. ○○. 청구인에게 영업정지 40일 처분(이하 '이 사건 처분'이라 합니다)을 내렸습니다.

2. 이 사건 처분의 위법 · 부당성

청구인은 이 사건 업소를 7년째 운영해오면서 관련 법령에 따른 처분을 받은 적이 한 번도 없습니다. 다른 업소와는 달리 술도 팔지 않고, 손님에게 접대부를 알선하지도 않습니다. 또한 청구인은 이 사건 업소 인근 노인당에서 5년째 봉사활동을 해오고 있는데, 관할 구청장으로부터 표창장을 받은 적도 있습니다.

사건 당일 손님 3명이 이 사건 업소를 찾아왔습니다. 위 손님들은 이미 만취 상태였는데, 청구인에게 주류와 접대부를 제공할 것을 요구하였습니다. 청구인은 위 손님들이 그날 개시 손님들이어서 놓치기 아까웠지만, 단호하게 요구를 거절했습니다. 그럼에도 위 손님들은 언성을 높이면서 주류 및 접대부를 제공할 것을 요구하였는데, 마침 10여 명의 단체손님이 이 사건 업소에 들어오고 있었습니다. 청구인은 일단 단체손님을 안내한 후 위 손님들을 응대하고 있었는데, 실랑이가 계속되자 위 단체손님 중 한 명이 나와서 3명의 손님들을 말리기도 하였습니다.

결국 계속되는 요구에 지친 청구인은 위 손님들에게 소주 1병, 맥주 10병을 판매하였고, 접대부 2명을 알선하기에 이른 것입니다. 그렇게 지나가나 싶었는데, 위 손님들이 나간 후 지갑을 잃어버렸다면서 경찰에 신고하여 적발된 것입니다.

한편, 청구인은 이 사건 업소를 운영하면서 생계를 이어가고 있습니다. 최근 불경기로 인해 적자를 면하지 못하고 있고, 오히려 월세는 대출로 내고 있어 영업을 할수록 손해만 보고 있는 실정입니다.

이러한 사건 경위, 청구인에게 관련 법령을 위반한 전력이 없는 점, 청구인의 경제적 형편 등에 비추어 볼 때 이 사건 처분은 가혹하다고 할 것입니다.

3. 결론

이 사건 처분은 가혹하므로 취소되어야 합니다.

입 증 방 법

갑 제1호증   처분 문서
갑 제2호증   CCTV 영상(손님들과의 실랑이 중 다른 손님이 나와서 말리는 장면)
갑 제3호증   표창장 사본
갑 제4호증   대출금 내역서

20○○. ○○. ○○.

청 구 인 : 홍 길 동

○○광역시행정심판위원회 귀중

건축법 관련 청구 사건

재결사례 1
신고한 내용과 다른 용도로 건축물을 사용하다가 시정명
령처분을 받은 사례(기각)

1. 사건개요

청구인은 20○○.경 ○○ ○○ ○○○(이하 '이 사건 토지들'
이라 한다)에 지하 1층, 지상 3층 건물(이하 '이 사건 건물'이라
한다)의 건축을 완료하였고, 이 사건 건물의 용도에 관하여 지
상 1층 중 443.1m²에 관하여는 종교집회장으로, 2층 중
949.5m² 및 3층 370.75m²에 관하여는 각 문화 및 집회시설(집
회장)(이하 '이 사건 집회장'이라 한다)로 신고하였다. 한편, 이
사건 토지들은 국토 및 이용에 관한 법률(이하 '국토계획법'이
라 한다)에 따른 생산녹지지역에 위치해 있다.

다른 한편, 청구인은 20○○. ○. ○○. 이 사건 건물을 ○○
재단(이하 '이 사건 재단법인'이라 한다)에게 증여를 원인으로
소유권을 이전하였으며, 현재 청구인은 이 사건 건물의 관리
자이다. 피청구인은 생산녹지지역에는 건축법 등에 따라 종교

시설 용도의 건물은 설치할 수 없음에도 청구인이 이 사건 건물의 2층 및 3층의 각 용도를 문화 및 집회시설로 신고하고, 실제로는 종교시설로 사용하고 있다는 이유로 20○○. ○. ○. 청구인에게 위반건축물 시정명령(이하 '이 사건 처분'이라 한다)을 하였다.

2. 청구인 주장

이 사건 집회장이 종교집회장으로 사용되는 것은 1주일에 한 번임에도 시정명령을 하는 것은 행정편의주의로 판단된다. 문화 및 집회시설을 일정 시간만 종교적 행위를 위해 사용하는 경우 이를 문화 및 집회시설의 목적 범위 내의 사용으로 볼 수 있는 점, 문화 및 집회시설 내에 일부 시설물을 설치하였다고 하여 이를 문화 및 집회시설 전체에 대한 용도 이외의 사용으로 보는 근거가 된다고 보기는 어려운 점, 문화 및 집회시설 사용 범위 내에 종교적 행위도 포함될 수 있는 점, 이 사건 처분의 근거가 되는 건축법 제79조는 헌법 제20조 제2항에 위배된다 할 것인 점 등을 고려할 때 이 사건 처분은 위법, 부당하므로 취소되어야 한다.

3. 피청구인 주장

건축법 제2조 제2항 및 같은 법 시행령 [별표1]에 따르면 문화 및 집회시설군에 포함되는 항목에 종교적 행위를 위한 사용은 포함되지 않으며, 일정한 시간대에 지속적으로 해당 공간을 종교행위를 위한 시설로 사용한다면 이는 종교시설군으로 보아야 하는 점, 적발 당시 현장사진을 보면 이 사건 건물 내의 시설물에 십자가를 포함한 집기류가 있는 것을 확인할 수 있고, 이는 종교시설에서 사용하는 시설물로 볼 수 있는 점, 건축법에서 분류하는 건축물군에 따르면 문화 및 집회시설군과 종교시설에서 할 수 있는 행위가 상이하여 문화 및 집회시설에서 종교적 행위는 할 수 없는 점, 건축법에서는 생산녹지지역에 일정한 조건하에 종교시설 용도의 건물을 건축하는 것을 허용하고 있는 점 등을 고려할 때 이 사건 청구는 기각되어야 한다.

4. 관계법령

가. 국토의 계획 및 이용에 관한 법률 제76조

나. 국토의 계획 및 이용에 관한 법률 시행령 제71조

다. 건축법 제2조, 제79조

라. 건축법 시행령 제3조의5

마. ○○광역시 도시계획 조례 제39조

5. 인정사실

양 당사자 사이 다툼이 없는 사실, 청구인과 피청구인이 제출한 청구서, 답변서 및 증거 자료 등 제출된 각 사본의 기재에 의하면 다음 사실을 인정할 수 있다.

가. 피청구인은 20○○. ○. ○○. 청구인에게 이 사건 건물에 대하여 건축허가를 하였는데, 이 사건 집회장의 용도는 운동시설(체육관)이었다.

나. 피청구인은 20○○. ○. ○○. 이 사건 건물에 관한 민원을 접수받고, 위반사실을 확인한 뒤 청구인에게 위반건축물 시정명령을 통지하였다.

다. 피청구인은 20○○. ○. ○. 청구인에게 이행강제금 부

과에 따른 의견제출 통지를 하였다.

라. 피청구인은 20○○. ○○. ○○. 청구인에게 이행강제금 72,250,000원 부과통지를 하였다.

마. 피청구인은 20○○. ○. ○. 청구인에게 이행강제금 재부과에 따른 시정명령을 하였다.

바. 피청구인은 20○○. ○○. ○○. 청구인에게 이행강제금 재부과에 따른 예고통지를 하였다.

사. 피청구인은 20○○. ○. ○○. 청구인으로부터 이 사건 건물에 대한 시정을 완료하였다는 통지를 받고, 이 사건 건물에 대하여 시정완료로 처리하였다.

아. 청구인은 20○○. ○. ○○. 피청구인에게 이 사건 집회장의 용도를 운동시설(체육관)에서 문화 및 집회시설(집회장)로 변경하였다.

자. 피청구인은 20○○. ○. ○○. 청구인에게 이 사건 건물 중 이 사건 집회장의 용도를 문화 및 집회시설로 신고하고, 실제로는 종교시설로 사용하고 있음을 적발하고, 청구인에게 위반건축물 행정처분 사전통지를 하였다.

차. 피청구인은 20○○. ○○. ○. 청구인에게 위반건축물 시정명령을 하였다.

카. 피청구인은 20○○. ○○. ○. 이 사건 재단법인으로부터 시정하였다는 통지를 받고, 위반건축물의 시정을 완료하였다고 처리하였다.

타. 피청구인은 20○○. ○. ○○. 이 사건 집회장에서 재차 종교행위가 이뤄지고 있다는 민원을 접수받고, 현장조사를 통해 청구인에게 위반건축물 행정처분 사전통지를 하였다.

파. 피청구인은 20○○. ○. ○. 청구인에게 이 사건 처분을 하였다.

하. 피청구인은 20○○. ○. ○○. 이 사건 처분에 따른 시정이 이뤄지지 아니하자 이 사건 재단법인에게 시정촉구를 통지하였다.

6. 판단

가. 건축법 제2조 제2항 및 같은 법 시행령 제3조의5는 건축물의 용도를 제2종 근린생활시설, 문화 및 집회시설, 종교시설 등으로 구분하여 정하고 있고, 종교집회장(교회)으로서 같은 건축물에 해당 용도로 쓰는 바닥면적의 합계가 500m² 미만인 것은 제2종 근린생활시설에 포함되며, 문화 및 집회시설은 공연장으로서 제2종 근린생활시설에 해당하지 아니하는 것, 집회장(예식장, 공회당, 회의장, 마권 장외 발매소, 마권 전화투표소, 그 밖에 이와 비슷한 것을 말한다)으로서 2종 근린생활시설에 해당하지 아니하는 것 등을 정함과 동시에 이와 구분하여 그 용도 중 종교시설을 별도로 정하고 있다.

한편, 국토계획법 제76조 제1항 및 같은 법 시행령 제71조 제1항에서는 생산녹지지역 내 도시·군계획조례가 정하는 바에 의하여 건축할 수 있는 건축물에 관하여 종교집회장(교회)으로서 같은 건축물에 해당 용도로 쓰는 바닥면적의 합계가 500m² 미만인 것, 건축법 시행령 별표 1 제5호의 문화 및 집회시설 중 같은 법 시행령 별표 1 제4호 제2종 근린생활시설로서 해당 용도에 쓰이는 바닥면적의 합계가 1천m² 미만인 것 등을 정하고 있다.

나. 청구인의 주장에 관하여 본다.

① 이 사건 토지들은 국토계획법에 따른 생산녹지지역으로 건축법에 따라 그 건축물의 용도나 규모가 제한적으로 허용되어 종교시설 용도의 건축물은 해당 용도로 쓰는 바닥면적의 합계가 500m² 미만인 경우에 한하여 건축이 가능하나, 이 사건 건물 1층의 종교집회장이 443.1m²에 해당하여 이 사건 집회장은 그 면적을 초과하였으므로 종교집회장의 용도로 사용할 수 없는 점, ② 건축법 제2조 제2항 및 같은 법 시행령 제3조의5에 따르면 건축물의 용도로서 문화 및 집회시설과 종교시설을 명확히 구분하여 개별적으로 정하고 있고, 문화 및 집회시설의 집회장은 예식장, 공회당, 회의장, 마권 장외 발매소, 마권 전화투표소, 그 밖에 이와 비슷한 것을 말한다고 정하고 있는바, 그렇다면 종교행위를 위한 집회장은 문화 및 집회시설 내의 집회장과는 달리 종교시설로서의 집회장으로 봄이 보다 합리적이라 할 것인 점, ③ 청구인은 이 사건 집회장을 종교집회장으로 사용하는 것은 1주일에 1회뿐이어서 종교시설의 용도로만은 볼 수 없다고 주장하나, ⓐ 현재까지 계속적으로 동일한 시간에 반복하여 종교행위를 위한 공간으로 사용하고, 이후에도 그러할 용도로 사용할 계획이라면 이는 청구인이 주장하는 일회적으로 종교행위를 하는 것과는 구별되어야 할 것이며, 더욱이 이 사건 건물의 현장사진을 살펴보면 십자가 등 종교행위를 위한 시설물 등이 고정적으로 설치되어 있어 이를 종교시설이 아닌 문화

및 집회시설의 집회장으로 보기 어려운 점, ⓑ 이 사건 집회장이 종교행위를 위한 공간만의 용도로 사용되는 것이 아니라면 그 외의 어떠한 용도로 사용되고 있는지에 관하여 주장 및 입증이 필요할 것이나 이에 관한 어떠한 주장도 없는 점에 비추어 청구인이 이 사건 건축물을 종교시설의 용도로 사용하고 있지 않다고 보기는 어려운 점, ④ 피청구인이 청구인에게 이 사건 처분을 함에 어떠한 절차적 위법도 없는 점 등을 종합적으로 고려할 때 청구인의 주장은 받아들이기 어렵다고 판단된다.

7. 결론

따라서 이 사건 청구는 이유 없다 할 것이므로 주문과 같이 재결한다.

재결사례 2
허가를 받지 않고 건축물을 증축하여 이행강제금 부과처
분을 받은 사례(기각)

1. 사건개요

청구인은 ○○ ○○ ○○○ 지상 건축물(이하 '이 사건 건물'
이라 한다)의 소유자로서, 허가를 받지 않고 이 사건 건물을
무단 증축한 사실이 적발되었다.

이후 피청구인은 20○○. ○. ○. 및 ○. ○. 청구인에게 이
사건 건물을 원상회복하라는 내용의 시정명령을 2회에 걸쳐
내렸으나 이행하지 않자, 20○○. ○. ○. 청구인에게 이행강
제금 553,000원 부과처분(이하 '이 사건 처분'이라 한다)을 내
렸다.

2. 청구인 주장

청구인은 이 사건 건물이 위법건축물이라는 사실은 인정하지
만, 2년 동안 일이 없어 경제적으로 힘들고, 철거비용도 없어
피청구인에게 20○○. ○○. ○○.까지 철거하겠다고 약속했
다. 또한, 이 사건 처분 전에 부과된 이행강제금 460,000원은
이미 납부하였고, 이 사건 건물 중 허가받지 않고 건축한 컨테
이너는 20○○. ○○. ○○. 철거하였다.

이 사건 처분은 이 사건 건물을 원상회복하는 과정에서 부과된
것이고, 피청구인 담당공무원이 20○○. ○. ○○. 이행강제금
을 납부하지 않아도 된다고 했다가 다음날 납부해야 한다고 한
것은 위법·부당하므로 이 사건 처분은 취소되어야 한다.

3. 피청구인 주장

청구인은 이 사건 건물을 원상회복하는 과정에 있었고, 개인적인 사정으로 철거가 늦어졌기 때문에 이 사건 처분은 위법하다고 주장하고 있지만, 이 사건 처분은 원상회복되지 않은 상태에서 부과된 것으로 적법하다.

4. 관계법령

가. 건축법 제79조, 제80조

5. 인정사실

양 당사자 사이 다툼이 없는 사실, 청구인과 피청구인이 제출한 청구서, 답변서 및 증거 자료 등 제출된 각 사본의 기재에 의하면 다음 사실을 인정할 수 있다.

가. 피청구인은 20ㅇㅇ년도 상반기 건축행정 건실화 점검을 통해 청구인이 허가를 받지 않고 이 사건 건물을 무단 증축한 사실을 적발하였다.

나. 피청구인은 20ㅇㅇ. ㅇ. ㅇㅇ. 및 ㅇ. ㅇ. 청구인에게 이 사건 건물을 원상회복하라는 내용의 시정명령을 2회에 걸쳐 내렸다.

다. 피청구인은 청구인이 위 시정명령을 이행하지 않자, 20ㅇㅇ. ㅇ. ㅇ. 청구인에게 이 사건 처분을 내렸다.

라. 한편, 피청구인은 청구인이 위 시정명령을 이행하자, 20ㅇㅇ. ㅇ. ㅇㅇ. 청구인에게 이 사건 건물에 대한 시정완료 통지를 하였다.

마. 청구인은 20ㅇㅇ. ㅇ. ㅇㅇ. 행정심판 청구를 하였다.

6. 판단

가. 건축법 제79조 제1항에 의하면 허가권자는 대지나 건축물이 건축법 또는 건축법에 따른 명령이나 처분에 위반되면 건축법에 따른 허가 또는 승인을 취소하거나 그 건축물의 건축주, 공사시공자, 현장관리인, 소유자, 관리자 또는 점유자(이하 '건축주등'이라 한다)에게 공사의 중지를 명하거나 상당한 기간을 정하여 그 건축물의 철거, 개축, 증축, 수선, 용도변경, 사용금지, 사용제한, 그 밖에 필요한 조치를 명할 수 있고, 제80조 제1항에 의하면 시정명령을 받은 후 시정기간 내에 시정명령을 이행하지 아니한 건축주 등에 대하여는 이행강제금을 부과할 수 있다.

나. 청구인의 주장에 관하여 본다.

① 행정심판청구서 및 답변서 등에 따르면 청구인이 이 사건 건물을 건축법에 위반하여 증축한 사실이 인정되고, 청구인 또한 이를 인정하고 있는 점, ② 건축법 제80조 소정의 이행강제금은 행정관청의 시정명령 위반 행위에 대하여 가하는 제재이므로 일단 그 위반 행위가 이루어지면 이행강제금 부과 대상이 되는 것이고, 그 후에 이를 시정하였다 하여 이행강제금 부과 대상에서 당연히 벗어나는 것은 아니므로(대법원 2007. 7. 13.자 2007마637 결정, 대법원 1990. 10. 20.자 90마699 결정 등 참조), 이 사건 처분 이후 무단 증축 부분을 일부 원상회복하였다고 하여 이 사건 처분이 그 원상회복으로 인하여 소급적으로 위법하게 된다고 볼 수 없는 점, ③ 피청구인이 이 사건 처분을 내리는 과정에서 관련 절차

를 위반한 사실이 없는 점 등을 종합적으로 고려하면 청구인의 주장은 받아들이기 어렵다고 판단된다.

7. 결론

결론적으로 이 사건 청구는 이유 없다 할 것이므로 주문과 같이 재결한다.

박변호사의 TIP

건축법 제79조 제1항은 "허가권자는 이 법 또는 이 법에 따른 명령이나 처분에 위반되는 대지나 건축물에 대하여 이 법에 따른 허가 또는 승인을 취소하거나 그 건축물의 건축주·공사시공자·현장관리인·소유자·관리자 또는 점유자(이하 "건축주등"이라 한다)에게 공사의 중지를 명하거나 상당한 기간을 정하여 그 건축물의 해체·개축·증축·수선·용도변경·사용금지·사용제한, 그 밖에 필요한 조치를 명할 수 있다."고 하고 있고, 제80조 제1항은 "허가권자는 제79조제1항에 따라 시정명령을 받은 후 시정기간 내에 시정명령을 이행하지 아니한 건축주등에 대하여는 그 시정명령의 이행에 필요한 상당한 이행기한을 정하여 그 기한까지 시정명령을 이행하지 아니하면 이행강제금을 부과한다."고 규정하고 있습니다.

이들 규정에 의하면 행정청은 건축주등이 건축법 또는 건축법에 따른 명령, 처분에 위반되는 건축물을 축조, 증축, 개축하는 경우 공사의 중지를 명하거나 상당한 기간을 정하여 해체 등의 조치(이를 '시정명령'이라고 합니다)를 명할 수 있고, 이러한 시정명령을 받은 후 시정기간 내에 시정명령을 이행하지 아니한 건축주등에게는 상당한 이행기간을 정하여 그 기한까지도 시정명령을 이행하지 아니하면 이행강제금을 부과합니다. 즉 이행강제금을 부과하기 위해서는 시정명령이 선행되어야 하고, 시정명령을 내린 후 그 시정기간 내에 시정명령을 이행하지 않을 경우 다시 상당한 이행기간을 정하여 시정을 명령하였으나 그 기한까지도 시정명령을 이행하지 않을 것이 요구됩니다. 따라서 이행강제금 부과처분을 받은 경우에는 행정청이 이러한 과정을 모두 거쳤는지 확인할 필요가 있습니다(이러한 절차를 거치지 않은 경우 절차적 위법을 이유로 처분은 일단 취소될 것이지만, 행정청이 다시 이러한 절차를 거쳐 이행강제금을 부과하면 적법하게 됨을 유의해야 합니다).

건축법상 시정명령과 이행강제금은 건축법 또는 건축법에 따른 명령을 위반할 것이 전제되므로 그 전제가 충족된 사안이라면 처분의 위법성을 다투기가 쉽지 않습니다. 또한, 시정명령의 대상이 건축주 · 공사시공자 · 현장관리인 · 소유자 · 관리자 또는 점유자 등으로 상당히 광범위하기 때문에 소유자를 확인할 길이 없는 사안의 관리자 또는 점유자는 불측의 피해를 입을 가능성도 없지 않습니다. 한편, 시정명령이 내려지면 건축법 제79조 제4항에 따라 해당 건물의 건축물대장에는 '위반건축물'이라는 표시가 기재되는데, 이렇게 되면 해당 건축물의 매매, 임대 등의 과정에서 사실상 불이익을 입게 됩니다.

건축법 제80조 제1항 단서는 "다만, 연면적(공동주택의 경우에는 세대 면적을 기준으로 한다)이 60m^2 이하인 주거용 건축물과 제2호 중 주거용 건축물로서 대통령령으로 정하는 경우에는 다음 각 호의 어느 하나에 해당하는 금액의 2분의 1의 범위에서 해당 지방자치단체의 조례로 정하는 금액을 부과한다. 1. 건축물이 제55조와 제56조에 따른 건폐율이나 용적률을 초과하여 건축된 경우 또는 허가를 받지 아니하거나 신고를 하지 아니하고 건축된 경우에는 「지방세법」에 따라 해당 건축물에 적용되는 1m^2의 시가표준액의 100분의 50에 해당하는 금액에 위반면적을 곱한 금액 이하의 범위에서 위반 내용에 따라 대통령령으로 정하는 비율을 곱한 금액, 2. 건축물이 제1호 외의 위반 건축물에 해당하는 경우에는 「지방세법」에 따라 그 건축물에 적용되는 시가표준액에 해당하는 금액의 100분의 10의 범위에서 위반내용에 따라 대통령령으로 정하는 금액"이라고 규정하고 있으므로 정확한 이행강제금 계산을 위해서는 건축법 시행령, 관할 자치단체 조례 등도 확인할 필요가 있습니다.

이와 관련하여 이행강제금의 감경에 대한 건축법 제80조의2 및 같은 법 시행령 제115조의2부터 제115조의4까지의 규정은 반드시 확인하여야 합니다. 이행강제금의 감경은 행정청의 재량행위로 규정되어 있지만, 위반 경위, 동기, 위반 면적, 위반 일수, 영리목적 유무 등 제반사정을 고려하여 이행강제금을 감경하지 않은 것이 재량권의 범위를 벗어난 것으로 판단되는 경우 행정심판위원회에서 해당 처분을 취소 또는 변경할 수 있기 때문입니다. 따라서 건축법 제80조의2 및 같은 법 시행령 제115조의2부터 제115조의4 등에 따라 감경의 여지가 있는 경우에는 이러한 규정을 적용하지 않고 내려진 이행강제금 부과처분에는 피청구인의 재량권을 일탈·남용한 위법이 있다고 주장해야 합니다.

실무상 시정명령처분과 이행강제금 부과처분에 대한 행정심판 청구가 전부 인용되는 경우는 많지 않고, 다만 제반 사정을 고려하여 이행강제금이 가혹하다는 취지로 감경되는 경우가 있습니다. 한편, 이행강제금 부과처분을 받은 이후 시정명령을 이행하였다고 하더라도 이미 부과된 이행강제금 부과처분의 효력이 없어지지 않으므로 건축법 또는 건축법에 따른 처분을 위반한 경우라면 이행강제금이 부과되기 전에 시정명령을 이행하는 것이 바람직합니다.

참고로, 많지 않지만 건축법 위반사항을 시정하는 것이 사실상 불가능하거나, 시정하지 않고 이행강제금을 납부하는 것이 더 유리한 경우에는 해마다 이행강제금을 납부하는 경우도 있습니다.

[행정심판청구서 기재례]

사건명 : 이행강제금 부과처분 취소청구

청구인 : 홍길동

피청구인 : ○○광역시 ○구청장

청 구 취 지

피청구인이 20○○. ○○. ○○. 청구인에 대하여 한 이행강제금 1천만 원 부과처분을 취소한다.

청 구 원 인

1. 사건개요

청구인은 ○○ ○○ ○○○ 지상 건축물(이하 '이 사건 건물'이라 합니다)의 소유자로서, 허가를 받지 않고 이 사건 건물을 무단 증축한 사실이 적발되었습니다. 이후 피청구인은 청구인에게, 20○○. ○. ○. 및 ○. ○. 이 사건 건물을 원상회복하라는 내용의 시정명령을 2회에 걸쳐 내렸고, 20○○. ○. ○. 이행강제금 1천만 원 부과처분(이하 '이 사건 처분'이라 합니다)을 내렸습니다.

2. 이 사건 처분의 위법·부당성

청구인은 이 사건 건물을 5년 전 ○○○으로부터 매수했는데, 당시 청구인은 이 사건 건물이 허가를 받지 않고 증축되어 있다는 사실을 전혀 알지 못했습니다. 위 ○○○은 7년 전 이 사건 건물을 건축하여 5년 전 청구인에게 매도하였는데, 매도 당시 이미 이 사건 건물은 피청구인의 허가 없이 증축되어 있었습니다. 그런데 위 ○○○은 이러한 사실을 숨기고 이 사건 건물을 청구인에게 매도하였고, 결과적으로 청구인은 이 사건 처분까지 받게 된 것입니다. 따라서 청구인은 이 사건 처분을 이행할 의무가 없다고 할 것입니다.

피청구인이 청구인에게 두 차례 시정명령을 내린 사실은 인정합니다. 그런데 피청구인은 위 두 차례 시정명령을 내린 이후 곧바로 이행강제금을 부과하였습니다. 건축법 제80조 제1항에 의하면 이행강제금은 시정명령을 받은 후 시정기간 내에 시정명령을 이행하지 아니한 건축주등에 대하여 그 시정명령의 이행에 필요한 상당한 이행기한을 정하여 그 기한까지 시정명령을 이행하지 아니하면 내릴 수 있는 것으로서, 피청구인은 청구인에게 이행강제금을 부과하기 전 시정명령의 이행에 필요한 상당한 이행기간을 정하여 그 기한까지 시정명령을 이행하지 않으면 이행강제금이 부과됨을 고지하였어야 하고, 그 이후에도 청구인이 이행하지 않으면 이행강제금을 부과하였어야 함에도 그러하지 않았습니다.

설사 이 사건 처분이 적법하게 내려졌다고 하더라도 청구인은 이 사건 건물을 위 ○○○에게 속아서 매수하게 된 점, 시정명령의 대상이 된 증축부분은 이 사건 건물의 구조에 직결되는 부분으로서 원상회복하기가 상당히 어려운 점, 이 사건 건물의 현재 시가가 1억 원 정도임에 비추어 이행강제금 1천만 원은 매우 과중한 점 등을 고려하면 이 사건 처분은 가혹하므로 취소되어야 합니다.

3. 결론

이 사건 처분이 내려지는 과정에 절차적 위법이 있어 취소되어야 합

니다. 설사 이 사건 처분이 적법하다고 하더라도 청구인이 처한 사
정에 비추어 이 사건 처분은 가혹하므로 취소되어야 할 것입니다.

입 증 방 법

갑 제1호증   처분 문서
갑 제2호증   이 사건 건물에 대한 매매계약서
갑 제3호증   이 사건 건물 평면도
갑 제4호증   인근지역 건물 매매현황

20○○. ○○. ○○.

청 구 인 : 홍 길 동

○○광역시행정심판위원회 귀중

자동차운전면허 정지, 취소처분 청구 사건

재결사례 1
도주운전을 이유로 자동차운전면허 취소처분이 내려진 사례(기각)

1. 사건개요

청구인이 20○○. ○. ○○. 자동차를 운전하다가 교통사고를 일으켜 사람을 다치게 하고도 구호조치의무와 신고의무를 이행하지 않았다는 이유로 피청구인이 20○○. ○○. ○. 청구인의 운전면허를 취소(이하 '이 사건 처분'이라 한다)하였다.

2. 관계법령

도로교통법 제93조 제1항 제6호
도로교통법 시행규칙 제91조 제1항, [별표 28] 중 2. 취소처분
　　　　　개별기준 일련번호란 1

3. 인정사실

청구인과 피청구인이 제출한 자료에 따르면 다음과 같은 사실

을 인정할 수 있다.

가. 청구인은 이 사건 당시 자영업에 종사하던 자로서, 19○○. ○. ○. 제1종 보통운전면허를 취득한 이래 1회의 교통사고전력(19○○. ○. ○○. 안전운전의무위반으로 중상 1명)과 9회의 교통법규위반전력(20○○. ○. ○○. 신호 또는 지시 위반 등)이 있다.

나. 청구인은 20○○. ○. ○○. 08 : 10경 ○○○도 ○○시 ○○면 ○○대로 ○○번 국도상에서 ○○○를 운전하다가 2차선을 물고 도로 갓길로 진행하면서 2차로를 정상적으로 진행 중이던 ○○○ 승용차가 청구인의 차량을 피하기 위해 1차로로 진입하여 당시 1차로를 진행 중이던 ○○○ 승용차와 충격케 하여 경상 1명의 인적 피해가 있는 교통사고를 일으키고도 아무런 구호조치의무와 신고의무를 이행하지 않은 상태에서 현장을 이탈하였고, 피해자의 신고를 받은 경찰에서는 차적조회를 통해서 청구인에게 출석을 요구하여 위 사고를 조사하게 되었다.

다. 청구인이 서명·무인한 피의자신문조서(제1회)에 따르면, '청구인은 사고 당시 갓길로 진행하다가 2차로로 진입하였고, CCTV 영상을 확인해 보니 청구인의 부주의로 사고가 발생한 것 같다'는 취지의 진술이 기재되어 있고, 청구인이 서명·무인한 피의자신문조서(제2회)에 따르면, "청구인은 거짓말탐지기검사에 동의하였고, '백미러를 보았느냐'는 질문과 '사고가 난 사실을 알았느냐'는 질문에 '몰랐습니다'라고 답변하였으나 검사 결과가 거짓으로 나왔다"는 취지로 기재되어 있다.

4. 이 사건 처분의 위법·부당 여부

가. 관계법령의 내용 등

「도로교통법」 제54조 제1항은 차의 교통으로 인하여 사람을 사상하거나 물건을 손괴한 때에는 그 차의 운전자 그 밖의 승무원은 곧 정차하여 사상자를 구호하는 등 필요한 조치를 하여야 한다고 되어 있고, 같은 조 제2항은 제1항의 경우 그 차의 운전자 등은 경찰공무원 또는 경찰관서에 지체 없이 사고내용에 관하여 신고하여야 한다고 되어 있으며, 같은 법 제93조 제1항 제6호는 교통사고로 사람을 사상한 후 제54조 제1항 또는 제2항에 따른 필요한 조치 또는 신고를 하지 아니한 때에는 운전면허를 취소할 수 있도록 하고 있다.

이와 같은 교통사고 발생 시의 구호조치와 신고의무는 차의 교통으로 인해 사람을 사상하거나 물건을 손괴한 때에 운전자 등으로 하여금 교통사고로 인한 사상자를 구호하는 등 필요한 조치를 신속하게 취하게 하고, 속히 경찰관에게 교통사고의 발생을 알려서 피해자의 구호, 교통질서의 회복 등에 관하여 적절한 조치를 취하게 하기 위한 방법으로 부과된 것이므로, 그 의무는 교통사고를 발생시킨 차량의 운전자에게 그 사고발생에 있어서 고의·과실 혹은 유책·위법의 유무에 관계가 없이 부과된 의무라고 할 것이다.

나. 판단

청구인은 당시 본인의 과실로 사고가 난 사실을 몰랐으므로 도주한 것이 아니어서 이 사건 처분이 위법·부당하다고 주장하나, 위 인정사실에 따르면 청구인이 서명·

무인한 피의자신문조서(제1회)에 청구인은 사고 당시의 CCTV 영상을 확인해보니 청구인의 부주의로 사고가 발생한 것 같다는 취지의 진술이 기재되어 있는 점, 청구인이 서명·무인한 피의자신문조서(제2회)에 청구인이 동의한 거짓말탐지기검사에서 '백미러를 보았느냐'는 질문과 '사고가 난 사실을 알았느냐'는 질문에 '몰랐습니다'라고 답변하였으나 검사 결과가 거짓으로 나왔다고 기재되어 있는 점 등을 고려할 때, 청구인의 위 주장은 받아들일 수 없다.

또한 위 인정사실에 따르면, 청구인은 운전하다가 인적 피해가 있는 교통사고를 일으킨 후 「도로교통법」 제54조 제1항 및 제2항에서 요구하는 구호조치의무와 신고의무를 이행하지 않은 사실이 인정되므로, 청구인의 업무상 운전면허가 필요하다는 등의 개인적인 사정만으로 피청구인의 이 사건 처분이 위법·부당하다고 할 수 없다.

5. 결론

그렇다면 청구인의 주장을 인정할 수 없으므로 청구인의 청구를 받아들이지 않기로 하여 주문과 같이 재결한다.

재결사례 2
음주운전으로 자동차운전면허 취소처분이 내려진 사례
(자동차운전면허 취소처분이 정지처분으로 일부 인용)

1. 사건개요

청구인이 20○○. ○○. ○○. 혈중알코올농도 0.113%의 술
에 취한 상태에서 운전하다가 물적 피해가 있는 교통사고를
일으키자 피청구인이 20○○. ○. ○. 음주운전을 이유로 청
구인의 운전면허를 취소(이하 '이 사건 처분'이라 한다)하였다.

2. 관계법령

도로교통법 제93조 제1항 제1호
도로교통법 시행규칙 제91조 제1항, [별표 28] 중 2. 취소처분
　　　　　　개별기준 일련번호란 2

3. 인정사실

청구인과 피청구인이 제출한 자료에 따르면 다음과 같은 사실
을 인정할 수 있다.

　가. 청구인은 이 사건 당시 일정한 직업이 없던 자로서
　　　20○○. ○. ○○. 제1종 보통운전면허를 취득한 이래
　　　교통사고전력과 교통법규위반전력이 없다.
　나. 청구인은 20○○. ○○. ○○. 03 : 00경 술에 취한 상
　　　태에서 ○○ 승용차를 운전하다가 ○○도 ○○시 ○○
　　　구 ○○동 ○○사거리 앞길에서 ○○○ 택시를 충격하
　　　여 물적 피해가 있는 교통사고를 일으켰고, 위 사고를
　　　조사하는 과정에서 음주운전한 사실이 적발되어 같은

날 03 : 23경 음주측정을 한 결과 청구인의 혈중알코올
농도가 0.113%로 측정되었다.

4. 이 사건 처분의 위법·부당 여부

가. 관계법령의 내용

「도로교통법」 제93조 제1항 제1호, 같은 법 시행규칙 제
91조 제1항 및 [별표 28] 중 2. 취소처분 개별기준의 일
련번호란 2에 따르면, 지방경찰청장은 운전면허를 받은
사람이 술에 만취한 상태(혈중알코올농도 0.1% 이상)에
서 운전한 경우에는 운전면허를 취소할 수 있다고 되어
있다.

나. 판단

위 인정사실에 따르면 청구인은 운전면허 취소기준치
이상에 해당하는 술에 취한 상태에서 자동차를 운전하
다가 물적 피해가 있는 교통사고를 일으킨 사실은 인정
되나, 운전면허를 취득한 이래 8년 5개월 이상의 기간
동안 사고 없이 운전한 점 등을 고려할 때 이 사건 처분
은 다소 가혹하다.

5. 결론

그렇다면 청구인의 주장을 일부 인정할 수 있으므로 이 사건
처분을 감경하기로 하여 주문과 같이 재결한다.

재결사례 3

청구인이 1.5m 정도 운전한 것에 불과하더라도 자동차운
전면허 정지처분이 정당하다는 사례(기각)

1. 사건개요

청구인이 20○○. ○. ○○. 혈중알코올농도 0.065%의 술에
취한 상태에서 운전했다는 이유로 피청구인이 20○○. ○.
○. 청구인에게 100일의 운전면허 정지처분을 하였다.

2. 관계법령

도로교통법 제93조 제1항 제1호
도로교통법 시행규칙 제91조 제1항 [별표 28] 중 1. 일반기준
　　　　　다.의(2)

3. 인정사실

청구인과 피청구인이 제출한 자료에 따르면 다음과 같은 사실
을 인정할 수 있다.

　가. 청구인은 19○○. ○. ○○. 제1종 보통운전면허를 취
　　　득하여 20○○. ○. ○○. 음주운전을 이유로 운전면허
　　　가 취소된 후 20○○. ○. ○○. 제2종 보통운전면허를
　　　취득하였는바, 최초로 운전면허를 취득한 이래 1회의
　　　교통사고전력(19○○. ○. ○○. 물적 피해)과 2회의
　　　교통법규위반전력(20○○. ○○. ○○. 무면허, 음주운
　　　전 등)이 있다.

　나. 청구인은 20○○. ○. ○○. 23 : 30경 술에 취한 상태
　　　에서 승용차를 운전하다가 ○○광역시 ○구 ○○동에

있는 ○○초등학교 정문 앞길에서 단속경찰관에게 적발되어 음주측정을 한 결과 혈중알코올농도가 0.065%로 측정되었다.

4. 이 사건 처분의 위법·부당 여부

청구인은 이동주차를 하기 위하여 1.5m 정도 운전한 것에 불과하기 때문에 이 사건 처분이 부당하다고 주장하나, 「도로교통법」 제2조 제24호에 따르면 '운전'이란 도로에서 차를 본래의 사용 방법에 따라 사용하는 것을 말하는바, 도로에서 자동차의 시동을 걸어 이동했다면 그것이 짧은 거리를 운전한 것이라고 하더라도 차량을 그 본래의 사용방법에 따라 사용하는 것으로서 법에서 말하는 운전에 해당하므로, 이에 대한 청구인의 주장은 받아들일 수 없고, 또한 청구인은 차를 운전하여 업무를 보아야 할 일이 많아 운전면허가 필요하므로 이 사건 처분이 가혹하다고 주장하나, 위 인정사실에 따르면, 청구인은 운전면허정지처분기준치를 넘어 술에 취한 상태에서 자동차를 운전한 사실이 인정되고, 달리 정상을 참작할 만한 사정이 있었던 것도 아니므로, 청구인의 업무특성상 운전면허가 필요하다는 개인적인 사정만으로 피청구인의 이 사건 처분이 위법·부당하다고 할 수 없다.

5. 결론

그렇다면 청구인의 주장을 인정할 수 없으므로 청구인의 청구를 받아들이지 않기로 하여 주문과 같이 재결한다.

자동차운전면허 정지 또는 취소처분 청구 사건은 중앙행정심판위원회에서 담당합니다. 앞선 재결사례와 비교하여 형식 등이 다른 것을 알 수 있습니다. 하지만 논증 방법은 다르지 않습니다. 행정심판위원회는 재결을 내릴 때 제출된 증거 자료 등을 토대로 당해 사안의 사실관계를 확정하고(사실관계), 여기에 법령 또는 판례(법리)를 적용하여 결론을 내립니다. 이러한 형태의 논증방법을 '3단 논법'이라고 합니다. '대전제-소전제-결론'의 3단 논법은 간단해 보이지만 재결서, 판결문 등 여러 법률 문서의 기본 형식으로 사용되고 있습니다. 아무리 복잡해 보이는 법률 문서라도 이러한 기본 형식을 바탕으로 읽게 되면 논증 과정이 보이게 됩니다.

한편, 자동차운전면허 취소처분에 대한 일부 인용 재결이 있는 경우 정지처분으로 변경하게 되고, 정지처분에 대한 일부 인용 재결이 있는 경우 정지 기간을 감축하게 됩니다. 일부 인용 또는 인용 재결이 내려진 사례에서는 청구인이 처분의 부당성을 다투면 청구인의 운전경력, 기존 교통사고 및 교통법규 위반전력, 음주운전의 경우 혈중 알코올농도 수치, 운전을 업(業)으로 하는지 여부, 처분이 내려진 경위 등을 종합적으로 고려하게 됩니다. 단순히 운전면허가 청구인의 생계를 위하여 필요하다는 정도의 주장만으로 일부 인용 재결을 받기는 어렵습니다. 따라서 처분의 부당성을 다투는 경우에는 기존 감경 사례들을 잘 참고하여 자신에게 맞는 감경 사유를 주장할 필요가 있습니다.

처분의 위법성을 다투는 경우 도주운전에 해당하지 않는다거나, 음주운전에 해당하지 않는다거나, 무면허운전에 해당하지 않는다거나, 운전에 해당하지 않는다거나, 자동차가 아니었다거나, 사람을 충격하기는 하였으나 사람이 사상에 이른 것은 아니라거나, 교통사고가 발생한 경우 필요한 최대의 조치를 취하였다거나, 피청구인으로부터 적법한 통지절차가 없었다는 등으로 도로교통법 제93조 제1항 각 호 사유에 해당하지 않는다는 점을 주장·입증해야 합니다. 이에 대해서는 도로교통법 위반에 대해 무죄가 선고된 사건의 판례를 검색한 후, 해당 내용을 참고하면 도움이 될 것입니다. 마지막으로 앞서 살펴본 것처럼 자동차운전면허 정지 및 취소처분에 대해서 행정소송으로 다투기 위해서는 먼저 중앙행정심판위원회에 행정심판을 거쳐야 함에 주의해야 합니다(필수적 행정심판전치주의).

[행정심판청구서 기재례]

사건명 : 자동차운전면허 취소처분 취소청구
청구인 : 홍길동
피청구인 : ○○지방경찰청장

청 구 취 지

피청구인이 20○○. ○○. ○○. 청구인에 대하여 한 자동차운전면허 취소처분을 취소한다.

청 구 원 인

1. 사건개요

청구인은 20○○. ○. ○○. 청구인 소유의 ○○ 화물차(이하 '이 사건 차량'이라 합니다)를 운전하다가 교통사고를 일으켜 피해자 ○○○을 다치게 하고도 구호조치의무와 신고의무를 이행하지 않았다는 이유로 20○○. ○○. ○. 피청구인으로부터 청구인의 운전면허를 취소하는 처분(이하 '이 사건 처분'이라 합니다)을 받았습니다.

2. 이 사건 처분의 위법·부당성

청구인은 19○○. ○. ○○. 제1종 보통면허를 취득하였고, 이 사건이 발생할 때까지 교통사고를 낸 이력이 전혀 없습니다. 청구인은 이 사건 차량을 이용하여 야채를 배달하는 일을 하고 있고, 이를 통해 배우자, 아들, 딸의 생계를 유지하고 있습니다.

사건 당일, 청구인은 21시경 모든 배달 업무를 마치고 이 사건 차량을 운전하여 귀가하던 중이었습니다. 이 사건이 발생한 지점은 국도 ○○번 도로로서 이 도로는 인적이 뜸하고, 횡단보도가 설치되어 있지 않았으며, 도로 조명 또한 설치되어 있지 않았고, 중간 중간에 포트홀이 있어서 포트홀을 지날 경우 이 사건 차량이 심하게 흔들거리는 상황이었습니다.

청구인은 안전거리 및 제한속도를 지키면서 운전하고 있었는데, 피해자 ○○○이 만취하여 도로 갓길 부근에 누워 있던 것을 발견하지 못한 채 지나가게 되었습니다. 순간 얕은 포트홀을 지난 것처럼 이 사건 차량이 흔들리기는 했으나, 인적이 드물고 조명 또한 어두워 피해자가 누워 있으리라고는 전혀 예상할 수 없었기에 지나치게 된 것입니다.

그런데 며칠이 지나 관할 경찰서로부터 피해자 ○○○을 충격하여 다치게 하고도 구호조치의무와 신고의무를 이행하지 않았다는 이유로 입건되고 말았습니다. 이로 인해 법원으로부터 벌금 5백만 원의 약식명령을 받았으나, 도저히 인정할 수 없어 정식재판을 청구한 상태입니다. 피청구인은 청구인이 이른바 도주운전을 하였다는 이유로 이 사건 처분을 내렸습니다만, 청구인은 피해자 ○○○을 충격하였음에도 고의 또는 미필적 고의로 그 자리를 떠난 것이 아닙니다. 사고가 발생한 국도 ○○번 도로는 정비가 잘 되어 있지 않아 도로 중간 중간에 많은 포트홀이 있어서 사고 당시에도 청구인은 얕은 포트홀을 지나간 정도의 느낌만 있을 뿐이어서 사람을 충격하였다는 인식 없이 사고 현장을 지나친 것입니다. 이러한 경우에는 도주운전에 해당한다고 볼 수 없는바, 청구인이 도주운전을 하였다는 전제로 내려진 이 사건 처분은 위법하다고 할 것입니다.

가사 청구인이 도주운전을 한 것으로 인정된다고 하더라도, 청구인은 제1종 보통면허를 취득한 이후 20여 년 동안 한 차례의 교통사고 이력이 없는 점, 이 사건 차량을 이용하여 야채를 배달하면서 가족의 생계를 책임지고 있는 점, 사정 여하를 불문하고 반성하고 있는 점 등을 고려할 때 이 사건 처분은 가혹하므로 취소되어야 할 것입니다.

3. 결론

이러한 사정을 고려하여 이 사건 처분을 취소해 주시기 바랍니다.

입 증 방 법

갑 제1호증   처분 문서
갑 제2호증   한국도로공사 공문(국도 ○○번 도로에 포트홀이 많고, 사건 현장에도 다수 포트홀이 있다는 점에 관하여)
갑 제3호증   운전경력증명서
갑 제4호증   주민등록등본

20○○. ○○. ○○.

청 구 인 : 홍 길 동

중앙행정심판위원회 귀중

7장

장애정도판정 관련 청구 사건

재결사례 1
장애정도심사 신청에 대해 장애 미해당 처분이 내려진
사례(기각)

1. 사건개요

청구인은 지체하지관절장애 등급심사를 위하여 20○○. ○.
○○. 피청구인에게 장애정도심사를 신청하였는데, 피청구인
은 국민연금공단 장애심사센터 심사결과를 토대로 20○○. ○
○. ○. 청구인에게 '하지관절장애 미해당' 결정을 하였다.
이에 청구인은 20○○. ○○. ○○. 위 결과에 대하여 이의신
청을 하였으나, 피청구인은 20○○. ○○. ○○. 청구인에게
원심사와 동일한 '하지관절장애 미해당' 결정(이하 '이 사건 처
분'이라 한다)을 통지하였다.

2. 청구인 주장

생략

3. 피청구인 주장

청구인의 장애정도 심사용 진단서상 '좌측 슬관절, 경골상단 골절로 수술적 치료 요하는 상태였으나 고령 및 전신상태상 수술이 불가하여 보존적 치료 후 현재 골유합상태입니다'로 작성되었으며, 관절장애 소견서상 무릎 운동범위가 30% 감소된 것으로 평가되어 하지관절장애 최소 인정기준인 한 다리의 엉덩관절 또는 무릎관절의 운동범위가 50% 이상 감소된 사람에 해당되지 않고, 제출된 자료를 종합적으로 고려하여 하지 관절장애 미해당 결정을 한 것이다.

청구인의 이의신청에 따른 재검토 결과 또한 소견서상 무릎 운동범위가 30% 감소된 것으로 평가된 점, 영상의학검사상 확인되는 무릎 관절면의 상태, 치료경과 등을 종합적으로 고려하여 하지 관절장애 미해당 결정을 한 것이다.

따라서 이 사건 처분은 정당하므로 이 사건 청구는 기각되어야 한다.

4. 관계법령

가. 장애인복지법 제32조
나. 장애인복지법 시행령 제2조
다. 장애인복지법 시행규칙 제2조, 제3조
라. 장애정도판정기준(보건복지부고시 제2019-117호)
마. 장애정도심사규정(보건복지부고시 제2019-118호)

5 인정사실

양 당사자 사이 다툼이 없는 사실, 청구인과 피청구인이 제출한 청구서, 답변서 및 증거 자료 등 제출된 각 사본의 기재에 의하면 다음 사실을 인정할 수 있다.

가. 청구인은 20○○. ○. ○○. 피청구인에게 하지관절장
   애 심사를 신청하였다.

나. 피청구인은 20○○. ○○. ○. 청구인에게 국민연금공단
   장애심사센터 심사 결과를 토대로 하지관절장애 미해당
   결정을 통보하였다.

다. 청구인은 20○○. ○○. ○○. 피청구인에게 위 하지관
   절장애 미해당 결정에 대한 이의신청서를 제출하였으나,
   피청구인은 20○○. ○○. ○○. 청구인에 대하여 원심
   사와 동일한 하지관절장애 미해당을 내용으로 하는 이
   사건 처분을 하였다.

라. 2011. 4. 1.부터 장애인등록을 신청하거나 재판정하는
   경우 보건복지부가 지정한 장애심사전문기관인 국민연
   금공단 장애심사센터에 심사를 의뢰하여 환자에 대한
   의무기록 및 담당의사의 소견 등을 참고하여 장애등급
   을 결정하고 있는데, 위 이의신청에 따른 장애심사센터
   판정 결과에 의하면 하지관절장애와 관련하여 "장애정
   도 심사용 진단서 및 기 제출된 자료 등을 검토하여 재
   심사한 결과 소견서상 좌측무릎관절의 운동범위가 정상
   의 50% 미만 감소된 상태로 평가된 점, 방사선 영상자
   료상 관절면의 상태, 진료기록상 치료경과 등을 볼 때
   좌측 하지는 관절장애 판정기준에 해당되는 상태로 인
   정되지 않습니다."라고 기재되어 있다.

마. 청구인은 20○○. ○○. ○. 이 사건 행정심판을 청구
   하였다.

6. 판단

가. 장애인복지법 제32조 제1항에 따르면 장애인, 그 법정
대리인 또는 대통령령이 정하는 보호자는 장애 상태 등
을 구청장 등에게 등록하여야 하고, 구청장은 등록을 신
청한 장애인이 기준에 맞으면 장애인 등록증을 내주어
야 한다고 규정하고 있으며, 위 법 제2조 및 같은 법 시
행령 제2조 제2항, 시행규칙 제2조 제1항에서 구체적인
장애인의 장애종류와 판정기준을 규정하고 있다.

한편, 청구인이 주장하는 하지관절장애와 관련하여 장
애인복지법 시행규칙 [별표1] 장애인의 장애정도표 및
보건복지부 고시 장애정도판정기준에서는 장애의 정도
가 심한 장애인으로 두 다리의 모든 3대 관절의 운동범
위가 각각 75% 이상 감소된 사람, 두 다리 각각의 3대
관절 중 2개의 운동범위가 각각 75% 이상 감소된 사람,
두 다리의 모든 3대 관절의 운동범위가 각각 50% 이상
75% 미만 감소된 사람, 한 다리의 모든 3대 관절의 운
동범위가 각각 75% 이상 감소된 사람을, 장애의 정도가
심하지 않은 장애인으로 두 다리 각각의 3대 관절 중 2
개의 운동범위가 각각 50% 이상 75% 미만 감소된 사
람, 두 다리의 모든 3대 관절의 운동범위가 각각 25%
이상 50% 미만 감소된 사람, 한 다리의 엉덩관절 또는
무릎관절이 완전강직 되었거나 운동범위가 90% 이상
감소된 사람, 한 다리의 3대 관절 중 2개의 운동범위가
각각 75% 이상 감소된 사람, 한 다리의 모든 3대 관절
의 운동범위가 각각 50% 이상 75% 미만 감소된 사람,
한 다리의 엉덩관절 또는 무릎관절의 운동범위가 75%

이상 감소된 사람, 한 다리의 발목관절이 완전강직 되었거나 운동범위가 90% 이상 감소된 사람, 한 다리의 3대 관절 중 2개의 운동범위가 각각 50% 이상 75% 미만 감소된 사람, 한 다리의 모든 3대 관절의 운동범위가 각각 25% 이상 50% 미만 감소된 사람, 두 발의 모든 발가락의 관절총운동범위가 각각 75% 이상 감소된 사람, 한 다리의 엉덩관절 또는 무릎관절의 운동범위가 50% 이상 감소된 사람, 한 다리의 발목관절의 운동범위가 75% 이상 감소된 사람을 포함시키고 있으며, "관절운동범위는 수동적 운동범위를 기준으로 한다. 수동적 관절운동범위의 측정은 수 분 동안 해당관절의 수동적 관절운동을 시킨 후 검사자가 0.5kg 중의 힘을 가하여 관절을 움직인 상태에서 측정한다. 다만, 근육의 마비가 있거나 외상 후 건이나 근육의 파열이 있는 경우 (능동적 관절운동범위가 수동적 관절운동범위에 비해 현저히 작을 경우)에는 지체기능장애로 판정하고, 준용할 항목이 없는 경우 능동적 관절운동범위를 사용하여 관절장애로 판정할 수 있다."고 규정하고 있다.

나. 살피건대, 위 인정사실 및 보건복지부고시 제2019-118호 장애정도심사규정 제9조 제1항은 심사는 제출된 관련서류에 의한 서면심사를 원칙으로 한다고 규정하고 있고, 제4항은 공단은 제1항에도 불구하고 제출된 서류를 통하여 정확한 장애상태의 심사가 어려운 경우에는 공단이 정한 장애진단기관 및 전문의에 해당하는 자로 하여금 진단을 할 수 있다고 규정하고 있는 점 등을 종합적으로 고려해 볼 때, 피청구인이 위 장애심사센터의

심사 결과 및 보건복지부고시 장애인 판정기준, 장애정
도 결정과 관련된 제반 규정, 청구인의 상태 등을 검토
하여 내린 이 사건 처분이 특별히 위법하거나 부당하다
고 볼 수는 없다고 판단된다.

7. 결론

그렇다면 이 사건 청구는 이유 없다고 할 것이므로 주문과 같이
재결한다.

재결사례 2
장애정도심사 신청에 대해 장애 미해당 처분이 내려진
사례(인용)

1. 사건개요

청구인은 지적장애 정도심사를 위하여 20○○. ○. ○○. 피
청구인에게 장애정도 심사를 신청하였는데, 피청구인은 국민
연금공단 장애심사센터 심사결과를 토대로 20○○. ○○. ○○.
청구인에게 지적장애 미해당 결정을 내렸다.

이에 청구인은 20○○. ○○. ○. 위 결과에 대하여 이의신청
을 하였는데 피청구인은 20○○. ○○. ○. 청구인에게 지적
장애 미해당결정(이하 '이 사건 처분'이라 한다)을 통보하였다.

2. 청구인 주장

청구인은 어려서부터 ○○○○ 증후군과 경계선 지능의 성향
을 보였고, 정신과에서 검사한 결과 IQ ○○가 나왔음에도 피청
구인으로부터 장애 정도에 해당하지 못한다는 결정을 받았다.
청구인은 평소 집중력과 이해력이 부족하여 검사하기를 싫어
하였고 이러한 점이 수검 시 쉽게 포기하는 모습으로 보였던
것인 점, 청구인의 아버지가 장애 정도를 인정받은 것을 꺼려
하여 처음에 시행한 검사는 미리 교육을 한 뒤 받도록 하였고
그러한 탓에 이후에 실시한 검사 결과보다 높은 지능으로 평
가된 결과가 나왔던 것인 점, 웩슬러 지능검사의 처리속도가
빠른 것 또한 집에서 휴대폰을 자주 사용하는 청구인의 생활
습관으로 인한 것인 점, 청구인의 상태는 호전되지 아니하고
지속적으로 나빠지고 있는 점 등을 종합적으로 고려할 때 이

사건 처분은 취소되어야 한다.

3. 피청구인 주장

20○○년경 시행한 임상심리검사보고서상 지능지수 ○○, 20○○년경 시행한 임상심리검사보고서상 지능지수 ○○로 경계선 수준의 지적능력으로 확인되는 점, 20○○. ○. ○.자 임상심리검사보고서상 지능지수 ○○로 기재되어 있으나 처리속도 ○○(평균하 수준), 지각추론 ○○(경계선수준), 작업기억 ○○(경계선수준)에 해당하는 점, K-WAIS-Ⅳ(성인용 웩슬러 지능검사)상 "지능검사 중에도 지시에 빠르게 반응을 하면서도 모르는 문항도 쉽게 포기하는 모습이었다."고 기재되어 있는 점, 시각운동통합 발달검사(VMI) 결과 발달 연령 ○○세 ○개월 수준인 점, 외래기록지상 가르쳐보면 암기는 잘한다거나 성적이 올랐다, 80~90점대라고 기재되어 있는 점, 학교생활기록부상의 교과학습발달상황 등을 종합적으로 고려할 때 장애정도 판정기준상 지적장애 정도기준에 해당하지 않는다고 판단되므로 이 사건 청구는 기각되어야 한다.

4. 관계법령

가. 장애인복지법 제32조
나. 장애인복지법 시행령 제2조
다. 장애인복지법 시행규칙 제2조, 제3조
라. 장애정도판정기준(보건복지부고시 제2019-117호)
마. 장애정도심사규정(보건복지부고시 제2019-118호)

5. 인정사실

양 당사자 사이 다툼이 없는 사실, 청구인과 피청구인이 제출

한 청구서, 답변서 및 증거 자료 등 제출된 각 사본의 기재에
의하면 다음 사실을 인정할 수 있다.

가. 청구인은 20○○. ○. ○○. 피청구인에게 장애정도 심
　　사 신청을 하였다.

나. 피청구인은 20○○. ○○. ○○. 청구인에게 국민연금공
　　단 장애심사센터 심사 결과를 토대로 지적장애 미해당
　　결정을 통보하였다.

다. 청구인은 20○○. ○○. ○. 피청구인에게 위 결정에
　　대한 이의신청을 하였으나, 피청구인은 20○○. ○○.
　　○. 청구인에게 위 장애심사센터의 재심사 결과를 토대
　　로 원심사와 동일한 지적장애 미해당 결정을 하였다.

라. 2011. 4. 1.부터 장애인등록을 신청하거나 재판정하는
　　경우 보건복지부가 지정한 장애심사전문기관인 국민연
　　금공단 장애심사센터에 심사를 의뢰하여 환자에 대한
　　의무기록 및 담당의사의 소견 등을 참고하여 장애정도
　　를 결정하고 있는데, 위 장애심사센터의 판정 결과에 의
　　하면 "장애정도 판정기준상 지적장애는 선천적인 정신
　　지체와 뇌손상, 뇌질환 등의 원인에 의하여 성인이 된
　　후 지능저하가 온 경우에 판정하며, 노인성치매는 장애
　　판정에서 제외합니다. 진단서 및 임상심리검사 결과상
　　지능지수(IQ) ○○로 기재되어 있으나, 수검태도상 쉽
　　게 포기하는 모습이었고, 이전 시행된 심리검사상 경계
　　성 지능으로 확인되며 진료기록지상 확인되는 능력수준
　　을 종합적으로 고려할 때 장애정도 판정기준상의 지적
　　장애 정도기준에 해당되지 않습니다. 따라서 장애정도
　　미해당으로 판정합니다."라고 기재되어 있다.

마. 청구인의 이의신청에 대한 위 장애심사센터의 재심사 결과에 의하면 "기 제출된 자료 및 추가 제출된 자료 등을 검토하여 재심사한 결과 20○○년 ○월 시행한 임상심리검사 결과 지능지수 ○○로 평가 되었으나, 처리속도 지표 ○○로 평균하 수준 및 지각추론 지표 ○○, 작업기억 지표 ○○로 경계선 수준에 속한다고 기재된 점, 기타 자료상 선천적인 인지저하 정도, 임상 증상 및 기능 정도 등을 고려할 때 지적장애 판정기준상의 장애 정도 기준에 해당되지 않습니다."라고 기재되어 있다.

바. 청구인은 20○○. ○. ○. 이 사건 행정심판을 청구하였다.

6. 판단

가. 장애인복지법 제32조 제1항에 따르면 장애인, 그 법정대리인 또는 대통령령이 정하는 보호자는 장애 상태 등을 구청장 등에게 등록하여야 하고, 구청장은 등록을 신청한 장애인이 기준에 맞으면 장애인 등록증을 내주어야 한다고 규정하고 있으며, 위 법 제2조 및 같은 법 시행령 제2조 제2항, 시행규칙 제2조 제1항에서 구체적인 장애인의 장애종류와 기준을 규정하고 있다.

한편, 위 시행규칙 제3조 제4항 및 보건복지부 고시 제2019-117호 장애정도판정기준에 의하면 장애등록신청을 받은 시장·군수·구청장은 장애유형별 해당 전문의가 있는 의료기관으로부터 받은 진단 결과에 대하여 보다 정밀한 심사가 필요하다고 인정되는 경우에는 국민연금공단에 장애 정도에 관한 심사를 의뢰할 수 있다. 다른 한편, 청구인이 주장하는 지적장애와 관련하여 장애인복지법 시행규칙 제2조 [별표1] 장애인의 장애정도와 보건복지부 고시 장애정도판정기준에 의하면 지적장애는 지능지수가 70 이하인 사람으로서 교육을 통한 사회적·직업적 재활이 가능한 사람을 말하며 웩슬러 지능검사 등 개인용 지능검사를 실시하여 얻은 지능지수(IQ)에 따라 판정하며, 사회성숙도 검사를 참조하되 지능지수는 언어성 지능지수와 동작성 지능지수를 종합한 전체검사 지능지수를 말하고, 전체 지능지수가 연령별 최저득점으로 정확한 지능지수 산출이 어려운 경우에는 GAS 및 비언어적 지능검사도구(시각-운동통합발달검사: VMI, 벤더게슈탈트검사: BGT)를 추가 시행하여 검사내용, 검사결과에 대한 상세한 소견을 제출하도록 하고 있다.

한편, 같은 고시에서는 지능지수가 35 미만인 사람으로 일상생활과 사회생활의 적응이 현저하게 곤란하여 일생 동안 타인의 보호가 필요한 사람, 지능지수가 35 이상 50 미만인 사람으로 일상생활의 단순한 행동을 훈련시킬 수 있고, 어느 정도의 감독과 도움을 받으면 복잡하지 아니하고 특수기술을 요하지 아니하는 직업을 가질 수 있는 사람, 지능지수가 50 이상 70 이하인 사람으로 교육을 통한 사회적·직접적 재활이 가능한 사람을 지적 장애의 정도가 심한 장애로 정하고 있다.

나. 피청구인의 주장에 관하여 본다.

살피건대, 위 공단 심사 자료에 따르면 20○○. ○. ○.자 임상심리검사 결과 처리속도 지표 ○○로 평균하 수준 및 지각추론 지표 ○○ 및 작업기억 지표 ○○로 경계선 수준에 속한다고 기재되어 있고, 기타 자료상 선천적인 인지저하 정도, 임상 증상 및 기능 정도 등을 고려하여 지적장애 판정기준상의 장애정도기준에 해당되지 아니한다고 판단하였으나, 행정심판청구서 등 관련 자료에 의하면 청구인은 20○○. ○. ○. 시행된 임상심리검사에서 언어이해와 지각추론 지표에서 ○○, ○○으로 각 평가받았는데 이는 작업기억 및 처리속도 지표에 비하여 상대적으로 낮은 수준에 해당하는 점수인바, 지능검사 지표 중 언어이해와 지각추론의 지표로 평가되는 기능이 일상생활에 있어 가장 필요한 것일 뿐 아니라 작업기억 및 처리속도 지표로 평가되는 기능은 반복된 연습을 통해 향상시킬 수 있어 장애정도를 판단함에 언어이해 및 지각추론 지표의 평가점수가 나머지 지표들의 점수보다 중요하게 고려되어야 하는 점, 장애인복지법 시행규칙 제3조의 규정 형식 및 취지에 따르면 피청구인이 장애정도를 결정함에 있어 국민연금공단 장애심사센터의 심사 결과에 기속된다고 볼 수는 없는 점 등을 종합적으로 고려해 보면 이 사건 처분은 피청구인의 심사재량권을 일탈·남용한 것으로서 위법·부당하므로 취소되어야 할 것이다.

7. 결론

그렇다면 이 사건 청구는 이유 있다고 할 것이므로 주문과 같이 재결한다.

신체적 · 정신적 장애가 있는 경우 시장 · 군수 · 구청장에게 장애인 등록을 신청해야 합니다. 구청장 등은 해당 신청에 대해서 국민연금공단 장애심사센터에 심사를 의뢰하는데, 통상 그 심사결과에 따라 장애정도 결정처분 또는 장애미해당 결정처분을 내리게 됩니다. 예전에는 청구인이 의료기관에서 발급받은 진단서, 소견서 등을 기초로 장애등급이 결정되었는데, 이른바 가짜 장애인이 사회 문제가 되자 신규 장애정도 판정 또는 재판정 단계에서 국민연금공단 장애심사센터의 심사를 거치도록 한 것입니다.

장애정도 심사는 행정청이 하는 다른 행정 분야와는 달리 상당히 전문적인 분야입니다. 장애정도와 관련된 처분을 내리는 부서에 의료지식을 가진 공무원은 드물 것입니다. 그러한 이유로 구청장 등은 국민연금공단 장애심사센터에서 의료 전문가가 심사한 결과를 앵무새가 따라하듯 그대로 인용하여 장애정도를 결정하는 경향이 강합니다. 담당 공무원에게 이의를 제기하면 국민연금공단 장애심사센터의 결정이 그러하다는 답변만 돌아올 뿐입니다.

이에 대해 행정심판을 청구하는 경우도 그 결과가 크게 다르지 않습니다. 거의 대부분의 시 · 도 행정심판위원회에는 의료 전문가가 행정심판위원으로 위촉되어 있지 않은 것이 현실입니다. 변호사, 법학교수 등의 법률 전문가들이 국민연금공단 장애심사센터의 전문성을 그대로 받아들여 특별히 절차적 위법이 없는 이상 기각하는 것이 대부분입니다. 이러한 문제점을 보완하기 위해 시 · 도 행정심판위원회는 감정제도를 활용하기도 하지만 역부족입니다. 시 · 도 행정심판위원회에서 다루는 분야 중에 장애정도 청구 사건에 이러한 문제가 있기 때문에 특별행정심판위원회를 설치해야 한다거나, 장애정도와 관련된 처분 발령주체를 중앙행정기관으로 변경해야 한다는 주장이 있지만, 개선될 기미는 보이지 않습니다.

이러한 상황에서 시 · 도 행정심판위원회 중 한 곳은 의사 자격을 가진 전문가를 행정심판위원으로 위촉하여 실질적인 심사를 하고 있어 주목됩니다. 그 결과 매우 낮았던 인용률이 의미 있는 수준으로 증가하였고, 설사 청구가 기각되더라도 의료 전문가를 통한 심사가 이루어져 청구인의 불만이 적은 편입니다. 국민의 한 사람으로서 앞으로 이러한 조치가 확대되기를 바랍니다.

장애정도 사건은 장애미해당 결정에 대해 다투는 경우와 장애정도 결정에 대해 다투는 경우로 구별됩니다. 장애정도 사건에서는 평소 의료기관으로부터 건강상태를 꾸준히 확인하고, 관련 의료기록을 잘 보관해 둘 필요가 있습니다. 단순히 건강상태가 좋지 않다고 주장하더라도 이를 객관적으로 증명할 자료가 없다면 좋은 결과를 기대하기 어렵습니다. 아울러 단순 통증은 장애에 해당되지 않는다는 것도 기억해 둘 필요가 있습니다.

또한 보건복지부고시 제2019-118호 장애정도심사규정 제9조 제1항은 심사는 제출된 관련서류에 의한 서면심사를 원칙으로 한다고 규정하고 있으므로, 국민연금공단 장애심사센터에서 대면진료를 하지 않고 장애판정을 하였다고 주장하더라도 받아들여지기 어려운 것이 사실입니다. 하지만 대부분의 청구인이 이러한 부분을 행정심판청구서에 담는 것에 비추어 현장의 목소리를 규정에 반영하는 것이 필요하다는 생각이 듭니다.

한편, 장애정도 관련 사건은 행정소송으로 진행하는 경우 신체감정 등을 하는 경우가 많습니다. 그 과정에서 많은 시간과 비용이 소요되므로 소송을 제기할 경우에는 이러한 절차적 특징을 염두에 두어야 합니다. 그러한 측면에서 장애정도에 대해 다툴 때에는 행정심판을 먼저 청구해 보는 것이 여러모로 유리하다고 생각됩니다.

[행정심판청구서 기재례]

사건명 : 장애정도 미해당 결정처분 취소청구
청구인 : 홍길동
피청구인 : ○○광역시 ○구청장

청 구 취 지

피청구인이 20○○. ○○. ○○. 청구인에 대하여 한 장애정도 미해당 결정처분을 취소한다.

청 구 원 인

1. 사건개요

청구인은 지적장애 정도심사를 위하여 20○○. ○. ○○. 피청구인에게 장애정도 심사를 신청하였는데, 피청구인은 국민연금공단 장애심사센터 심사결과를 토대로 20○○. ○○. ○○. 청구인에게 지적장애 미해당 결정을 내렸습니다.

이에 청구인은 20○○. ○○. ○. 위 결과에 대하여 이의신청을 하였는데 피청구인은 20○○. ○○. ○. 청구인에게 지적장애 미해당 결정(이하 '이 사건 처분'이라 합니다)을 통보하였습니다.

2. 이 사건 처분의 위법·부당성

청구인은 어려서부터 ○○○ 증후군과 경계선 지능의 성향을 보였습니다. ○○○ 증후군의 영향으로 인해 청구인의 지능은 같은 또래보다 낮았고, 놀림을 당하기 일쑤였습니다. 청구인의 부모는 고민 끝에 청구인을 일반초등학교에 입학시켰는데, 친구들로부터 따돌림을 당하기도 했습니다. 청구인의 생활기록부를 살펴보면, 청구인이 친구들과 사이가 좋지 못하고, 놀림을 당하기도 했으며, 학업 수행 능력이 현저히 떨어진다고 기재되어 있습니다.

한편, 청구인은 어려서부터 ○○○병원에서 지속적으로 언어치료, 작업치료, 놀이치료 등을 받고 있고, ○○○ 증후군으로 인해 걸음걸이에도 영향을 받아 물리치료 등을 받아 왔습니다. 청구인을 진찰해 온 ○○○병원의 주치의 소견에 의하면 청구인의 IQ는 ○○으로 지적장애에 해당되고도 남음에도 피청구인은 이를 인정하지 않았습니다.

피청구인은 이 사건 처분을 내리는 과정에서 청구인의 건강상태를 직접 확인한 적이 없고, 국민연금공단 또한 서면으로만 진찰을 진행했습니다. 위원회에서는 필요하다면 청구인의 건강상태에 대해 감정을 실시해주기 바랍니다. 객관적인 자료를 바탕으로 청구인의 장애 정도가 결정되어야 할 것입니다.

한편, 청구인의 부모는 꾸준히 청구인을 치료해오면서 상당한 수준의 부채를 지고 있는 점, 청구인이 이제 성인이 되어 주간보호센터 등의 보살핌이 필요한 점 등을 고려할 때 이 사건 처분은 취소되어야 할 것입니다.

3. 결론

이러한 사정에 비추어 이 사건 처분은 취소되어야 합니다.

입 증 방 법

갑 제1호증 처분 문서
갑 제2호증 진료기록지
갑 제3호증 진단서

갑 제4호증 생활기록부

20○○. ○○. ○○.

청 구 인 : 홍 길 동

○○광역시행정심판위원회 귀중

8장

개별공시지가 관련 청구 사건

재결사례
개별공시지가가 부당하다는 내용의 행정심판을 청구한 사례(기각)

1. 사건개요

청구인은 ○○ ○○ ○○○(이하 '이 사건 토지'라 한다)을 청구 외 ○○○, ○○○과 공동으로 소유하고 있는 자이다. 한편, 피청구인은 20○○. ○. ○○. 이 사건 토지에 대하여 20○○년도 개별공시지가를 m² 당 40,500원으로 결정한 후 공시하였다.

청구인은 피청구인에게 위 개별공시지가 결정이 부당하다는 내용으로 이의신청을 하였는데, 피청구인은 20○○. ○. ○○. 청구인에게 위 이의신청을 기각하는 내용의 통지(이하 '이 사건 처분'이라 한다)를 하였다.

이후 청구인은 20○○. ○○. ○○. 이 사건 처분의 취소를 구하는 행정심판을 청구하였다.

2. 청구인 주장

이 사건 토지가 개발제한구역으로 지정되어 개별공시지가가 잘못된 감정평가로 인하여 시세를 반영하지 못하고 너무 낮게 결정되어 있는 점, 이 사건 처분은 위법하고 부당하며, 개발되지 못한 것으로 인한 손실보상이 반영되어야 하는 점 등을 고려하여 이 사건 처분을 취소하여 주기 바란다.

3. 피청구인 주장

이 사건 토지는 ○○○○공원 북쪽의 임야로 고저 완경사, 토지형상 사다리형, 도로접면은 도로가 없는 맹지이며, 이 사건 토지에 대한 비교표준지 선정은 적정하였다.

이 사건 토지의 공시지가는 20○○년 대비 28.16% 상승하였고, 이는 ○구 표준공시지가 상승률(9.81%), ○구 전체 공시지가 상승률(9.82%)에 비해 큰 폭으로 인상된 것이다.

또한, 청구인은 사업시행 전 지가를 상승시켜 많은 보상액을 받고자 하는 심리적 기대감을 바탕으로 이의제기를 한 것인바, 이는 개발 사업이 있을 때마다 생기는 현상에 불과하다.

개별공시지가는 각종 세금 부과기준으로 적용될 뿐이고, 토지 보상가격과는 전혀 무관하다. 또한 공원구역은 개발행위가 금지되는 등으로 개별공시지가가 낮게 산정되고 있는바, 현 상태에서 인위적으로 지가를 높일 수는 없다.

따라서 이 사건 청구는 기각되어야 한다.

4. 관계법령

가. 부동산 가격공시에 관한 법률(이하 '부동산공시법'이라

한다) 제10조 제1항, 제4항, 제5항

나. 부동산 가격공시에 관한 법률 시행령 제17조 제1항, 제
21조 제1항 및 제2항

5. 인정사실

양 당사자 사이 다툼이 없는 사실, 청구인과 피청구인이 제출
한 청구서, 답변서 및 증거 자료 등 제출된 각 사본의 기재에
의하면 다음 사실을 인정할 수 있다.

가. 피청구인이 20○○. ○. ○○. 20○○. 1. 1. 기준 개별
공시지가를 m^2 당 40,500원으로 결정 공시하였다.

나. 피청구인이 20○○. ○. ○○. 청구인에게 20○○년도
개별공시지가 이의신청을 기각한다는 내용의 통지를 하
였다.

6. 판단

가. 부동산공시법 제10조 제1항, 제4항 및 제5항에 따르면
시장·군수 또는 구청장이 개별공시지가를 결정·공시하
는 경우에는 당해 토지와 유사한 이용가치를 지닌다고
인정되는 하나 또는 둘 이상의 표준지의 공시지가를 기
준으로 토지 가격 비준표를 사용하여 지가를 산정하되,
당해 토지의 가격과 표준지공시지가가 균형을 유지하도
록 하여야 하고, 개별공시지가를 결정·공시하기 위하여
개별토지의 가격을 산정한 때에는 그 타당성에 대하여
감정평가업자의 검증을 받고 토지소유자 그 밖의 이해
관계인의 의견을 들어야 한다고 규정하고 있다.

또한, 같은 법 시행령 제17조 제1항에 따라 국토교통부

장관은 개별공시지가의 조사·산정의 기준을 정하여 시장·군수 또는 구청장에게 통보하여야 하고, 시장·군수 또는 구청장은 그 기준에 따라 개별공시지가를 조사·산정하여야 하며 제21조 제1항 및 제2항에 따라 매년 5월 31일까지 개별공시지가를 조사기준일, 공시필지의 수 및 개별공시지가의 열람방법 등 개별고시지가의 결정에 관한 사항 및 이의신청의 기간·절차 및 방법에 대한 사항을 해당 시·군 또는 구의 게시판 또는 인터넷 홈페이지에 게시하여야 한다.

나. 청구인의 주장에 관하여 본다.

① 피청구인은 이 사건 토지에 대한 개별공시지가의 산정 기준이 되는 표준지로 ○○ ○○ ○○동 ○○○을 선정하고, 토지가격비준표를 사용하여 m² 당 40,500원으로 개별공시지가를 산정한 점, ② 이 사건 토지의 개별공시지가는 m² 당 20○○년 28,600원, 20○○년 29,600원, 20○○년 31,600원, 20○○년 40,500원으로 상승 추세에 있는 점, ③ 개별공시지가는 부동산 가격공시에 관한 법률 제10조에 의거 각종 세금부과기준의 목적으로 지가를 산정하는 것으로 청구인이 주장하는 부동산 개발의 기대감으로 인한 지가상승이나 개발되지 못함에 따른 손실보상과는 무관한 것인 점, ④ 피청구인은 표준지공시지가에 토지가격비준표를 사용하여 산정된 지가와 감정평가업자의 검증의견 및 토지소유자 등의 의견을 종합하여 당해 토지에 대하여 표준지공시지가와 균형을 유지한 개별공시지가를 결정할 수 있고, 그와 같이 결정된 개별공시지가가 표준지공시지가와 균

형을 유지하지 못할 정도로 현저히 불합리하다는 등의 특별한 사정이 없는 한, 결과적으로 토지가격비준표를 사용하여 산정한 지가와 달리 결정되었거나 감정평가사의 검증의견에 따라 결정되었다는 이유만으로 그 개별공시지가의 결정이 위법하다고 볼 수는 없는바(대법원 2013. 11. 14. 선고 2012두15364 판결, 대법원 1996. 9. 20. 선고 95누11931 판결 등 참조), 피청구인이 관련 법률에 따라 이 사건 토지와 유사한 이용가치를 지닌다고 인정되는 표준지를 선정하여 여러 요소를 적용한 후 그에 대하여 감정평가업자로부터 검증을 받고, 부동산가격공시위원회를 거쳐 결정한 이 사건 토지에 대한 개별공시지가가 부당하다는 청구인의 주장 외에는 위 결정이 현저히 부당하다는 객관적인 증거가 없는 점 등을 종합적으로 고려할 때 청구인의 주장은 이유 없다고 판단된다.

7. 결론

따라서 이 사건 청구는 이유 없다 할 것이므로 주문과 같이 재결한다.

한번쯤 시청·군청·구청 게시판에 '20○○년도 개별공시지가 열람 및 이의신청'이라고 적힌 현수막을 본 적이 있을 것입니다. 토지를 소유하고 있다면 이러한 현수막이 더욱 눈에 잘 들어왔을 것입니다. 개별공시지가란 표준지공시지가를 기준으로 산정한 개별토지에 대한 단위면적당 가격을 말합니다. 개별공시지가는 국토교통부장관이 매년 공시하는 표준지공시지가를 기준으로 시장·군수·구청장이 조사·산정한 공시지가로 토지의 특성을 바탕으로 결정합니다.

한편, 개별공시지가는 양도소득세·증여세·상속세 등 국세와 재산세·취득세 등 지방세는 물론 개발부담금·농지전용부담금 등을 산정하는 기초자료로 활용됩니다. 따라서 개별공시지가는 현재 당해 토지의 시세와 관련이 없습니다. 그럼에도 대부분의 청구인은 개별공시지가로 낮게 책정된 경우 주변 시세와 비교하여 개별공시지가가 낮게 산정되었다고 주장하는 경우가 많은데, 이러한 주장은 받아들여지기 어렵습니다. 이와 반대로 각종 세금 등의 부담을 이유로 개별공시지가가 높게 산정되었다고 주장하는 경우도 있습니다.

그렇다면 개별공시지가 사건에서 가장 중요한 열쇠는 무엇일까요? 그것은 바로 표준지입니다. 표준지란 대상 토지를 평가할 때 평가의 기준으로 삼는 토지를 말합니다. 표준지가 당해 토지의 면적, 모양, 용도, 위치, 도로유무, 특성 등과 비교하여 잘못 선정되었다면 개별공시지가 또한 잘못 선정되었을 것이므로 해당 처분은 취소될 가능성이 높아집니다. 따라서 개별공시지가를 다투기 위해서는 일단 표준지 선정이 적법했는지에 초점을 맞출 필요가 있습니다.

또한, 개별공시지가를 산정·결정하기 위해서는 시장·군수·구청장은 감정평가업자로부터 표준지 선정에 대한 검증을 받고, 부동산가격공시위원회를 거치게 됩니다. 따라서 이러한 절차를 거쳐 개별공시지가가 결정되었는지도 살펴볼 필요가 있습니다.

실무적으로는 개별공시지가의 조정은 이의신청 단계에서 이루어지는 것이 보통이고, 행정심판 단계에서 조정되는 경우는 극히 드뭅니다. 따라서 행정심판을 청구하기 전 관계 행정청에 당해 토지의 특성 등에 비추어 표준지 선정이 잘못되었다거나, 표준지가 제대로 선정되었다 하더라도 토지의 특성 등에 비추어 개별공시지가가 지나치게 낮게(또는 높게) 산정되었다는 주장을 적극적으로 할 필요가 있습니다.

[행정심판청구서 기재례]

사건명 : 개별공시지가 결정처분 취소청구
청구인 : 홍길동
피청구인 : ○○광역시 ○구청장

청 구 취 지

피청구인이 20○○. ○○. ○○. 청구인에 대하여 한 개별공시지가 결정처분을 취소한다.

청 구 원 인

1. 사건개요

청구인은 ○○ ○○ ○○○(이하 '이 사건 토지'라 합니다)을 소유하고 있습니다. 한편, 피청구인은 20○○. ○. ○○. 이 사건 토지에 대하여 20○○년도 개별공시지가를 m^2 당 30,000원으로 결정한 후 공시하였습니다.

청구인은 피청구인에게 위 개별공시지가 결정이 부당하다는 내용으로 이의신청을 하였는데, 피청구인은 20○○. ○. ○○. 청구인에게 위 이의신청을 기각하는 내용의 통지(이하 '이 사건 처분'이라 합니다)를 하였습니다.

2. 이 사건 처분의 위법 · 부당성

이 사건 토지는 ○○공원 옆에 위치해 있는데, 최근 ○○공원에 대한 개발허가가 내려져 주변 가격 토지가격이 폭등하고 있는 상황입니다. 그런데 피청구인이 내린 이 사건 토지에 대한 개별공시지가는 이러한 현 시세를 전혀 반영하고 있지 않습니다.

이 사건 토지는 도로에 한쪽이 접해 있고, 모양이 정사각형에 가까우며, 면적은 1천 m^2 정도로서 이 사건 토지에 대한 표준지로 선정된 ○○○ 토지와는 그 여건이 매우 다릅니다. 오히려 이 사건 토지의 표준지로는 도로에 접해 있고, 모양 및 면적, 이용 현황 등이 유사한 ○○○ 토지가 되어야 할 것인데, 피청구인은 어떠한 영문인지 이 사건 토지에 대한 표준지로 위 ○○○ 토지를 잘못 선정하였습니다. 한편, 피청구인은 이 사건 토지에 대한 표준지공시지가 및 토지가격 비준표를 검증함에 있어 한 군데의 감정평가업자를 선정한 바 있습니다. 통상 두 군데 이상의 감정평가업자에게 감정을 의뢰하는 실무에 비추어 보면 이례적이라 하겠습니다.

결국 피청구인은 이 사건 처분 과정에서 표준지를 잘못 선정하였고, 감정평가업자의 감정을 받는 과정도 이례적이었는바, 이 사건 처분은 위법하므로 취소되어야 합니다.

3. 결론

이러한 사정에 비추어 이 사건 처분을 취소해 주시기 바랍니다.

입 증 방 법

갑 제1호증 처분 문서

갑 제2호증 토지이용현황도

갑 제3호증 이 사건 토지 인근 시세

20○○．○○．○○．

청 구 인 : 홍 길 동

○○광역시행정심판위원회 귀중

9장 ──────── 행정심판 사례

정보공개 관련 청구 사건

재결사례 1

공공기관의 정보공개에 관한 법률 제9조 제1항 제6호에 따른 비공개 결정처분에 대해 행정심판을 청구한 사례 (인용)

1. 사건개요

청구인은 20○○. ○. ○○. 피청구인에게 20○○. ○○. ○○. 및 정보공개 청구일 현재 ○○ ○○ ○○○ ○○마을 노인회(이하 '이 사건 노인회'라 한다) 회원의 성명, 생년월일, 주소가 포함된 명단(이하 '이 사건 정보'라 한다)을 공개할 것을 청구(이하 '이 사건 정보공개 청구'라 한다)하였다.

이에 대해 피청구인은 20○○. ○. ○○. 개인정보 보호법 제3조, 제18조에 근거하여 청구인에게 이 사건 노인회의 동의 없이 이 사건 정보를 공개할 수 없다는 이유로 정보비공개 결정통지(이하 '이 사건 처분'이라 한다)를 하였다.

이에 청구인은 20○○. ○. ○. 이 사건 처분에 대해서 취소를 구하는 행정심판을 청구하였다.

2. 청구인 주장

이 사건 정보는 청구인 마을회 조직의 일부인 이 사건 노인회 구성원에 관한 것이다. 피청구인은 이 사건 노인회가 20○○. ○○. ○○. 35명에서 같은 해 말경 40명으로 증가하였다고 하고 있으나, 현재 청구인 마을의 노인은 20명 정도에 불과한 바, 이는 이 사건 노인회 회장이 부당하게 수급비를 많이 받으려고 허위로 청구한 것에 기인한 것이다.

또한, 청구인 마을의 일부 노인들이 20○○. ○. ○. 이 사건 노인회를 탈퇴한 사실도 있으며, 청구인 마을의 마을자금을 이 사건 노인회가 반환하지 않는 등 청구인 마을회의 활동에 어려움이 있다.

청구인은 이러한 이유로 실제로 마을에 거주하고 있는 노인의 명단을 알기 위해 이 사건 정보공개 청구를 한 것인바, 이 사건 처분은 취소되어야 한다.

3. 피청구인 주장

이 사건 노인회는 노인복지법 제36조에 따른 노인여가복지시설 중 하나인 경로당으로 성명, 생년월일, 주소가 포함된 이 사건 정보는 개인정보에 해당하는바, 개인정보 보호법 제3조 제2항, 제18조에 따라 개인정보의 목적외 이용·제공은 제한되어야 한다.

청구인 마을회와 이 사건 노인회는 마을자치 조직으로 이 사건 정보는 청구인이 직접 이 사건 노인회를 통해 제공받아야 하는바, 이 사건 청구는 기각되어야 한다.

4. 관계법령

가. 공공기관의 정보공개에 관한 법률(이하 '정보공개법'이라 한다) 제9조, 제11조, 제14조, 제21조

5. 인정사실

양 당사자 사이 다툼이 없는 사실, 청구인과 피청구인이 제출한 청구서, 답변서 및 증거 자료 등 제출된 각 사본의 기재에 의하면 다음 사실을 인정할 수 있다.

가. 청구인은 20○○. ○. ○○. 피청구인에게 이 사건 정보공개 청구를 하였다.

나. 피청구인은 20○○. ○. ○○. 청구인에게 이 사건 노인회의 동의 없이 이 사건 정보를 공개할 수 없다는 이유로 이 사건 처분을 내렸다.

다. 청구인은 20○○. ○. ○. 이 사건 행정심판을 청구하였다.

6. 판단

가. 정보공개법 제9조 제1항 제6호에 따르면 공공기관이 보유·관리하는 정보는 원칙적으로 공개하도록 되어 있으나, 성명·주민등록번호 등 개인에 관한 사항으로 공개될 경우 사생활의 비밀 또는 자유를 침해할 우려가 있다고 인정되는 정보는 공개하지 아니할 수 있다.

또한, 제11조 제3항에 의하면 공공기관은 공개 청구된 공개 대상 정보의 전부 또는 일부가 제3자와 관련이 있다고 인정할 때에는 그 사실을 제3자에게 지체 없이 통지하여야 하며, 필요한 경우에는 그의 의견을 들을 수

있고, 제21조 제1항에 따르면 제11조 제3항에 따라 공개 청구된 사실을 통지받은 제3자는 그 통지를 받은 날부터 3일 이내에 해당 공공기관에 대하여 자신과 관련된 정보를 공개하지 아니할 것을 요청할 수 있으며, 제14조에 의하면 공개 청구한 정보가 제9조 제1항 각 호의 어느 하나에 해당하는 부분과 공개 가능한 부분이 혼합되어 있는 경우로서 공개 청구의 취지에 어긋나지 아니하는 범위에서 두 부분을 분리할 수 있는 경우에는 제9조 제1항 각 호의 어느 하나에 해당하는 부분을 제외하고 공개하여야 한다.

나. 피청구인의 주장에 관하여 본다.

① 정보공개법 제3조는 공공기관이 보유·관리하는 정보는 국민의 알권리 보장 등을 위하여 이 법에서 정하는 바에 따라 적극적으로 공개하여야 한다고 규정하고 있고, 피청구인과 같은 개인정보처리자는 개인정보 보호법 제17조 제1항, 제18조 제1항에 따라 제3자에게 개인정보를 제공할 수 있는바, 청구인의 지위, 이 사건 정보의 내용에 비추어 볼 때 이 사건 정보 중 일부가 공개되더라도 이 사건 정보 주체의 사생활의 비밀 또는 자유를 침해할 우려가 있다고 보기 어려운 점, ② 피청구인은 이 사건 정보가 제3자와 관련된 정보라고 판단하였다면 정보공개법 제21조 제1항에 따른 통지 절차를 이행하였어야 함에도 그러하지 아니한 점, ③ 정보공개법 제14조에 따르면 공개 청구한 정보가 제9조 제1항 각 호의 어느 하나에 해당하는 부분과 공개 가능한 부분이 혼합되어 있는 경우로서 공개 청구의 취지에 어긋

나지 아니하는 범위에서 두 부분을 분리할 수 있는 경우에는 제9조 제1항 각 호의 어느 하나에 해당하는 부분을 제외하고 공개하여야 하는바, 피청구인으로서는 충분히 이 사건 정보 중 공개 가능한 부분과 공개가 가능하지 않은 부분을 나누어 공개결정을 할 수 있었을 것으로 보이는 점 등을 종합적으로 고려해 볼 때, 피청구인의 위 주장은 이유 없다.

7. 결론

그렇다면 이 사건 청구는 이유 있다 할 것이므로 주문과 같이 재결한다.

재결사례 2
공공기관의 정보공개에 관한 법률 제9조 제1항 제7호에 따른 비공개 결정처분에 대해 행정심판을 청구한 사례 (인용)

1. 사건개요

청구인은 20○○. ○. ○○. 피청구인에게 ○○ ○○ ○○○ 소재 ○○○○○○○○○ 집합건물의 공용부분에 대한 상가 건축허가와 관련된 ○○○○승낙서(이하 '이 사건 정보'라 한다)를 공개할 것을 청구(이하 '이 사건 정보공개 청구'라 한다)하였다.

이에 대해 피청구인은 20○○. ○. ○. 공공기관의 정보공개에 관한 법률(이하 '정보공개법'이라 한다) 제9조제1항 제6호에 근거하여 청구인에게 이 사건 정보를 공개할 경우 개인 사생활의 비밀 또는 자유를 침해할 우려가 있다는 이유로 정보 비공개 결정통지를 하였다.

청구인은 이에 대하여 이의신청을 하였는데, 피청구인은 20○○. ○. ○○. 정보공개법 제9조제1항 제7호에 근거하여 법인의 경영상·영업상 비밀에 관한 사항으로 공개될 경우 법인 등의 정당한 이익을 현저히 해칠 우려가 있다는 이유로 비공개 결정(이하 '이 사건 처분'이라 한다)을 하였다.

2. 청구인 주장

이 사건 정보는 성명·주민등록번호 등 개인에 관한 정보가 아니므로 정보공개법 제9조 제1항 제6호의 비공개 사유에 해당하지 않고, 설령 위 문서에 개인정보가 포함되어 있다면 정보

공개법 제14조(부분공개)에 따라 개인정보를 지우고 부분공개
하면 된다.

또한, 이 사건 정보는 법인의 경영상·영업상 비밀에 관한 사
안으로 공개될 경우 법인 등의 정당한 이익을 현저히 해칠 우
려가 있다고 인정되는 문서가 아니다. 이 사건 정보는 청구인
이 ○○○○○○○○○○○의 이사장으로 재임하던 시절 피
청구인에게 제출한 것으로서, 공개한다고 하여 ○○○○○○
○○○○○의 경영상, 영업상 비밀을 해할 우려가 있다고 보
기도 어렵다.

따라서 피청구인이 이 사건 정보공개 청구에 대해 비공개 결정
을 한 것은 위법·부당하므로 이 사건 처분은 취소되어야 한다.

3. 피청구인 주장

건축허가 시 건축주가 관할 구청에 제출한 자료는 개인정보에
해당하는바, 공개될 경우 법인, 단체 간의 분쟁 및 범죄 등에
악용되어 국민의 재산보호에 현저한 지장을 초래할 수 있다.
청구인의 이의신청에 대해 피청구인은 행정정보공개심의 위원
회에서 비공개 의결하였다. 이 사건 정보는 개인의 사생활의
비밀 또는 자유를 침해할 우려가 있고, 법인·단체의 경영상·
영업상 비밀에 관한 사항으로서 정당한 이익을 현저히 해칠
우려가 있는바, 이 사건 청구는 기각되어야 한다.

4. 관계법령

　가. 공공기관의 정보공개에 관한 법률 제9조, 제11조, 제14조,
　　　제21조

5. 인정사실

양 당사자 사이 다툼이 없는 사실, 청구인과 피청구인이 제출한 청구서, 답변서 및 증거 자료 등 제출된 각 사본의 기재에 의하면 다음 사실을 인정할 수 있다.

　가. 청구인은 20○○. ○. ○○. 피청구인에게 이 사건 정보공개 청구를 하였는데, 이에 대해 피청구인은 20○○. ○. ○. 청구인에게 정보비공개 결정통지를 하였다.

　나. 청구인은 20○○. ○. ○. 피청구인에게 정보비공개 결정통지에 대한 이의신청을 접수하였고, 피청구인은 20○○. ○. ○○. 청구인에게 이의신청에 대한 기각통지를 하였다.

　다. 청구인은 20○○. ○. ○○. 행정심판을 청구하였다.

6. 판단

　가. 정보공개법 제9조 제1항 제6호 및 제7호에 따르면 공공기관이 보유·관리하는 정보는 원칙적으로 공개하도록 되어 있으나, 성명·주민등록번호 등 개인에 관한 사항으로 공개될 경우 사생활의 비밀 또는 자유를 침해할 우려가 있다고 인정되는 정보, 법인·단체 또는 개인(이하 "법인 등"이라 한다)의 경영상·영업상 비밀에 관한 사항으로서 공개될 경우 법인 등의 정당한 이익을 현저히 해칠 우려가 있다고 인정되는 정보는 공개하지 아니할 수 있다.

　　또한, 제11조 제3항에 의하면 공공기관은 공개 청구된 공개 대상 정보의 전부 또는 일부가 제3자와 관련이 있다고 인정할 때에는 그 사실을 제3자에게 지체 없이 통지하여야 하며, 필요한 경우에는 그의 의견을 들을 수 있고, 제21조 제1항에 따르면 제11조 제3항에 따라 공개 청구된 사실을 통지받은 제3자는 그 통지를 받은 날부터 3일 이내에 해당 공공기관에 대하여 자신과 관련된 정보를 공개하지 아니할 것을 요청할 수 있으며, 제14조에 의하면 공개 청구한 정보가 제9조 제1항 각 호의 어느 하나에 해당하는 부분과 공개 가능한 부분이 혼합되어 있는 경우로서 공개 청구의 취지에 어긋나지 아니하는 범위에서 두 부분을 분리할 수 있는 경우에는 제9조 제1항 각 호의 어느 하나에 해당하는 부분을 제외하고 공개하여야 한다.

나. 피청구인의 주장에 관하여 본다.

① 정보공개법 제9조 제1항 제7호에서 말하는 법인 등의 경영·영업상 비밀은 타인에게 알려지지 아니함이 유리한 사업활동에 관한 일체의 정보 또는 사업활동에 관한 일체의 비밀사항을 의미하는 것이고, 공개 여부는 공개를 거부할 만한 정당한 이익이 있는지 여부에 따라 결정되어야 하며, 정당한 이익 유무를 판단할 때에는 국민의 알권리를 보장하고 국정에 대한 국민의 참여와 국정 운영의 투명성을 확보함을 목적으로 하는 구 정보공개법의 입법 취지와 아울러 당해 법인 등의 성격, 당해 법인 등의 권리, 경쟁상 지위 등 보호받아야할 이익의 내용·성질 및 당해 정보의 내용·성질 등에 비추어 당해 법인 등에 대한 권리보호의 필요성, 당해 법인 등과 행정과의 관계 등을 종합적으로 고려해야 하는바(대법원 2014. 7. 24. 선고 2012두12303 판결 참조), 이 사건

정보는 청구인이 ○○○○○○○○○○○의 대표자로 재직하던 당시 피청구인에게 건축허가를 받기 위해 제출한 것으로서, 특별히 이 사건 정보가 위 조합의 경영, 영업상 비밀에 해당한다고 보기 어려워 보일 뿐만 아니라, 공개된다고 하여 위 조합의 정당한 이익을 현저히 해칠 우려가 있다고 인정될 만한 증거가 부족한 점, ② 피청구인은 이 사건 정보가 제3자와 관련된 정보라고 판단하였다면 정보공개법 제21조 제1항에 따른 통지 절차를 이행하였어야 함에도 그러하지 아니한 점, ③ 정보공개법 제14조에 따르면 공개 청구한 정보가 제9조 제1항 각 호의 어느 하나에 해당하는 부분과 공개 가능한 부분이 혼합되어 있는 경우로서 공개 청구의 취지에 어긋나지 아니하는 범위에서 두 부분을 분리할 수 있는 경우에는 제9조 제1항 각 호의 어느 하나에 해당하는 부분을 제외하고 공개하여야 하는바, 피청구인으로서는 충분히 이 사건 정보들 중 공개 가능한 부분과 공개가 가능하지 않은 부분을 나누어 공개결정을 할 수 있었을 것으로 보이는 점 등을 종합적으로 고려해볼 때, 피청구인의 위 주장은 이유 없다고 판단된다.

7. 결론

결론적으로 이 사건 청구는 이유 있으므로 인용하기로 하여 주문과 같이 재결한다.

공무원에게 가장 곤혹스러운 법률을 고른다면 민원 처리에 관한 법률과 공공기관의 정보공개에 관한 법률(이하 '정보공개법'이라 합니다)일 것입니다. 그중 정보공개법은 그야말로 '국민이 왕'인 법률이라고 할 수 있을 정도로 국민의 공공기관이 보유한 정보에의 접근권을 광범위하게 보장하고 있습니다. 행정의 투명성이 강조되고 있고, 국민의 알권리 또한 신장되고 있는 현실을 반영한 입법이라고 생각됩니다. 한편, 정보공개 관련 사건의 인용률이 다른 사건에 비해 상대적으로 높은 이유에 대해서는 제1부 제2강에서 살펴본 것과 같습니다.

정보공개 청구 사건은 크게 정보비공개처분, 정보부분공개처분, 정보부존재결정처분에 대한 것으로 구분할 수 있습니다. 정보비공개처분, 정보부분공개처분과는 달리 정보부존재결정처분은 해당 행정청에서 공개 청구된 정보를 보유하고 있지 않다는 이유로 내려지는 것으로서 공개를 구하는 정보를 피청구인이 보유·관리하고 있을 상당한 개연성이 있다는 점에 대하여 원칙적으로 공개청구자에게 증명책임이 있습니다(대법원 2004. 12. 9. 선고 2003두12707 판결 참조). 따라서 단순히 행정청에 해당 정보를 보유하고 있을 것이라는 주장으로는 부족하고, 해당 정보를 보유하고 있을 상당한 개연성이 있다는 점에 대해 적극적으로 입증해야 합니다.

공공기관은 정보공개의 청구를 받으면 그 청구를 받은 날부터 10일 이내에 공개 여부를 결정해야 하고(정보공개법 제11조 제1항), 부득이하게 그 기간 이내에 공개 여부를 결정할 수 없을 때에는 10일의 범위에서 기간을 연장할 수 있습니다(제11조 제2항). 한편, 공공기관은 공고 대상 정보가 제3자와 관련이 있다고 인정할 때에는 그 사실을 지체 없이 제3자에게 통지해야 하고, 필요한 경우 그의 의견을 들을 수 있는데(제11조 제3항), 제3자가 제21조에 따라 비공개의견을 제출하였다고 하더라도 공공기관은 이에 기속되는 것은 아니므로 이를 비공개사유로 삼는 것은 정당하다고 보기 어렵습니다. 또한, 국가기관등은 정보공개 여부 등을 심의하기 위해 정보공개심의회를 설치·운영하는데(제12조 제1항), 공공기관이 정보공개심의위원회의 의견에 기속되는 것은 아니므로 역시 이를 이유로 비공개하는 것 또한 정당하다고 보기 어렵습니다(보통 피청구인은 정보공개심의위원회에서 비공개 결정을 하였다는 것을 처분의 근거로 주장하는 경우가 많은데, 이는 받아들여지기 어려운 주장입니다).

또한, 공공기관은 공개 청구한 정보가 비공개부분과 공개 가능한 부분이 혼합되어 이는 경우로서 공개 청구의 취지에 어긋나지 않는 범위에서 두 부분을 분리할 수 있는 경우에는 비공개부분을 제외하고 공개해야 합니다(제14조). 따라서 여기에 해당함에도 분리하지 않고 공개 청구된 정보 전체를 비공개하는 것은 위법하게 됩니다.

청구인은 정보공개와 관련한 공공기관의 비공개 결정 또는 부분 공개 결정에 대하여 불복이 있거나 정보공개 청구 후 20일이 경과하도록 정보공개 결정이 없는 때에는 공공기관으로부터 정보공개 여부의 결정 통지를 받은 날 또는 정보공개 청구 후 20일이 경과한 날부터 30일 이내에 해당 공공기관에 문서로 이의신청을 할 수 있습니다(제18조 제1항). 이의신청을 각하 또는 기각하는 결정이 내려진 경우 청구인은 행정심판 또는 행정소송을 제기할 수 있습니다. 그리고 청구인은 정보공개와 관련한 공공기관의 결정에 대하여 불복이 있거나 정보공개 청구 후 20일이 경과하도록 정보공개 결정이 없는 때에는 행정심판법에서 정하는 바에 따라 행정심판을 청구할 수 있고(제19조 제1항), 제18조에 따른 이의신청 절차를 거치지 아니하고 행정심판을 청구할 수도 있습니다(제19조 제2항).

정보공개법에서 가장 중요한 조항은 바로 제9조 제1항 단서 소정의 비공개 대상 정보 규정입니다. 이 규정에서 실무상 자주 문제되는 규정은 제5호, 제6호, 제7호입니다.

먼저, 정보공개법 제9조 제1항 제5호는 "감사·감독·검사·시험·규제·입찰계약·기술개발·인사관리에 관한 사항이나 의사결정 과정 또는 내부 검토 과정에 있는 사항 등으로서 공개될 경우 업무의 공정한 수행이나 연구·개발에 현저한 지장을 초래한다고 인정할 만한 상당한 이유가 있는 정보. 다만, 의사결정 과정 또는 내부검토 과정을 이유로 비공개할 경우에는 의사결정 과정 및 내부검토 과정이 종료되면 제10조에 따른 청구인에게 이를 통지하여야 한다."고 규정하고 있습니다. 제5호에 따라 공개될 경우 업무의 공정한 수행이나 연구·개발에 현저한 지장을 초래한다고 인정할 만한 상당한 이유가 있는 정보에 해당한다고 하더라도, 의사결정 과정 또는 내부검토 과정을 이유로 비공개할 경우에는 의사결정 과정 및 내부검토 과정이 종료되면 청구인에게 이를 통지하여야 합니다. 따라서 의사결정 과정 및 내부검토 과정이 끝났음에도 이를 이유로 비공개하는 것은 위법합니다.

다음으로 제6호입니다. 정보공개법 제9조 제1항 제6호 본문은 "해당 정보에 포함되어 있는 성명·주민등록번호 등 개인에 관한 사항으로서 공개될 경우 사생활의 비밀 또는 자유를 침해할 우려가 있다고 인정되는 정보"를 비공개대상정보의 하나로 규정하고 있습니다. 여기에서 말하는 비공개대상 정보에는 성명·주민등록번호 등 '개인식별정보'뿐만 아니라 그 외에 정보의 내용에 따라 '개인에 관한 사항의 공개로 인하여 개인의 내밀한 내용의 비밀 등이 알려지게 되고, 그 결과 인격적·정신적 내면생활에 지장을 초래하거나 자유로운 사생활을 영위할 수 없게 될 위험성이 있는 정보'도 포함됩니다. 따라서 불기소처분 기록이나 내사기록 중 피의자신문조서 등 조서에 기재된 피의자 등의 인적사항 이외의 진술내용 역시 개인의 사생활의 비밀 또는 자유를 침해할 우려가 인정되는 경우에는 위 비공개대상정보에 해당합니다(대법원 2017. 9. 7. 선고 2017두44558 판결 참조). 이 규정 형식을 눈여겨보면 제5호 및 제7호와 달리 '상당한', '정당한', '현저히' 등의 문구가 없는 것을 발견할 수 있습니다. 따라서 피청구인이 제6호를 이유로 비공개하는 경우에는 제5호 및 제7호와는 달리 피청구인의 재량권의 범위가 넓어져 해당 처분의 취소가 상대적으로 더 쉽지 않음을 유의할 필요가 있습니다.

마지막으로 제7호입니다. 정보공개법 제9조 제1항 제7호 본문은 "법인·단체 또는 개인(이하 "법인등"이라 한다)의 경영상·영업상 비밀에 관한 사항으로서 공개될 경우 법인등의 정당한 이익을 현저히 해칠 우려가 있다고 인정되는 정보"를 비공개대상정보의 하나로 규정하고 있습니다. 여기에서 말하는 '법인등의 경영·영업상 비밀'은 '타인에게 알려지지 아니함이 유리한 사업활동에 관한 일체의 정보' 또는 '사업활동에 관한 일체의 비밀 사항'을 의미하는 것이고, 그 공개 여부는 공개를 거부할 만한 정당한 이익이 있는지에 따라 결정되어야 하며, 이러한 정당한 이익이 있는지는 정보공개법의 입법 취지에 비추어 이를 엄격하게 판단하여야 합니다(대법원 2018. 4. 12. 선고 2014두5477 판결 참조).

그런데 정보공개청구가 권리남용으로 제한되는 경우도 있으므로 주의해야 합니다. 이에 대해 대법원은 "일반적인 정보공개청구권의 의미와 성질, 정보공개법의 규정 내용과 입법 목적, 정보공개법이 정보공개청구권의 행사와 관련하여 정보의 사용 목적이나 정보에 접근하려는 이유에 관한 어떠한 제한을 두고 있지 아니한 점 등을 고려하면, 국민의 정보공개청구는 정보공개법 제9조에 정한 비공개 대상정보에 해당하지 아니하는 한 원칙적으로 폭넓게 허용되어야 하지만, 실제로는 해당 정보를 취득 또는 활용한 의사가 전혀 없이 정보공개 제도를 이용하여 사회통념상 용인될 수 없는 부당한 이득을 얻으려 하거나, 오로지 공공기관의 담당공무원을 괴롭힐 목적으로 정보공개청구를 하는 경우처럼 권리의 남용에 해당하는 것이 명백한 경우에는 정보공개청구권의 행사를 허용하지 아니하는 것이 옳다(대법원 2015. 1. 29. 선고 2013두25603 판결 참조)."고 하였는데, 공공기관을 괴롭힐 목적으로 무차별적으로 정보공개 청구를 하는 것은 정당하지 않음을 기억할 필요가 있습니다.

[행정심판청구서 기재례]

사건명 : 정보공개 의무이행청구

청구인 : 홍길동

피청구인 : ○○광역시 ○구청장

청 구 취 지

피청구인이 청구인에 대하여 ○○ ○○ ○○○ ○○○ 지상 신축 건물과 관련한 건축물 사용승인 자료를 공개하라.

청 구 원 인

1. 사건개요

청구인은 ○○ ○○ ○○○ ○○○○ 소유자로서, 20○○. ○. ○○. 피청구인에게 ○○ ○○ ○○○ ○○○○ 지상 신축 건물(이하 '이 사건 건물'이라 합니다)과 관련한 건축물 사용승인 자료(이하 '이 사건 정보'라 합니다)에 대한 정보공개 청구(이하 '이 사건 정보 공개 청구'라 합니다)를 하였습니다.

그런데 피청구인은 20○○. ○○. ○○. 공공기관의 정보공개에 관한 법률(이하 '정보공개법'이라 합니다) 제9조 제1항, 제11조 제3항에 근거하여 이 사건 정보가 개인에 관한 사항으로서 사생활 비밀 또는 자유를 침해할 우려가 있으며, 이 사건 건물 건축주 등의 비공개 요청을 이유로 정보비공개 결정처분(이하 '이 사건 처분'이라 합니다)을 하였습니다.

2. 이 사건 처분의 위법성(정보공개의 필요성)

이 사건 건물이 신축되어 그에 인접하여 거주하고 있는 청구인은 매일 참기 어려운 소음과 먼지 등으로 환경권을 침해받고 있습니다. 아울러 이 사건 건물 신축 공사로 인해 그에 인접한 청구인의 토지 및 지상 건물에 대한 재산권이 침해되고 있습니다. 청구인은 이 사건 정보에 대해 공개청구를 하면서 개인정보와 관련된 부분은 가리고 부분공개해 줄 것을 요청하였으므로 이 사건 정보가 공개된다고 하더라도 건축주의 사생활 또는 자유가 침해된다고 볼 수는 없습니다. 한편, 피청구인은 이 사건 처분을 내리면서 정보공개법상 정보공개 심의위원회도 거치지 않았고, 제3자인 건축주가 정보 공개에 대해 비동의하더라도 이에 기속되는 것도 아님에도 건축주의 비공개 요청을 이유로 이 사건 처분을 내렸는바, 이는 위법합니다.

그리고 피청구인은 건축물대장의 기재 및 관리 등에 관한 규칙 제11조 제3항을 근거로 건축물 현황도 중 평면도 및 단위세대별 평면도는 건축물의 소유자의 동의를 얻거나 가족 등 관계자 등만 발급하거나 열람할 수 있다고 하고 있으나, 이는 부령으로서 정보공개법 제9조 제1항 제1호에 따른 비공개 근거규정(다른 법률 또는 법률에서 위임한 명령)에 해당하지 않습니다. 따라서 피청구인이 이를 근거로 든 것은 위법합니다.

나아가 정보공개법 제14조에 의하면 공개 청구한 정보가 제9조 제1항 각 호의 어느 하나에 해당하는 부분과 공개 가능한 부분이 혼합되어 있는 경우로서 공개 청구의 취지에 어긋나지 아니하는 범위에서 두 부분을 분리할 수 있는 경우에는 제9조 제1항 각 호의 어느 하나에 해당하는 부분을 제외하고 공개하여야 하는바, 이를 무시하고 정보 전체를 비공개한 것은 위법하다고 할 것입니다.

3. 결론

이러한 사정에 비추어 피청구인은 청구인에게 이 사건 정보를 공개
해야 할 것입니다.

입 증 방 법

갑 제1호증   처분 문서

20○○. ○○. ○○.

청 구 인 : 홍 길 동

○○광역시행정심판위원회 귀중

10장

기타 사건

재결사례 1
제3자가 청구인이 받은 건축허가처분을 취소해 달라고
청구한 사례(기각)

1. 사건개요

종교단체인 ○○○○○○○교회(이하 '이 사건 교회'라 한다)
는 20○○. ○○.경 및 20○○. ○.경 피청구인에게 ○○ ○
○ ○○○○○ 외 12필지(이하 '이 사건 부지'라 한다)에 건
축 연면적 ○○○○○㎡, 지하 2층, 지상 5층 규모의 건물(이
하 '이 사건 건물'이라 한다)에 대한 건축허가를 신청(이하 '이
사건 건축허가 신청'이라 한다)하였는데, 피청구인은 20○○.
○. ○. 이 사건 교회에 위 건축허가 신청을 허가하는 (증축)
처분(이하 '이 사건 처분'이라 한다)을 하였다.

청구인들은 이 사건 교회 인근에 거주하는 주민들로서, 이 사
건 교회는 이단종파로 분류돼 있고, 폭력 행사·청소년들의
가출 유도 등 사회적으로 심각한 피해가 발생하고 있으며, 평
상시에도 이 사건 교회가 위치해 있는 지역이 상습 정체 구간

으로 교통소통에 어려움이 있는 등 중대한 공익상의 이유로 이 사건 처분의 취소를 구하는 행정심판을 청구하였다.

한편, 이 사건 교회는 20○○. ○. ○○. 이 사건 청구에 참가하였다.

2. 청구인들 주장

청구인들은 이 사건 교회의 건축허가 신청과 관련하여 교통영향평가 대상지역 내에 거주하고 있다. 이 사건 교회 부근 도로의 경우 평소에도 상습 정체 구간으로 교통소통에 어려움이 있고, 특히 이 사건 교회의 예배가 있는 날에는 교통정체로 인한 대기오염과 분진 등 환경오염 피해가 극심하다. 또한, 이 사건 처분에 따라 기존 건물에 추가로 건물을 증축할 경우 청구인들은 수인한도를 넘는 교통 및 주거환경 피해를 받게 될 것이다. 따라서 청구인들이 이 사건 처분의 직접 상대방이 아닌 제3자라고 하더라도, 이 사건 처분으로 인하여 법률상 보호되는 이익을 침해 또는 침해 우려가 있는 이상 청구인 적격은 인정되어야 한다.

이 사건 처분의 관련 법규인 국토의 계획 및 이용에 관한 법률(이하 '국토계획법'이라 한다) 시행령 제56조 [별표1의2]에 의하면, 건축물의 건축 등 개발행위로 인하여 당해 지역 및 그 주변지역에 환경오염 등이 발생할 우려가 있거나, 주변의 교통소통에 지장을 초래하는 경우 등에는 개발행위허가를 할 수 없다. 피청구인은 이 사건 처분은 신축이 아니라 증축이어서 국토계획법이 적용되지 않는다고 주장하나, 증축허가 연면적이 기존 건물의 전체 연면적보다 약 1.3배 가량 더 클 뿐 아니라 위치적으로도 기존 건물과 떨어져 있어 사실상 신축이나 다름없다고 할 것이다.

한편, 건축허가권자는 특별한 사정, 즉 중대한 공익상의 필요가 있는 경우 그 허가를 거부할 수 있는바(대법원 2014. 2. 13. 선고 2012두27367 판결 참조), 이 사건 교회와 관련된 각종 불법행위로 수많은 사회문제가 발생하고 있는 점, 이 사건 교회는 한국기독교총연합회로부터 이단종파로 분류되어 있는 점, ○○ 시민 16,939명이 이 사건 처분에 반대하는 서명서를 제출한 점, 이 사건 교회에서 교인으로 활동하다가 뒤늦게나마 병폐를 깨닫고 탈퇴한 다수가 이 사건 처분을 취소해 달라고 호소하고 있는 점 등을 고려할 때, 이 사건 처분은 취소되어야 한다.

3. 피청구인 주장

청구인들은 청구인들의 거주 현황상 이 사건 교회 인근의 교통량 증가로 인한 환경오염의 직접적인 피해자로 보기는 어려운 점, 청구인들이 위 교통량 증가로 인하여 수인한도를 넘어서는 피해를 입는다고 볼 수는 없는 점 등에 비추어 청구인들은 이 사건 처분의 취소를 구할 법률상 이익이 없다.

이 사건 처분은 증축에 관한 것으로서, 개발이 완료된 토지에 기존 종교시설 건축물을 철거하고 증축하는 사항은 국토계획법상 개발행위허가 의제처리 대상이 아니다. 또한, 건축물의 연면적이 아닌 토지 면적이 1만㎡ 이상인 경우 위 법에 의한 도시계획심의위원회 심의 대상이 되는 것인바, 이 사건 처분이 도시계획심의위원회 심의 대상이라는 청구인의 주장은 타당하지 아니하다.

나아가 건축법 등 건축관계 법규에 저촉되지 아니하는 건축물을 건축하고자 하는 경우에는 주변 주민들의 민원을 사유로 건축을 불허할 수 없다고 할 것인 점, 건축허가는 일반적인 금지를 특정한 경우에 해제하여 적법행위를 할 수 있게 하는 행정행위로서 요건에 맞는 경우에는 반드시 내주어야 하는 기속행위인 점, 이 사건 교회는 도시교통정비촉진법에서 정하는 기준에 맞춰 교통영향평가를 실시하였고, 피청구인은 주차문제 해소를 위해 법적 주차대수 175대의 285%에 해당하는 498대를 설치하도록 한 조건을 만족한 점 등에 비추어 청구인의 주장은 이유 없다고 할 것이다.

4. 참가인 주장

행정심판은 법률상 이익이 있는 자가 청구할 수 있으며, 청구인 적격이 인정되려면 당해 처분으로 인하여 자신의 환경상 이익에 대한 침해 또는 침해 우려가 있음을 증명하여야만 하는바(대법원 2014. 4. 15. 선고 2007두16127 판결 참조), 청구인들은 환경오염의 직접적인 피해자라고 할 수 없어 청구인 적격이 없다.

가사 이 사건 청구가 적법하다고 하더라도, 이 사건 교회는 교통환경영향평가를 거치고, 284.57%의 법적주차대수 대비 실주차대수의 비율을 보유하는 등 관련법상 요건을 모두 만족한 점, 청구인이 제시한 판례는 인접한 중학생들의 학습권 등 교육환경을 이유로 건축허가가 불허된 것으로 이 사건 교회 주변에는 중·고등학교가 없고, 인근에 ○○대학교가 있으나 정문 및 후문과는 상당한 거리를 두고 떨어져 있는 등 위 판례를 이 사건에 원용하기는 어려운 점, 청구인들을 포함한 일부 시민들, 일부 대학교수들의 반대 자체가 이 사건 건물에 대한 건축허가 여부를 판단하는 데 적법한 기준은 아니라고 할 것인 점, 이 사건 교회 주변의 상가들을 대상으로 설문을 한 결과, 이동인구가 늘면서 매상이 올라 지역상권 발전에 도움이 된다는 등의 이유로 증축을 찬성하는 입장이었고, 인근 주민들 17,013명 역시 증축을 지지하는 점 등에 비추어 청구인들의 주장은 이유 없다.

5. 관계법령

가. 행정심판법 제13조

나. 건축법 제4조, 제11조

다. 도시교통정비촉진법 제15조, 제17조

라. 국토의 계획 및 이용에 관한 법률 제56조

마. 주차장법 시행령 제6조 [별표 1]

바. ○○광역시 주차장 조례 제11조 [별표 2]

6. 판단

가. 건축법 제4조 제1항 제4호에 따르면 국토교통부장관, 시·도지사 및 시장·군수·구청장은 건축물의 건축 또는 대수선에 관한 사항을 조사·심의·조정 또는 재정하기 위하여 각각 건축위원회를 두어야 하고, 같은 법 제11조 제1항에 따르면 건축물을 건축하거나 대수선하려는 자는 특별자치시장·특별자치도지사 또는 시장·군수·구청장의 허가를 받아야 하며, 제5항 제3호에 따르면 제1항에 따른 건축허가를 받으면 국토계획법 제56조에 따른 개발행위허가를 받거나 신고를 한 것으로 본다고 규정하고 있다.

한편, 도시교통정비촉진법 제17조는 제15조 제1항 제11호에 따른 건축물로서 건축법 제4조에 따른 건축위원회의 건축심의 대상인 건축물의 교통영향분석·개선대책을 검토할 때에는 건축위원회의 심의를 거쳐야 하고, 이 경우 대통령령으로 정하는 교통분야의 관계 전문가인 위원이 그 심의에 참석하는 위원 수의 4분의 1 이상이 되어야 한다고 규정하고 있다.

나. 청구인들은 이 사건 교회 주변의 교통소통 등에 지장을 초래하므로 피청구인은 이 사건 건축허가 신청에 대해 개발행위허가를 할 수 없는 점, 이 사건 처분을 취소할 중대한 공익상의 필요가 있는 점 등에 비추어 이 사건 처분은 취소되어야 한다는 취지로 주장하고 있다.

다. 먼저, 청구인들에게 청구인 적격이 있는지에 관하여 보기로 한다.

1) 관련법리

행정심판법 제13조에 따르면 취소심판은 처분의 취소 또는 변경을 구할 법률상 이익이 있는 자가 청구할 수 있는데, 여기서 법률상의 이익은 당해 처분의 근거 법률에 의하여 보호되는 직접적이고 구체적인 이익이 있는 경우를 말하고, 간적접이거나 사실적·경제적 이해관계를 가지는 데 불과한 경우는 여기에 해당하지 아니한다(대법원 2001. 7. 10. 선고 2000두2136 판결 참조).

한편, 행정처분의 직접 상대방이 아닌 자로서 그 처분에 의하여 자신의 환경상 이익이 침해받거나 침해받을 우려가 있다는 이유로 취소소송을 제기하는 제

3자는, 자신의 환경상 이익이 그 처분의 근거 법규 또는 관련 법규에 의하여 개별적·직접적·구체적으로 보호되는 이익, 즉 법률상 보호되는 이익임을 입증하여야 청구인 적격이 인정되고(대법원 2006. 12. 22. 선고 2006두14001 판결 참조), 다른 한편, 행정처분의 근거 법규 또는 관련 법규에 그 처분으로써 이루어지는 행위 등 사업으로 인하여 환경상 침해를 받으리라고 예상되는 영향권의 범위가 구체적으로 규정되어 있는 경우에는, 그 영향권 내의 주민들에 대하여는 당해 처분으로 인하여 직접적이고 중대한 환경피해를 입으리라고 예상할 수 있고, 이와 같은 환경상의 이익은 주민 개개인에 대하여 개별적으로 보호되는 직접적·구체적 이익으로서 그들에 대하여는 특단의 사정이 없는 한 환경상 이익에 대한 침해 또는 침해 우려가 있는 것으로 사실상 추정되어 법률상 보호되는 이익으로 인정됨으로써 청구인 적격이 인정되며, 그 영향권 밖의 주민들은 당해 처분으로 인하여 그 처분 전과 비교하여 수인한도를 넘는 환경피해를 받거나 받을 우려가 있다는 자신의 환경상 이익에 대한 침해 또는 침해 우려가 있음을 증명하여야만 법률상 보호되는 이익으로 인정된다(대법원 2010. 4. 15. 선고 2007두16127 판결 참조).

2) 판단

　가) 이 사건 처분의 근거 법규

　　우선, 이 사건 처분의 근거 법규는 건축법 제4조, 제11조 제1항이라 할 것이다. 나아가, 피청구인은 이 사건 교회가 20○○. ○○. 및 20○○. ○.경 이 사건 건축허가 신청을 하기 위한 전 단계로 건축법 제4조 소정의 건축위원회 심의를 요청하자, 건축위원회 심의를 하면서 도시교통정비촉진법 제15조 및 제17조에 따라 교통영향분석 및 개선대책을 검토(이하 '교통영향평가'라 한다)하였으므로 위 규정 또한 이 사건 처분의 근거 법규가 된다고 할 것이다.

한편, 청구인은 건축법 제11조에 의하여 건축허가를 받으면 국토계획법 제56조에 따른 개발행위허가가 의제되므로 같은 법 시행령 제56조에 따른 [별표1의2]를 준수해야 한다고 주장하나, 국토교통부 훈령 제389호 개발행위허가운영지침 제5절 1-5-4(1)에 의하면, 건축법 제11조 제1항에 따른 건축허가의 경우에는 국토계획법 제56조 제4항에 따라 개발행위허가를 받지 않아도 되는바, 결국 위 시행령 제56조 소정의 [별표1의2]는 이 사건 처분의 관련 법규는 아니라고 할 것이다.

나) 검토

도시교통정비촉진법 시행령 제13조의2 제3항 관련 [별표1]에 의하면, 종교시설이 도시교통정비지역 내에 위치하며 건축 연면적 15,000m^2 이상인 경우 교통영향분석 수립 대상사업에 해당하고, 국토교통부 고시 제2013-90호 교통영향분석·개선대책 수립 지침 제5조 제2항 제1호 가목에 의하면 수립 대상사업 범위의 4배 미만의 경우 반경 1.0km 이내 4개 교차로 이상이라는 기준에 따라 이 사건 건축물의 주된 출입구로부터 가장 가까운 교차로 및 그 범위 이내의 가로를 교통영향분석에 따른 공간적 범위로 해야 하는데, 을 제3호증 및 을 제4호증에 의하면 이 사건 부지 주변 반경 최대 200m 범위 내에 있는 청구인 중 3명만이 환경상 침해를 받으리라고 예상되는 영향권의 범위 내에 있다고 할 것이어서 이들에 대하여는 이 사건 처분으로 인하여 직접적이고 중대한 환경피해를 입으리라고 예상할 수 있고, 이와 같은 환경상의 이익은 주민 개개인에 대하여 개별적으로 보호되는 직접적·구체적 이익으로서 그들에 대하여는 특단의 사정이 없는 한 환경상 이익에 대한 침해 또는 침해 우려가 있는 것으로 사실상 추정되어 법률상 보호되는 이익으로 인정됨으로써 청구인 적격이 인정된다고 할 것이다.

다음으로 나머지 청구인들에 관하여 보건대, 건축법 제4조, 제11조 제1항에는 이 사건 처분에 근거한 건물건축에 의하여 환경상 침해를 받으리라고 예상되는 영향권의 범위가 구체적으로 규정되어 있지는 아니한바, 앞서 본 법리에 비추어 청구인들에게 자신의 환경상 이익이 그 처분의 근거 법규 또는 관련 법규에 의하여 개별적·직접적·구체적으로 보호되는 이익, 즉 법률상 보호되는 이익인지가 문제된다고 할 것이다.

이 사건 처분의 근거 법규가 되는 건축법 및 도시교통정비촉진법령의 관련 규정을 종합하여 보면, 위 관련 법령의 취지는 건축물의 안전·기능·환경 및 미관을 향상시킴으로써 공공복리의 증진하려는 데 그치는 것이 아니라, 이 사건 부지 인근에 거주하는 주민들의 쾌적한 주거, 경관 등의 생활환경상의 이익과 이 사건 건물이 증축될 경우 그 과정에서 발생하게 될 소음, 분진 및 이 사건 건물이 증축된 이후 이 사건 건물로 인한 일조 및 사생활 침해, 이 사건 교회 주변의 교통량 증가에 따른 대기오염 등에 의한 환경상 침해를 받지 아니할 개별적 이익을 직접적·구체적으로 보호하려는 취지라고 할 것인바, 행정심판 청구서 및 을 제3호증에 의하면 이 사건 토지로부터 최대 2.2km 가량 떨어진 곳에 거주하는 것으로 보이는 위 청구인들에게는 이 사건 처분을 다툴 법률상 이익이 있다고 판단된다.

3) 소결

그렇다면, 청구인들에게는 이 사건 처분을 다툴 청구인 적격이 인정된다고 할 것이므로 이 사건 청구는 적법하다고 판단된다.

라. 다음으로 이 사건 처분이 위법·부당한지에 관하여 보기로 한다.

1) 관련법리

건축허가권자는 건축허가신청이 건축법 등 관계법규

에서 정하는 어떠한 제한에 배치되지 않는 이상 당연히 같은 법조에서 정하는 건축허가를 하여야 하고, 중대한 공익상의 필요가 없는데도 관계법규에서 정하는 제한사유 이외의 사유를 들어 요건을 갖춘 자에 대한 허가를 거부할 수는 없으며(대법원 2006. 11. 9. 선고 2006두1227 판결, 대법원 2009. 9. 24. 선고 2009두8946 판결, 대법원 2010. 2. 25. 선고 2009두19960 판결 참조), 여기서 관계법규라 함은 건축물에 대한 건축허가의 제한에 관하여 직접 규정하고 있는 법규만을 말하고 건축허가에 따라 건축된 건축물 내의 시설의 운영이나 용도에 따른 건축물의 사용에 대하여 제한을 가하는 법규를 말하는 것이 아닌바(대법원 1992. 6. 9. 선고 91누11766 판결 참조), 건축허가 신청이 건축법 등 관계법규에서 정하는 어떠한 제한에 배치됨을 인정할 자료가 없을 경우 건축허가권자는 중대한 공익상의 필요를 들지 못하는 이상 건축허가처분을 할 의무가 있다(대법원 2010. 2. 25. 선고 2009두19960 판결 참조).

2) 검토

청구인들은 국토계획법 시행령 제56조를 지키지 않은 채 내려진 이 사건 처분은 부당하다는 취지로 주장하고 있으나, 앞서 본 바와 같이 건축법 제11조 제1항에 따른 건축허가의 경우에는 위 시행령 제56조에 따른 개발행위허가를 받지 않아도 되는바, 더 나아가 살필 필요 없이 위 주장은 이유 없다고 할 것이다.

다음으로, 이 사건 처분을 취소할 수 있는 중대한 공익상의 이유가 있는지 여부에 관하여 보건대, ① 이 사건 처분은 앞서 본 바와 같이 건축법 제4조, 제11조, 도시교통정비촉진법 제15조, 제17조 등에 근거하여 내려진 것으로서 피청구인이 이 사건 처분을 내림에 있어 위와 같은 관련 규정을 위반한 사실이 없는 점, ② 청구인들은 이 사건 교회가 청소년들의 가출과 학업 포기, 일반인들의 직장 포기, 가정 파괴, 자살, 살인, 폭력 등의 사회 문제를 야기하고 있고, 이 사건 건물 건축으로 인하여 지역사회의 갈등이 초래될 우려가 있다고 주장하나, 이러한 반대 이유에 대하여 청구인들의 막연한 우려 차원을 벗어나 이를 인정하기에는 무리가 있고, 나아가 이는 막연한 가능성에 불과하거나 민원 또는 인근 주민들의 반대를 건축허가 판단의 기준으로 삼는 것에 불과하다고 보이는 점, ③ 청구인들은 이 사건 처분에 따른 교통 혼잡 및 환경오염 등을 우려하나, 피청구인은 이 사건 건축 허가신청에 대한 건축계획 심의 과정에서 부가한 주차면수 증원에 대한 조건에 대해 주차장법 시행령 및 ○○광역시 주차장 조례에 따른 법적 주차대수 175대의 284.5%에 해당하는 498대를 설치할 것을 계획·신청하여 이 사건 처분을 받은 사실에 비추어 이는 막연한 우려에 불과하다고 보일 뿐만 아니라, 청구인들은 이 사건 처분과 환경오염 간의 직접적이고 구체적인 연관 관계를 객관적으로 입증하지 못하고 있는 점, ④ 청구인들은 이 사건 처분에 반대하는 시민 17,000여 명의 탄원서를 제출하였으나, 이에 대해 참가인 측도 이 사건 처분에 찬성하는 탄원서를 제출하는 등 이 사건 처분이 공공의 이익에 명백히 반한다고 보기 어려운 점, ⑤ 청구인들이 주장하는 대법원 2014. 2. 13. 선고 2012두27367 판결은 새로이 건축허가를 얻고자 하는 ○○○○교회가 종교시설의 건축허가를 신청한 사안에 관한 것으로서, 여기서는 위 종교시설 부지의 일부가 학교환경위생 절대정화구역 및 상대정화구역 내에 있는 점에서 사실관계가 달라 위 판결을 본 사건에 직접 원용하기에는 무리가 있는 점 등을 종합적으로 고려할 때 이 사건 처분에 특별히 위법·부당함이 있다고는 볼 수 없다고 판단된다.

6. 결론

그렇다면 이 사건 청구는 이유 없다 할 것이므로 주문과 같이 재결한다.

박변호사의 TIP

이 사건은 제3자인 청구인들이 참가인이 받은 건축허가처분을 다투는 경우로서 청구인들에게 건축허가처분을 다툴 법률상 이익이 있는지가 쟁점이었습니다. 새만금 간척사업과 관련된 대법원 판례의 태도에 따라 교통영향평가 대상지역 안에 거주하는 청구인들의 법률상 이익을 인정하고, 본안으로 넘어가 이들의 주장이 타당한지에 관하여 판단하였습니다.

앞서 인용률이 상대적으로 높은 분야 중 건축허가 청구 사건을 그 예로 들었습니다. 이 사안에서 참가인은 건축 관계 법령을 충족하여 건축허가처분을 받았는데, 청구인들은 중대한 공익상의 필요로 건축허가처분이 취소되어야 한다고 주장하였지만 받아들여지지 않았습니다.

이 사건처럼 제3자가 행정심판을 청구하는 경우 청구인에게 법률상 이익이 있는지 여부에 대해 자세하게 다루어야 합니다. 행정처분의 직접 상대방이 아닌 자로서 그 처분에 의하여 자신의 환경상 이익이 침해받거나 침해받을 우려가 있다는 이유로 취소소송을 제기하는 제3자는, 자신의 환경상 이익이 그 처분의 근거 법규 또는 관련 법규에 의하여 개별적·직접적·구체적으로 보호되는 이익, 즉 법률상 보호되는 이익임을 입증하여야 청구인 적격이 인정되므로(대법원 2006. 12. 22. 선고 2006두14001 판결 참조), 청구인이 침해 받는 이익이 법률상 보호되는 이익임을 입증하여야 각하되는 것을 막을 수 있습니다.

이 사안에서 보는 것처럼 건축법상 허가요건을 만족하는 경우에는 중대한 공익상의 이유가 없는 이상 불허가처분을 내리는 것은 위법하게 됩니다. 그러한 취지에서 청구인들의 주장은 받아들여지지 않았습니다.

재결사례 2
처분이 아닌 민원 회신을 대상으로 행정심판을 청구한
사례(각하)

1. 사건개요

청구인은 ○○ ○○ ○○○ ○○○○○○(이하 '이 사건 아
파트'라 한다)에 거주하는 자이다.

청구인은 20○○. ○○. ○○. 피청구인에게 "공동주택관리법
시행령 제25조에 따라 청소·경비 용역의 경우 관리주체가 사
업자를 선정하고 집행하는 공사이고, 관리규약 제43조의2에
의하여 주택관리업자 및 사업자선정지침에 따라 선정하여야
하나, 기존 주택관리업자와의 재계약에 포함하여 수의계약으
로 체결하였으므로 관련 법령을 위반하였다."는 내용의 민원
(이하 '이 사건 민원'이라 한다)을 제기하였다.

이에 피청구인은 20○○. ○○. ○○. 청구인에게 "재계약 이
전 주택관리업자 선정 시 경비 및 청소의 용역에 대한 내용이
포함되어 있었고, 관계 법령에서 규정하고 있는 조건을 만족
하여 수의계약이 가능한 경우로 보인다."는 내용의 회신(이하
'이 사건 회신'이라 한다)을 하였는데, 청구인은 이 사건 아파
트 입주자대표회의가 체결한 아파트 관리계약이 법령에 위반
됨을 이유로 취소하고, 피청구인으로 하여금 행정조치의무를
이행하라는 내용의 행정심판을 청구하였다.

2. 청구인 주장

공동주택관리법 제25조 제1항 제1호에 따라 청소 및 경비 용
역은 관리주체가 사업자를 선정하고 집행하여야 하고, 이 사

건 아파트 관리규약 제43조의2 제1항에 따라 입주자대표회의
는 경비 및 청소에 대한 관리를 전문용역업자에 의뢰하기로
관리주체의 동의를 얻어 구성원 3분의 2 이상 찬성으로 의결
한 경우에는 주택관리업자 및 사업자 선정지침에 따라 선정하
여야 하나 이 사건 아파트 관리규약 제44조를 적용하여 주택
관리업자 재계약 시 청소 및 경비용역을 포함시켰는바, 이는
공동주택관리법 시행령 제25조를 위반한 행위가 분명하므로
취소되어야 하고, 피청구인은 관련 행정조치를 취해야 한다.

3. 피청구인 주장

공동주택의 입주자 등이 공동주택을 위탁관리하고자 정한 경
우에는 주택관리업자 선정 시 경비·청소 용역을 포함시키거
나, 포함하지 않은 경우에는 선정된 주택관리업자가 별도로
경비·청소용역을 선정할 수 있다.
이 사건 아파트의 경우 20○○. ○. ○. 위탁 관리할 것을 정
하여 공고하였고, 경비·청소 용역을 포함시켜 이 사건 계약을
체결하였다. 이후 20○○. ○. ○○. 공동주택관리법 시행령
제5조제2항 제2호에 따라 경비 및 청소용역을 포함하여 주택
관리업자와 재계약을 하고자 주민의견 청취 절차를 거쳤으며,
그 결과 전체 입주자 등의 10분의 1 이상이 이의제기를 하지
않았고 입주자대표회의의 3분의 2 이상의 찬성으로 재계약이
체결되었는바, 어떠한 법령위반이 있다고 할 수 없다.
아울러 피청구인에게는 이 사건 아파트 입주자대표회의가 재
계약한 경비·청소 용역에 대하여 취소를 할 수 있는 법률상
의무가 없고, 이 사건 민원에 대하여 중대한 위반사항이 없다
는 취지의 회신을 하였으므로 부당한 거부처분이나 부작위가

있다고 할 수 없다.

결국 이 사건 청구는 부적법하므로 각하 또는 기각되어야 한다.

4. 관계법령

가. 행정심판법 제2조, 제5조

5. 인정사실

양 당사자 사이 다툼이 없는 사실, 청구인과 피청구인이 제출한 청구서, 답변서 및 증거 자료 등 제출된 각 사본의 기재에 의하면 다음 사실을 인정할 수 있다.

  가. 이 사건 아파트 입주자대표회의는 20○○. ○. ○○. ○○○○○○ 주식회사와 이 사건 아파트에 대한 관리계약을 체결하였다.

  나. 청구인은 20○○. ○○. ○○. 피청구인에게 공동주택관리법 시행령 제25조에 따라 청소·경비 용역의 경우 관리주체가 사업자를 선정하고 집행하는 공사이고, 관리규약 제43조의2에 의하여 주택관리업자 및 사업자선정지침에 따라 선정하여야 하나, 기존 주택관리업자와의 재계약에 포함하여 수의계약으로 체결하였으므로 관련 법령을 위반하였다는 내용의 이 사건 민원을 제기하였다.

  다. 피청구인은 20○○. ○○. ○○. 청구인에게 재계약 이전 주택관리업자 선정 시 경비 및 청소의 용역에 대한 내용이 포함되어 있었고, 관계 법령에서 규정하고 있는 조건을 만족하여 수의계약이 가능한 경우로 보인다는 내용의 이 사건 회신을 하였다.

6. 판단

가. 행정심판법 제2조 제1호에 따르면 처분이란 행정청이 행하는 구체적 사실에 관한 법집행으로서의 공권력의 행사 또는 그 거부, 그 밖에 이에 준하는 행정작용을 말하고, 제2호에 따르면 부작위란 행정청이 당사자의 신청에 대하여 상당한 기간 내에 일정한 처분을 하여야 할 법률상 의무가 있는데도 처분을 하지 아니하는 것을 말하며, 제5조에 따르면 취소심판이란 행정청의 위법 또는 부당한 처분을 취소하거나 변경하는 행정심판을 말하고, 의무이행심판이란 행정청의 위법 또는 부당한 거부처분이나 부작위에 대하여 일정한 처분을 하도록 하는 행정심판을 말한다.

나. 먼저, 이 사건 청구가 적법한지 여부에 대하여 본다.

청구인은 이 사건 아파트 입주자대표회의가 이 사건 계약을 체결한 과정에 공동주택관리법령 등을 위반한 위법이 있다고 주장하면서, 이 사건 계약을 취소하고, 피청구인으로 하여금 행정조치를 취할 것을 구하고 있으나, ① 이 사건 아파트 입주자대표회의가 이 사건 계약을 체결한 과정에 청구인이 주장하는 문제가 있다면 청구인으로서는 위 계약의 효력을 다투는 민사소송에 의하는 것은 별론으로 하고, 이 사건 계약의 취소를 구하는 행정심판을 청구하는 것은 적절하지 않은 점, ② 행정청이 국민으로부터 어떤 신청을 받고서 그 신청에 따르는 내용의 행위를 하지 아니한 것이 항고소송의 대상이 되는 위법한 부작위가 된다고 하기 위하여서는 국민이 행정청에 대하여 그 신청에 따른 행정행위를 해 줄 것을 요구할 수 있는 법규상 또는 조리상의 권리가 있어야 하며 이러한 권리에 의하지 아니한 신청을 행정청이 받아들이지 아니하였다고 해서 이 때문에 신청인의 권리나 법적 이익에 어떤 영향을 준다고 할 수 없는 것이므로 이를 들어 위법한 부작위라고 할 수 없을 것인바(대법원 1992. 10. 27. 선고 92누5867 판결 참조), 가사 이 사건 아파트 입주자대표회의가 체결한 이 사건 계약에 문제가 있다고 하더라도 피청구인으로서는 공동주택관리법령에 근거하여 시정명령 등의 조치를 취할 수도 있을 것이나, 이러한 요구는 직권발동을 촉구하는 정도에 불과하고, 이를 두고 청구인에게 피청구인으로 하여금 행정조치를 내리도록 요구할 법규상 또는 조리상 신청권이 있다고 보기는 어려운 점 등을 종합적으로 고려할 때 이 사건 청구는 행정심판의 대상이 아닌 것에 대해 제기된 것으로서 모두 부적법하여 각하되어야 할 것이다.

7. 결론

따라서 이 사건 청구는 모두 부적법하므로 주문과 같이 재결한다.

재결사례 3
과태료 부과처분의 취소를 구하는 사례(각하)

(생략)

6. 판단

가. 행정심판법 제2조에 따르면 처분이란 행정청이 행하는 구체적 사실에 관한 법집행으로서의 공권력의 행사 또는 그 거부, 그 밖에 이에 준하는 행정작용을 말하고, 제3조제1항은 행정청의 처분에 대하여 다른 법률에 특별한 규정이 있는 경우를 제외하고는 행정심판을 제기할 수 있다고 규정하고 있다.

한편, 과태료의 부과·징수 및 재판 등에 관한 사항을 정하고 있는 질서위반행위규제법 제5조는 과태료의 부과·징수, 재판 및 집행 등의 절차에 관한 다른 법률의 규정 중 이 법의 규정에 저촉되는 것은 이 법으로 정하는 바에 따른다고 하고 있다.

나. 먼저, 이 사건 청구가 적법한지 여부에 대해 본다.

앞서 본 행정심판법 및 질서위반행위규제법 규정에 따르면 이 사건 처분에 대한 다툼은 법원을 통해 진행되어야 할 것으로서 행정심판의 대상이 되지 않는바, 이 사건 청구는 행정심판의 대상이 아닌 것에 대해 제기되어 부적법하다고 판단된다.

7. 결론

따라서 청구인이 제기한 이 사건 청구는 부적법하므로 주문과 같이 재결한다.

우리는 제1부 제7강에서 행정심판의 대상이 되지 않아 각하되는 경우에 대해 살펴보았습니다. 어떤 경우가 처분이 아니어서 행정심판의 대상이 아닌지에 대해서는 관련 사례를 찾아 미리 확인해 둘 필요가 있습니다.

민원 회신에 대한 행정심판청구와 관련된 재결사례를 봅니다. 실제로 단순 민원 회신에 대해 행정심판을 청구하는 경우가 많습니다. 이러한 회신은 청구인의 권리관계에 영향을 준다고 보기 어렵다거나, 청구인에게 행정처분을 명할 것을 요구할 수 있는 법규상 또는 조리상 신청권이 없다는 등의 이유로 처분성이 부정됩니다. 아울러 과태료 부과처분에 대한 재결사례에서 보는 것과 같이 다른 법률에서 구제절차를 별도로 정한 경우임에도 행정심판을 청구하면 각하된다는 것을 기억할 필요가 있습니다.

행정심판의 대상이 아닌 것에 대해 예를 들면, 일반적 · 추상적인 명령(대법원 2007. 4. 12. 선고 2005두15168 판결), 행정규칙(대법원 1994. 9. 10. 선고 94두33 판결), 농어촌기본계획(대법원 2000. 9. 5. 선고 99두74 판결), 단전 및 전화통화 단절 요청행위(대법원 1996. 3. 22. 선고 96누433 판결), 국세환급 신청에 대한 거부결정(대법원 1989. 6. 15. 선고 88누6436 전원합의체 판결), 공무원에 대한 당연퇴직의 인사발령(대법원 1995. 11. 14. 선고 95누2036 판결), 병역법상 신체등위판정(대법원 1993. 8. 27. 선고 93누3356 판결), 자동차운전면허대장상 일정한 사항의 등재행위(대법원 1991. 9. 2. 선고 91누1400 판결), 시험승진후보자명부에서의 삭제행위(대법원 1997. 11. 14. 선고 97누7325 판결), 공정거래위원회의 고발조치 · 의결(대법원 1995. 5. 12. 선고 94누13794 판결), 운전면허 행정처분처리대장상 벌점의 배점(대법원 1994. 8. 12. 선고 94누2190 판결), 행정대집행 과정에서 제1차 계고처분 이후 내려진 제2차 계고처분(대법원 1994. 10. 28. 선고 94누5144 판결) 등이 있습니다.

한편, 최근에는 해당 행정행위가 일반인의 권리나 의무에 영향을 미치는 경우 폭넓은 권리구제를 위해 처분성을 널리 인정하고자 하는 경향이 있으므로 해당 행정행위가 처분성을 갖는다는 주장을 적극적으로 해 볼 필요가 있습니다.

제3부

부 록

행정심판법
행정심판 관련 각종 서식
주요 행정심판위원회 인터넷 주소

행정심판법

[시행 2018. 11. 1.]
[법률 제15025호, 2017. 10. 31. 일부개정]

제1장 총칙

제1조(목적) 이 법은 행정심판 절차를 통하여 행정청의 위법 또는 부당한 처분(處分)이나 부작위(不作爲)로 침해된 국민의 권리 또는 이익을 구제하고, 아울러 행정의 적정한 운영을 꾀함을 목적으로 한다.

제2조(정의) 이 법에서 사용하는 용어의 뜻은 다음과 같다.

1. "처분"이란 행정청이 행하는 구체적 사실에 관한 법집행으로서의 공권력의 행사 또는 그 거부, 그 밖에 이에 준하는 행정작용을 말한다.
2. "부작위"란 행정청이 당사자의 신청에 대하여 상당한 기간 내에 일정한 처분을 하여야 할 법률상 의무가 있는데도 처분을 하지 아니하는 것을 말한다.
3. "재결(裁決)"이란 행정심판의 청구에 대하여 제6조에 따른 행정심판위원회가 행하는 판단을 말한다.
4. "행정청"이란 행정에 관한 의사를 결정하여 표시하는 국가 또는 지방자치단체의 기관, 그 밖에 법령 또는 자치법규에 따라

행정권한을 가지고 있거나 위탁을 받은 공공단체나 그 기관 또는 사인(私人)을 말한다.

제3조(행정심판의 대상) ① 행정청의 처분 또는 부작위에 대하여는 다른 법률에 특별한 규정이 있는 경우 외에는 이 법에 따라 행정심판을 청구할 수 있다.

② 대통령의 처분 또는 부작위에 대하여는 다른 법률에서 행정심판을 청구할 수 있도록 정한 경우 외에는 행정심판을 청구할 수 없다.

제4조(특별행정심판 등) ① 사안(事案)의 전문성과 특수성을 살리기 위하여 특히 필요한 경우 외에는 이 법에 따른 행정심판을 갈음하는 특별한 행정불복절차(이하 "특별행정심판"이라 한다)나 이 법에 따른 행정심판 절차에 대한 특례를 다른 법률로 정할 수 없다.

② 다른 법률에서 특별행정심판이나 이 법에 따른 행정심판 절차에 대한 특례를 정한 경우에도 그 법률에서 규정하지 아니한 사항에 관하여는 이 법에서 정하는 바에 따른다.

③ 관계 행정기관의 장이 특별행정심판 또는 이 법에 따른 행정심판 절차에 대한 특례를 신설하거나 변경하는 법령을 제정·개정할 때에는 미리 중앙행정심판위원회와 협의하여야 한다.

제5조(행정심판의 종류) 행정심판의 종류는 다음 각 호와 같다.

1. 취소심판: 행정청의 위법 또는 부당한 처분을 취소하거나 변경하는 행정심판
2. 무효등확인심판: 행정청의 처분의 효력 유무 또는 존재 여부를 확인하는 행정심판
3. 의무이행심판: 당사자의 신청에 대한 행정청의 위법 또는 부당한 거부처분이나 부작위에 대하여 일정한 처분을 하도록 하는 행정심판

제2장 심판기관

제6조(행정심판위원회의 설치) ① 다음 각 호의 행정청 또는 그 소속 행정청(행정기관의 계층구조와 관계없이 그 감독을 받거나 위탁을 받은 모든 행정청을 말하되, 위탁을 받은 행정청은 그 위탁받은 사무에 관하여는 위탁한 행정청의 소속 행정청으로 본다. 이하 같다)의 처분 또는 부작위에 대한 행정심판의 청구(이하 "심판청구"라 한다)에 대하여는 다음 각 호의 행정청에 두는 행정심판위원회에서 심리·재결한다. <개정 2016. 3. 29.>

1. 감사원, 국가정보원장, 그 밖에 대통령령으로 정하는 대통령 소속기관의 장

2. 국회사무총장·법원행정처장·헌법재판소사무처장 및 중앙선거관리위원회사무총장

3. 국가인권위원회, 그 밖에 지위·성격의 독립성과 특수성 등이 인정되어 대통령령으로 정하는 행정청

② 다음 각 호의 행정청의 처분 또는 부작위에 대한 심판청구에 대하여는 「부패방지 및 국민권익위원회의 설치와 운영에 관한 법률」에 따른 국민권익위원회(이하 "국민권익위원회"라 한다)에 두는 중앙행정심판위원회에서 심리·재결한다. <개정 2012. 2. 17.>

1. 제1항에 따른 행정청 외의 국가행정기관의 장 또는 그 소속 행정청

2. 특별시장·광역시장·특별자치시장·도지사·특별자치도지사(특별시·광역시·특별자치시·도 또는 특별자치도의 교육감을 포함한다. 이하 "시·도지사"라 한다) 또는 특별시·광역시·특별자치시·도·특별자치도(이하 "시·도"라 한다)의 의회(의장, 위원회의 위원장, 사무처장 등 의회 소속 모든 행정청을 포함한다)

3. 「지방자치법」에 따른 지방자치단체조합 등 관계 법률에 따라 국

가·지방자치단체·공공법인 등이 공동으로 설립한 행정청. 다만, 제3항제3호에 해당하는 행정청은 제외한다.

③ 다음 각 호의 행정청의 처분 또는 부작위에 대한 심판청구에 대하여는 시·도지사 소속으로 두는 행정심판위원회에서 심리·재결한다.

1. 시·도 소속 행정청

2. 시·도의 관할구역에 있는 시·군·자치구의 장, 소속 행정청 또는 시·군·자치구의 의회(의장, 위원회의 위원장, 사무국장, 사무과장 등 의회 소속 모든 행정청을 포함한다)

3. 시·도의 관할구역에 있는 둘 이상의 지방자치단체(시·군·자치구를 말한다)·공공법인 등이 공동으로 설립한 행정청

④ 제2항제1호에도 불구하고 대통령령으로 정하는 국가행정기관 소속 특별지방행정기관의 장의 처분 또는 부작위에 대한 심판청구에 대하여는 해당 행정청의 직근 상급행정기관에 두는 행정심판위원회에서 심리·재결한다.

제7조(행정심판위원회의 구성) ① 행정심판위원회(중앙행정심판위원회는 제외한다. 이하 이 조에서 같다)는 위원장 1명을 포함하여 50명 이내의 위원으로 구성한다. <개정 2016. 3. 29.>

② 행정심판위원회의 위원장은 그 행정심판위원회가 소속된 행정청이 되며, 위원장이 없거나 부득이한 사유로 직무를 수행할 수 없거나 위원장이 필요하다고 인정하는 경우에는 다음 각 호의 순서에 따라 위원이 위원장의 직무를 대행한다.

1. 위원장이 사전에 지명한 위원

2. 제4항에 따라 지명된 공무원인 위원(2명 이상인 경우에는 직급 또는 고위공무원단에 속하는 공무원의 직무등급이 높은 위원 순서로, 직급 또는 직무등급도 같은 경우에는 위원 재직기간이 긴 위원 순서로, 재직기간도 같은 경우에는 연장자 순서로 한다)

③ 제2항에도 불구하고 제6조제3항에 따라 시·도지사 소속으로 두는 행정심판위원회의 경우에는 해당 지방자치단체의 조례로 정하는 바에 따라 공무원이 아닌 위원을 위원장으로 정할 수 있다. 이 경우 위원장은 비상임으로 한다.

④ 행정심판위원회의 위원은 해당 행정심판위원회가 소속된 행정청이 다음 각 호의 어느 하나에 해당하는 사람 중에서 성별을 고려하여 위촉하거나 그 소속 공무원 중에서 지명한다. <개정 2016. 3. 29.>

1. 변호사 자격을 취득한 후 5년 이상의 실무 경험이 있는 사람
2. 「고등교육법」 제2조제1호부터 제6호까지의 규정에 따른 학교에서 조교수 이상으로 재직하거나 재직하였던 사람
3. 행정기관의 4급 이상 공무원이었거나 고위공무원단에 속하는 공무원이었던 사람
4. 박사학위를 취득한 후 해당 분야에서 5년 이상 근무한 경험이 있는 사람
5. 그 밖에 행정심판과 관련된 분야의 지식과 경험이 풍부한 사람

⑤ 행정심판위원회의 회의는 위원장과 위원장이 회의마다 지정하는 8명의 위원(그중 제4항에 따른 위촉위원은 6명 이상으로 하되, 제3항에 따라 위원장이 공무원이 아닌 경우에는 5명 이상으로 한다)으로 구성한다. 다만, 국회규칙, 대법원규칙, 헌법재판소규칙, 중앙선거관리위원회규칙 또는 대통령령(제6조제3항에 따라 시·도지사 소속으로 두는 행정심판위원회의 경우에는 해당 지방자치단체의 조례)으로 정하는 바에 따라 위원장과 위원장이 회의마다 지정하는 6명의 위원(그중 제4항에 따른 위촉위원은 5명 이상으로 하되, 제3항에 따라 공무원이 아닌 위원이 위원장인 경우에는 4명 이상으로 한다)으로 구성할 수 있다.

⑥ 행정심판위원회는 제5항에 따른 구성원 과반수의 출석과 출석위원 과반수의 찬성으로 의결한다.

⑦ 행정심판위원회의 조직과 운영, 그 밖에 필요한 사항은 국회규칙, 대법원규칙, 헌법재판소규칙, 중앙선거관리위원회규칙 또는 대통령령으로 정한다.

제8조(중앙행정심판위원회의 구성) ① 중앙행정심판위원회는 위원장 1명을 포함하여 70명 이내의 위원으로 구성하되, 위원 중 상임위원은 4명 이내로 한다. <개정 2016. 3. 29.>

② 중앙행정심판위원회의 위원장은 국민권익위원회의 부위원장 중 1명이 되며, 위원장이 없거나 부득이한 사유로 직무를 수행할 수 없거나 위원장이 필요하다고 인정하는 경우에는 상임위원(상임으로 재직한 기간이 긴 위원 순서로, 재직기간이 같은 경우에는 연장자 순서로 한다)이 위원장의 직무를 대행한다.

③ 중앙행정심판위원회의 상임위원은 일반직공무원으로서「국가공무원법」제26조의5에 따른 임기제공무원으로 임명하되, 3급 이상 공무원 또는 고위공무원단에 속하는 일반직공무원으로 3년 이상 근무한 사람이나 그 밖에 행정심판에 관한 지식과 경험이 풍부한 사람 중에서 중앙행정심판위원회 위원장의 제청으로 국무총리를 거쳐 대통령이 임명한다. <개정 2014. 5. 28.>

④ 중앙행정심판위원회의 비상임위원은 제7조제4항 각 호의 어느 하나에 해당하는 사람 중에서 중앙행정심판위원회 위원장의 제청으로 국무총리가 성별을 고려하여 위촉한다. <개정 2016. 3. 29.>

⑤ 중앙행정심판위원회의 회의(제6항에 따른 소위원회 회의는 제외한다)는 위원장, 상임위원 및 위원장이 회의마다 지정하는 비상임위원을 포함하여 총 9명으로 구성한다.

⑥ 중앙행정심판위원회는 심판청구 사건(이하 "사건"이라 한다) 중

「도로교통법」에 따른 자동차운전면허 행정처분에 관한 사건(소위 위원회가 중앙행정심판위원회에서 심리·의결하도록 결정한 사건은 제외한다)을 심리·의결하게 하기 위하여 4명의 위원으로 구성하는 소위원회를 둘 수 있다.

⑦ 중앙행정심판위원회 및 소위원회는 각각 제5항 및 제6항에 따른 구성원 과반수의 출석과 출석위원 과반수의 찬성으로 의결한다.

⑧ 중앙행정심판위원회는 위원장이 지정하는 사건을 미리 검토하도록 필요한 경우에는 전문위원회를 둘 수 있다.

⑨ 중앙행정심판위원회, 소위원회 및 전문위원회의 조직과 운영 등에 필요한 사항은 대통령령으로 정한다.

제9조(위원의 임기 및 신분보장 등) ① 제7조제4항에 따라 지명된 위원은 그 직에 재직하는 동안 재임한다.

② 제8조제3항에 따라 임명된 중앙행정심판위원회 상임위원의 임기는 3년으로 하며, 1차에 한하여 연임할 수 있다.

③ 제7조제4항 및 제8조제4항에 따라 위촉된 위원의 임기는 2년으로 하되, 2차에 한하여 연임할 수 있다. 다만, 제6조제1항제2호에 규 정된 기관에 두는 행정심판위원회의 위촉위원의 경우에는 각각 국 회규칙, 대법원규칙, 헌법재판소규칙 또는 중앙선거관리위원회규칙 으로 정하는 바에 따른다.

④ 다음 각 호의 어느 하나에 해당하는 사람은 제6조에 따른 행정심 판위원회(이하 "위원회"라 한다)의 위원이 될 수 없으며, 위원이 이에 해당하게 된 때에는 당연히 퇴직한다.

1. 대한민국 국민이 아닌 사람

2. 「국가공무원법」 제33조 각 호의 어느 하나에 해당하는 사람

⑤ 제7조제4항 및 제8조제4항에 따라 위촉된 위원은 금고(禁錮) 이상 의 형을 선고받거나 부득이한 사유로 장기간 직무를 수행할 수 없

게 되는 경우 외에는 임기 중 그의 의사와 다르게 해촉(解囑)되지 아니한다.

제10조(위원의 제척·기피·회피) ① 위원회의 위원은 다음 각 호의 어느 하나에 해당하는 경우에는 그 사건의 심리·의결에서 제척(除斥)된다. 이 경우 제척결정은 위원회의 위원장(이하 "위원장"이라 한다)이 직권으로 또는 당사자의 신청에 의하여 한다.

  1. 위원 또는 그 배우자나 배우자이었던 사람이 사건의 당사자이거나 사건에 관하여 공동 권리자 또는 의무자인 경우
  2. 위원이 사건의 당사자와 친족이거나 친족이었던 경우
  3. 위원이 사건에 관하여 증언이나 감정(鑑定)을 한 경우
  4. 위원이 당사자의 대리인으로서 사건에 관여하거나 관여하였던 경우
  5. 위원이 사건의 대상이 된 처분 또는 부작위에 관여한 경우

② 당사자는 위원에게 공정한 심리·의결을 기대하기 어려운 사정이 있으면 위원장에게 기피신청을 할 수 있다.

③ 위원에 대한 제척신청이나 기피신청은 그 사유를 소명(疏明)한 문서로 하여야 한다. 다만, 불가피한 경우에는 신청한 날부터 3일 이내에 신청 사유를 소명할 수 있는 자료를 제출하여야 한다. <개정 2016. 3. 29.>

④ 제척신청이나 기피신청이 제3항을 위반하였을 때에는 위원장은 결정으로 이를 각하한다. <신설 2016. 3. 29.>

⑤ 위원장은 제척신청이나 기피신청의 대상이 된 위원에게서 그에 대한 의견을 받을 수 있다. <개정 2016. 3. 29.>

⑥ 위원장은 제척신청이나 기피신청을 받으면 제척 또는 기피 여부에 대한 결정을 하고, 지체 없이 신청인에게 결정서 정본(正本)을 송달하여야 한다. <개정 2016. 3. 29.>

⑦ 위원회의 회의에 참석하는 위원이 제척사유 또는 기피사유에 해당
되는 것을 알게 되었을 때에는 스스로 그 사건의 심리·의결에서
회피할 수 있다. 이 경우 회피하고자 하는 위원은 위원장에게 그
사유를 소명하여야 한다. <개정 2016. 3. 29.>

⑧ 사건의 심리·의결에 관한 사무에 관여하는 위원 아닌 직원에게도
제1항부터 제7항까지의 규정을 준용한다. <개정 2016. 3. 29.>

제11조(벌칙 적용 시의 공무원 의제) 위원 중 공무원이 아닌 위원은 「형법」
과 그 밖의 법률에 따른 벌칙을 적용할 때에는 공무원으로 본다.

제12조(위원회의 권한 승계) ① 당사자의 심판청구 후 위원회가 법령의 개
정·폐지 또는 제17조제5항에 따른 피청구인의 경정 결정에 따라 그
심판청구에 대하여 재결할 권한을 잃게 된 경우에는 해당 위원회는 심
판청구서와 관계 서류, 그 밖의 자료를 새로 재결할 권한을 갖게 된 위
원회에 보내야 한다.

② 제1항의 경우 송부를 받은 위원회는 지체 없이 그 사실을 다음 각
호의 자에게 알려야 한다.

1. 행정심판 청구인(이하 "청구인"이라 한다)

2. 행정심판 피청구인(이하 "피청구인"이라 한다)

3. 제20조 또는 제21조에 따라 심판참가를 하는 자(이하 "참가인"
이라 한다)

제3장 당사자와 관계인

제13조(청구인 적격) ① 취소심판은 처분의 취소 또는 변경을 구할 법률
상 이익이 있는 자가 청구할 수 있다. 처분의 효과가 기간의 경과, 처
분의 집행, 그 밖의 사유로 소멸된 뒤에도 그 처분의 취소로 회복되는
법률상 이익이 있는 자의 경우에도 또한 같다.

② 무효등확인심판은 처분의 효력 유무 또는 존재 여부의 확인을 구할 법률상 이익이 있는 자가 청구할 수 있다.

③ 의무이행심판은 처분을 신청한 자로서 행정청의 거부처분 또는 부작위에 대하여 일정한 처분을 구할 법률상 이익이 있는 자가 청구할 수 있다.

제14조(법인이 아닌 사단 또는 재단의 청구인 능력) 법인이 아닌 사단 또는 재단으로서 대표자나 관리인이 정하여져 있는 경우에는 그 사단이나 재단의 이름으로 심판청구를 할 수 있다.

제15조(선정대표자) ① 여러 명의 청구인이 공동으로 심판청구를 할 때에는 청구인들 중에서 3명 이하의 선정대표자를 선정할 수 있다.

② 청구인들이 제1항에 따라 선정대표자를 선정하지 아니한 경우에 위원회는 필요하다고 인정하면 청구인들에게 선정대표자를 선정할 것을 권고할 수 있다.

③ 선정대표자는 다른 청구인들을 위하여 그 사건에 관한 모든 행위를 할 수 있다. 다만, 심판청구를 취하하려면 다른 청구인들의 동의를 받아야 하며, 이 경우 동의받은 사실을 서면으로 소명하여야 한다.

④ 선정대표자가 선정되면 다른 청구인들은 그 선정대표자를 통해서만 그 사건에 관한 행위를 할 수 있다.

⑤ 선정대표자를 선정한 청구인들은 필요하다고 인정하면 선정대표자를 해임하거나 변경할 수 있다. 이 경우 청구인들은 그 사실을 지체 없이 위원회에 서면으로 알려야 한다.

제16조(청구인의 지위 승계) ① 청구인이 사망한 경우에는 상속인이나 그 밖에 법령에 따라 심판청구의 대상에 관계되는 권리나 이익을 승계한 자가 청구인의 지위를 승계한다.

② 법인인 청구인이 합병(合倂)에 따라 소멸하였을 때에는 합병 후 존

속하는 법인이나 합병에 따라 설립된 법인이 청구인의 지위를 승계한다.

③ 제1항과 제2항에 따라 청구인의 지위를 승계한 자는 위원회에 서면으로 그 사유를 신고하여야 한다. 이 경우 신고서에는 사망 등에 의한 권리·이익의 승계 또는 합병 사실을 증명하는 서면을 함께 제출하여야 한다.

④ 제1항 또는 제2항의 경우에 제3항에 따른 신고가 있을 때까지 사망자나 합병 전의 법인에 대하여 한 통지 또는 그 밖의 행위가 청구인의 지위를 승계한 자에게 도달하면 지위를 승계한 자에 대한 통지 또는 그 밖의 행위로서의 효력이 있다.

⑤ 심판청구의 대상과 관계되는 권리나 이익을 양수한 자는 위원회의 허가를 받아 청구인의 지위를 승계할 수 있다.

⑥ 위원회는 제5항의 지위 승계 신청을 받으면 기간을 정하여 당사자와 참가인에게 의견을 제출하도록 할 수 있으며, 당사자와 참가인이 그 기간에 의견을 제출하지 아니하면 의견이 없는 것으로 본다.

⑦ 위원회는 제5항의 지위 승계 신청에 대하여 허가 여부를 결정하고, 지체 없이 신청인에게는 결정서 정본을, 당사자와 참가인에게는 결정서 등본을 송달하여야 한다.

⑧ 신청인은 위원회가 제5항의 지위 승계를 허가하지 아니하면 결정서 정본을 받은 날부터 7일 이내에 위원회에 이의신청을 할 수 있다.

제17조(피청구인의 적격 및 경정) ① 행정심판은 처분을 한 행정청(의무이행심판의 경우에는 청구인의 신청을 받은 행정청)을 피청구인으로 하여 청구하여야 한다. 다만, 심판청구의 대상과 관계되는 권한이 다른 행정청에 승계된 경우에는 권한을 승계한 행정청을 피청구인으로 하여야 한다.

② 청구인이 피청구인을 잘못 지정한 경우에는 위원회는 직권으로 또

는 당사자의 신청에 의하여 결정으로써 피청구인을 경정(更正)할 수 있다.

③ 위원회는 제2항에 따라 피청구인을 경정하는 결정을 하면 결정서 정본을 당사자(종전의 피청구인과 새로운 피청구인을 포함한다. 이 하 제6항에서 같다)에게 송달하여야 한다.

④ 제2항에 따른 결정이 있으면 종전의 피청구인에 대한 심판청구는 취하되고 종전의 피청구인에 대한 행정심판이 청구된 때에 새로운 피청구인에 대한 행정심판이 청구된 것으로 본다.

⑤ 위원회는 행정심판이 청구된 후에 제1항 단서의 사유가 발생하면 직권으로 또는 당사자의 신청에 의하여 결정으로써 피청구인을 경정한다. 이 경우에는 제3항과 제4항을 준용한다.

⑥ 당사자는 제2항 또는 제5항에 따른 위원회의 결정에 대하여 결정서 정본을 받은 날부터 7일 이내에 위원회에 이의신청을 할 수 있다.

제18조(대리인의 선임) ① 청구인은 법정대리인 외에 다음 각 호의 어느 하나에 해당하는 자를 대리인으로 선임할 수 있다.

    1. 청구인의 배우자, 청구인 또는 배우자의 사촌 이내의 혈족

    2. 청구인이 법인이거나 제14조에 따른 청구인 능력이 있는 법인이 아닌 사단 또는 재단인 경우 그 소속 임직원

    3. 변호사

    4. 다른 법률에 따라 심판청구를 대리할 수 있는 자

    5. 그 밖에 위원회의 허가를 받은 자

② 피청구인은 그 소속 직원 또는 제1항제3호부터 제5호까지의 어느 하나에 해당하는 자를 대리인으로 선임할 수 있다.

③ 제1항과 제2항에 따른 대리인에 관하여는 제15조제3항 및 제5항을 준용한다.

제18조의2(국선대리인) ① 청구인이 경제적 능력으로 인해 대리인을 선임

할 수 없는 경우에는 위원회에 국선대리인을 선임하여 줄 것을 신청할 수 있다.

② 위원회는 제1항의 신청에 따른 국선대리인 선정 여부에 대한 결정을 하고, 지체 없이 청구인에게 그 결과를 통지하여야 한다. 이 경우 위원회는 심판청구가 명백히 부적법하거나 이유 없는 경우 또는 권리의 남용이라고 인정되는 경우에는 국선대리인을 선정하지 아니할 수 있다.

③ 국선대리인 신청절차, 국선대리인 지원 요건, 국선대리인의 자격·보수 등 국선대리인 운영에 필요한 사항은 국회규칙, 대법원규칙, 헌법재판소규칙, 중앙선거관리위원회규칙 또는 대통령령으로 정한다. [본조신설 2017. 10. 31.]

제19조(대표자 등의 자격) ① 대표자·관리인·선정대표자 또는 대리인의 자격은 서면으로 소명하여야 한다.

② 청구인이나 피청구인은 대표자·관리인·선정대표자 또는 대리인이 그 자격을 잃으면 그 사실을 서면으로 위원회에 신고하여야 한다. 이 경우 소명 자료를 함께 제출하여야 한다.

제20조(심판참가) ① 행정심판의 결과에 이해관계가 있는 제3자나 행정청은 해당 심판청구에 대한 제7조제6항 또는 제8조제7항에 따른 위원회나 소위원회의 의결이 있기 전까지 그 사건에 대하여 심판참가를 할 수 있다.

② 제1항에 따른 심판참가를 하려는 자는 참가의 취지와 이유를 적은 참가신청서를 위원회에 제출하여야 한다. 이 경우 당사자의 수만큼 참가신청서 부본을 함께 제출하여야 한다.

③ 위원회는 제2항에 따라 참가신청서를 받으면 참가신청서 부본을 당사자에게 송달하여야 한다.

④ 제3항의 경우 위원회는 기간을 정하여 당사자와 다른 참가인에게

제3자의 참가신청에 대한 의견을 제출하도록 할 수 있으며, 당사자
와 다른 참가인이 그 기간에 의견을 제출하지 아니하면 의견이 없
는 것으로 본다.

⑤ 위원회는 제2항에 따라 참가신청을 받으면 허가 여부를 결정하고,
지체 없이 신청인에게는 결정서 정본을, 당사자와 다른 참가인에게
는 결정서 등본을 송달하여야 한다.

⑥ 신청인은 제5항에 따라 송달을 받은 날부터 7일 이내에 위원회에
이의신청을 할 수 있다.

제21조(심판참가의 요구) ① 위원회는 필요하다고 인정하면 그 행정심판
결과에 이해관계가 있는 제3자나 행정청에 그 사건 심판에 참가할 것
을 요구할 수 있다.

② 제1항의 요구를 받은 제3자나 행정청은 지체 없이 그 사건 심판에
참가할 것인지 여부를 위원회에 통지하여야 한다.

제22조(참가인의 지위) ① 참가인은 행정심판 절차에서 당사자가 할 수 있
는 심판절차상의 행위를 할 수 있다.

② 이 법에 따라 당사자가 위원회에 서류를 제출할 때에는 참가인의 수
만큼 부본을 제출하여야 하고, 위원회가 당사자에게 통지를 하거나
서류를 송달할 때에는 참가인에게도 통지하거나 송달하여야 한다.

③ 참가인의 대리인 선임과 대표자 자격 및 서류 제출에 관하여는 제
18조, 제19조 및 이 조 제2항을 준용한다.

제4장 행정심판 청구

제23조(심판청구서의 제출) ① 행정심판을 청구하려는 자는 제28조에 따
라 심판청구서를 작성하여 피청구인이나 위원회에 제출하여야 한다.
이 경우 피청구인의 수만큼 심판청구서 부본을 함께 제출하여야 한다.

② 행정청이 제58조에 따른 고지를 하지 아니하거나 잘못 고지하여 청구인이 심판청구서를 다른 행정기관에 제출한 경우에는 그 행정기관은 그 심판청구서를 지체 없이 정당한 권한이 있는 피청구인에게 보내야 한다.

③ 제2항에 따라 심판청구서를 보낸 행정기관은 지체 없이 그 사실을 청구인에게 알려야 한다.

④ 제27조에 따른 심판청구 기간을 계산할 때에는 제1항에 따른 피청구인이나 위원회 또는 제2항에 따른 행정기관에 심판청구서가 제출되었을 때에 행정심판이 청구된 것으로 본다.

제24조(피청구인의 심판청구서 등의 접수·처리) ① 피청구인이 제23조제1항·제2항 또는 제26조제1항에 따라 심판청구서를 접수하거나 송부받으면 10일 이내에 심판청구서(제23조제1항·제2항의 경우만 해당된다)와 답변서를 위원회에 보내야 한다. 다만, 청구인이 심판청구를 취하한 경우에는 그러하지 아니하다.

② 피청구인은 처분의 상대방이 아닌 제3자가 심판청구를 한 경우에는 지체 없이 처분의 상대방에게 그 사실을 알려야 한다. 이 경우 심판청구서 사본을 함께 송달하여야 한다.

③ 피청구인이 제1항 본문에 따라 심판청구서를 보낼 때에는 심판청구서에 위원회가 표시되지 아니하였거나 잘못 표시된 경우에도 정당한 권한이 있는 위원회에 보내야 한다.

④ 피청구인은 제1항 본문에 따라 답변서를 보낼 때에는 청구인의 수만큼 답변서 부본을 함께 보내되, 답변서에는 다음 각 호의 사항을 명확하게 적어야 한다.

　1. 처분이나 부작위의 근거와 이유

　2. 심판청구의 취지와 이유에 대응하는 답변

　3. 제2항에 해당하는 경우에는 처분의 상대방의 이름·주소·연락

처와 제2항의 의무 이행 여부

⑤ 제2항과 제3항의 경우에 피청구인은 송부 사실을 지체 없이 청구인에게 알려야 한다.

⑥ 중앙행정심판위원회에서 심리·재결하는 사건인 경우 피청구인은 제1항에 따라 위원회에 심판청구서 또는 답변서를 보낼 때에는 소관 중앙행정기관의 장에게도 그 심판청구·답변의 내용을 알려야 한다.

제25조(피청구인의 직권취소등) ① 제23조제1항·제2항 또는 제26조제1항에 따라 심판청구서를 받은 피청구인은 그 심판청구가 이유 있다고 인정하면 심판청구의 취지에 따라 직권으로 처분을 취소·변경하거나 확인을 하거나 신청에 따른 처분(이하 이 조에서 "직권취소등"이라 한다)을 할 수 있다. 이 경우 서면으로 청구인에게 알려야 한다.

② 피청구인은 제1항에 따라 직권취소등을 하였을 때에는 청구인이 심판청구를 취하한 경우가 아니면 제24조제1항 본문에 따라 심판청구서·답변서를 보낼 때 직권취소등의 사실을 증명하는 서류를 위원회에 함께 제출하여야 한다.

제26조(위원회의 심판청구서 등의 접수·처리) ① 위원회는 제23조제1항에 따라 심판청구서를 받으면 지체 없이 피청구인에게 심판청구서 부본을 보내야 한다.

② 위원회는 제24조제1항 본문에 따라 피청구인으로부터 답변서가 제출되면 답변서 부본을 청구인에게 송달하여야 한다.

제27조(심판청구의 기간) ① 행정심판은 처분이 있음을 알게 된 날부터 90일 이내에 청구하여야 한다.

② 청구인이 천재지변, 전쟁, 사변(事變), 그 밖의 불가항력으로 인하여 제1항에서 정한 기간에 심판청구를 할 수 없었을 때에는 그 사유가 소멸한 날부터 14일 이내에 행정심판을 청구할 수 있다. 다만,

국외에서 행정심판을 청구하는 경우에는 그 기간을 30일로 한다.

③ 행정심판은 처분이 있었던 날부터 180일이 지나면 청구하지 못한다. 다만, 정당한 사유가 있는 경우에는 그러하지 아니하다.

④ 제1항과 제2항의 기간은 불변기간(不變期間)으로 한다.

⑤ 행정청이 심판청구 기간을 제1항에 규정된 기간보다 긴 기간으로 잘못 알린 경우 그 잘못 알린 기간에 심판청구가 있으면 그 행정심판은 제1항에 규정된 기간에 청구된 것으로 본다.

⑥ 행정청이 심판청구 기간을 알리지 아니한 경우에는 제3항에 규정된 기간에 심판청구를 할 수 있다.

⑦ 제1항부터 제6항까지의 규정은 무효등확인심판청구와 부작위에 대한 의무이행심판청구에는 적용하지 아니한다.

제28조(심판청구의 방식) ① 심판청구는 서면으로 하여야 한다.

② 처분에 대한 심판청구의 경우에는 심판청구서에 다음 각 호의 사항이 포함되어야 한다.

  1. 청구인의 이름과 주소 또는 사무소(주소 또는 사무소 외의 장소에서 송달받기를 원하면 송달장소를 추가로 적어야 한다)

  2. 피청구인과 위원회

  3. 심판청구의 대상이 되는 처분의 내용

  4. 처분이 있음을 알게 된 날

  5. 심판청구의 취지와 이유

  6. 피청구인의 행정심판 고지 유무와 그 내용

③ 부작위에 대한 심판청구의 경우에는 제2항제1호·제2호·제5호의 사항과 그 부작위의 전제가 되는 신청의 내용과 날짜를 적어야 한다.

④ 청구인이 법인이거나 제14조에 따른 청구인 능력이 있는 법인이 아닌 사단 또는 재단이거나 행정심판이 선정대표자나 대리인에 의하여 청구되는 것일 때에는 제2항 또는 제3항의 사항과 함께 그

대표자·관리인·선정대표자 또는 대리인의 이름과 주소를 적어야
한다.

⑤ 심판청구서에는 청구인·대표자·관리인·선정대표자 또는 대리인
이 서명하거나 날인하여야 한다.

제29조(청구의 변경) ① 청구인은 청구의 기초에 변경이 없는 범위에서
청구의 취지나 이유를 변경할 수 있다.

② 행정심판이 청구된 후에 피청구인이 새로운 처분을 하거나 심판청
구의 대상인 처분을 변경한 경우에는 청구인은 새로운 처분이나
변경된 처분에 맞추어 청구의 취지나 이유를 변경할 수 있다.

③ 제1항 또는 제2항에 따른 청구의 변경은 서면으로 신청하여야 한
다. 이 경우 피청구인과 참가인의 수만큼 청구변경신청서 부본을
함께 제출하여야 한다.

④ 위원회는 제3항에 따른 청구변경신청서 부본을 피청구인과 참가인
에게 송달하여야 한다.

⑤ 제4항의 경우 위원회는 기간을 정하여 피청구인과 참가인에게 청
구변경 신청에 대한 의견을 제출하도록 할 수 있으며, 피청구인과
참가인이 그 기간에 의견을 제출하지 아니하면 의견이 없는 것으
로 본다.

⑥ 위원회는 제1항 또는 제2항의 청구변경 신청에 대하여 허가할 것
인지 여부를 결정하고, 지체 없이 신청인에게는 결정서 정본을, 당
사자 및 참가인에게는 결정서 등본을 송달하여야 한다.

⑦ 신청인은 제6항에 따라 송달을 받은 날부터 7일 이내에 위원회에
이의신청을 할 수 있다.

⑧ 청구의 변경결정이 있으면 처음 행정심판이 청구되었을 때부터 변
경된 청구의 취지나 이유로 행정심판이 청구된 것으로 본다.

제30조(집행정지) ① 심판청구는 처분의 효력이나 그 집행 또는 절차의

속행(續行)에 영향을 주지 아니한다.

② 위원회는 처분, 처분의 집행 또는 절차의 속행 때문에 중대한 손해가 생기는 것을 예방할 필요성이 긴급하다고 인정할 때에는 직권으로 또는 당사자의 신청에 의하여 처분의 효력, 처분의 집행 또는 절차의 속행의 전부 또는 일부의 정지(이하 "집행정지"라 한다)를 결정할 수 있다. 다만, 처분의 효력정지는 처분의 집행 또는 절차의 속행을 정지함으로써 그 목적을 달성할 수 있을 때에는 허용되지 아니한다.

③ 집행정지는 공공복리에 중대한 영향을 미칠 우려가 있을 때에는 허용되지 아니한다.

④ 위원회는 집행정지를 결정한 후에 집행정지가 공공복리에 중대한 영향을 미치거나 그 정지사유가 없어진 경우에는 직권으로 또는 당사자의 신청에 의하여 집행정지 결정을 취소할 수 있다.

⑤ 집행정지 신청은 심판청구와 동시에 또는 심판청구에 대한 제7조제6항 또는 제8조제7항에 따른 위원회나 소위원회의 의결이 있기 전까지, 집행정지 결정의 취소신청은 심판청구에 대한 제7조제6항 또는 제8조제7항에 따른 위원회나 소위원회의 의결이 있기 전까지 신청의 취지와 원인을 적은 서면을 위원회에 제출하여야 한다. 다만, 심판청구서를 피청구인에게 제출한 경우로서 심판청구와 동시에 집행정지 신청을 할 때에는 심판청구서 사본과 접수증명서를 함께 제출하여야 한다.

⑥ 제2항과 제4항에도 불구하고 위원회의 심리·결정을 기다릴 경우 중대한 손해가 생길 우려가 있다고 인정되면 위원장은 직권으로 위원회의 심리·결정을 갈음하는 결정을 할 수 있다. 이 경우 위원장은 지체 없이 위원회에 그 사실을 보고하고 추인(追認)을 받아야 하며, 위원회의 추인을 받지 못하면 위원장은 집행정지 또는 집행

정지 취소에 관한 결정을 취소하여야 한다.

⑦ 위원회는 집행정지 또는 집행정지의 취소에 관하여 심리·결정하면 지체 없이 당사자에게 결정서 정본을 송달하여야 한다.

제31조(임시처분) ① 위원회는 처분 또는 부작위가 위법·부당하다고 상당히 의심되는 경우로서 처분 또는 부작위 때문에 당사자가 받을 우려가 있는 중대한 불이익이나 당사자에게 생길 급박한 위험을 막기 위하여 임시지위를 정하여야 할 필요가 있는 경우에는 직권으로 또는 당사자의 신청에 의하여 임시처분을 결정할 수 있다.

② 제1항에 따른 임시처분에 관하여는 제30조제3항부터 제7항까지를 준용한다. 이 경우 같은 조 제6항 전단 중 "중대한 손해가 생길 우려"는 "중대한 불이익이나 급박한 위험이 생길 우려"로 본다.

③ 제1항에 따른 임시처분은 제30조제2항에 따른 집행정지로 목적을 달성할 수 있는 경우에는 허용되지 아니한다.

제5장 심리

제32조(보정) ① 위원회는 심판청구가 적법하지 아니하나 보정(補正)할 수 있다고 인정하면 기간을 정하여 청구인에게 보정할 것을 요구할 수 있다. 다만, 경미한 사항은 직권으로 보정할 수 있다.

② 청구인은 제1항의 요구를 받으면 서면으로 보정하여야 한다. 이 경우 다른 당사자의 수만큼 보정서 부본을 함께 제출하여야 한다.

③ 위원회는 제2항에 따라 제출된 보정서 부본을 지체 없이 다른 당사자에게 송달하여야 한다.

④ 제1항에 따른 보정을 한 경우에는 처음부터 적법하게 행정심판이 청구된 것으로 본다.

⑤ 제1항에 따른 보정기간은 제45조에 따른 재결 기간에 산입하지 아

니한다.

제33조(주장의 보충) ① 당사자는 심판청구서·보정서·답변서·참가신청서 등에서 주장한 사실을 보충하고 다른 당사자의 주장을 다시 반박하기 위하여 필요하면 위원회에 보충서면을 제출할 수 있다. 이 경우 다른 당사자의 수만큼 보충서면 부본을 함께 제출하여야 한다.

② 위원회는 필요하다고 인정하면 보충서면의 제출기한을 정할 수 있다.

③ 위원회는 제1항에 따라 보충서면을 받으면 지체 없이 다른 당사자에게 그 부본을 송달하여야 한다.

제34조(증거서류 등의 제출) ① 당사자는 심판청구서·보정서·답변서·참가신청서·보충서면 등에 덧붙여 그 주장을 뒷받침하는 증거서류나 증거물을 제출할 수 있다.

② 제1항의 증거서류에는 다른 당사자의 수만큼 증거서류 부본을 함께 제출하여야 한다.

③ 위원회는 당사자가 제출한 증거서류의 부본을 지체 없이 다른 당사자에게 송달하여야 한다.

제35조(자료의 제출 요구 등) ① 위원회는 사건 심리에 필요하면 관계 행정기관이 보관 중인 관련 문서, 장부, 그 밖에 필요한 자료를 제출할 것을 요구할 수 있다.

② 위원회는 필요하다고 인정하면 사건과 관련된 법령을 주관하는 행정기관이나 그 밖의 관계 행정기관의 장 또는 그 소속 공무원에게 위원회 회의에 참석하여 의견을 진술할 것을 요구하거나 의견서를 제출할 것을 요구할 수 있다.

③ 관계 행정기관의 장은 특별한 사정이 없으면 제1항과 제2항에 따른 위원회의 요구에 따라야 한다.

④ 중앙행정심판위원회에서 심리·재결하는 심판청구의 경우 소관 중앙행정기관의 장은 의견서를 제출하거나 위원회에 출석하여 의견

을 진술할 수 있다.

제36조(증거조사) ① 위원회는 사건을 심리하기 위하여 필요하면 직권으로 또는 당사자의 신청에 의하여 다음 각 호의 방법에 따라 증거조사를 할 수 있다.

    1. 당사자나 관계인(관계 행정기관 소속 공무원을 포함한다. 이하 같다)을 위원회의 회의에 출석하게 하여 신문(訊問)하는 방법

    2. 당사자나 관계인이 가지고 있는 문서·장부·물건 또는 그 밖의 증거 자료의 제출을 요구하고 영치(領置)하는 방법

    3. 특별한 학식과 경험을 가진 제3자에게 감정을 요구하는 방법

    4. 당사자 또는 관계인의 주소·거소·사업장이나 그 밖의 필요한 장소에 출입하여 당사자 또는 관계인에게 질문하거나 서류·물건 등을 조사·검증하는 방법

② 위원회는 필요하면 위원회가 소속된 행정청의 직원이나 다른 행정기관에 촉탁하여 제1항의 증거조사를 하게 할 수 있다.

③ 제1항에 따른 증거조사를 수행하는 사람은 그 신분을 나타내는 증표를 지니고 이를 당사자나 관계인에게 내보여야 한다.

④ 제1항에 따른 당사자 등은 위원회의 조사나 요구 등에 성실하게 협조하여야 한다.

제37조(절차의 병합 또는 분리) 위원회는 필요하면 관련되는 심판청구를 병합하여 심리하거나 병합된 관련 청구를 분리하여 심리할 수 있다.

제38조(심리기일의 지정과 변경) ① 심리기일은 위원회가 직권으로 지정한다.

② 심리기일의 변경은 직권으로 또는 당사자의 신청에 의하여 한다.

③ 위원회는 심리기일이 변경되면 지체 없이 그 사실과 사유를 당사자에게 알려야 한다.

④ 심리기일의 통지나 심리기일 변경의 통지는 서면으로 하거나 심판청구서에 적힌 전화, 휴대전화를 이용한 문자전송, 팩시밀리 또는

전자우편 등 간편한 통지 방법(이하 "간이통지방법"이라 한다)으로 할 수 있다.

제39조(직권심리) 위원회는 필요하면 당사자가 주장하지 아니한 사실에 대하여도 심리할 수 있다.

제40조(심리의 방식) ① 행정심판의 심리는 구술심리나 서면심리로 한다. 다만, 당사자가 구술심리를 신청한 경우에는 서면심리만으로 결정할 수 있다고 인정되는 경우 외에는 구술심리를 하여야 한다.

② 위원회는 제1항 단서에 따라 구술심리 신청을 받으면 그 허가 여부를 결정하여 신청인에게 알려야 한다.

③ 제2항의 통지는 간이통지방법으로 할 수 있다.

제41조(발언 내용 등의 비공개) 위원회에서 위원이 발언한 내용이나 그 밖에 공개되면 위원회의 심리·재결의 공정성을 해칠 우려가 있는 사항으로서 대통령령으로 정하는 사항은 공개하지 아니한다.

제42조(심판청구 등의 취하) ① 청구인은 심판청구에 대하여 제7조제6항 또는 제8조제7항에 따른 의결이 있을 때까지 서면으로 심판청구를 취하할 수 있다.

② 참가인은 심판청구에 대하여 제7조제6항 또는 제8조제7항에 따른 의결이 있을 때까지 서면으로 참가신청을 취하할 수 있다.

③ 제1항 또는 제2항에 따른 취하서에는 청구인이나 참가인이 서명하거나 날인하여야 한다.

④ 청구인 또는 참가인은 취하서를 피청구인 또는 위원회에 제출하여야 한다. 이 경우 제23조제2항부터 제4항까지의 규정을 준용한다.

⑤ 피청구인 또는 위원회는 계속 중인 사건에 대하여 제1항 또는 제2항에 따른 취하서를 받으면 지체 없이 다른 관계 기관, 청구인, 참가인에게 취하 사실을 알려야 한다.

제6장 재결

제43조(재결의 구분) ① 위원회는 심판청구가 적법하지 아니하면 그 심판
청구를 각하(却下)한다.

② 위원회는 심판청구가 이유가 없다고 인정하면 그 심판청구를 기각
(棄却)한다.

③ 위원회는 취소심판의 청구가 이유가 있다고 인정하면 처분을 취소
또는 다른 처분으로 변경하거나 처분을 다른 처분으로 변경할 것
을 피청구인에게 명한다.

④ 위원회는 무효등확인심판의 청구가 이유가 있다고 인정하면 처분
의 효력 유무 또는 처분의 존재 여부를 확인한다.

⑤ 위원회는 의무이행심판의 청구가 이유가 있다고 인정하면 지체 없이
신청에 따른 처분을 하거나 처분을 할 것을 피청구인에게 명한다.

제43조의2(조정) ① 위원회는 당사자의 권리 및 권한의 범위에서 당사자
의 동의를 받아 심판청구의 신속하고 공정한 해결을 위하여 조정을 할
수 있다. 다만, 그 조정이 공공복리에 적합하지 아니하거나 해당 처분
의 성질에 반하는 경우에는 그러하지 아니하다.

② 위원회는 제1항의 조정을 함에 있어서 심판청구된 사건의 법적·사
실적 상태와 당사자 및 이해관계자의 이익 등 모든 사정을 참작하
고, 조정의 이유와 취지를 설명하여야 한다.

③ 조정은 당사자가 합의한 사항을 조정서에 기재한 후 당사자가 서
명 또는 날인하고 위원회가 이를 확인함으로써 성립한다.

④ 제3항에 따른 조정에 대하여는 제48조부터 제50조까지, 제50조의
2, 제51조의 규정을 준용한다. [본조신설 2017. 10. 31.]

제44조(사정재결) ① 위원회는 심판청구가 이유가 있다고 인정하는 경우
에도 이를 인용(認容)하는 것이 공공복리에 크게 위배된다고 인정하면
그 심판청구를 기각하는 재결을 할 수 있다. 이 경우 위원회는 재결의

주문(主文)에서 그 처분 또는 부작위가 위법하거나 부당하다는 것을 구체적으로 밝혀야 한다.

② 위원회는 제1항에 따른 재결을 할 때에는 청구인에 대하여 상당한 구제방법을 취하거나 상당한 구제방법을 취할 것을 피청구인에게 명할 수 있다.

③ 제1항과 제2항은 무효등확인심판에는 적용하지 아니한다.

제45조(재결 기간) ① 재결은 제23조에 따라 피청구인 또는 위원회가 심판청구서를 받은 날부터 60일 이내에 하여야 한다. 다만, 부득이한 사정이 있는 경우에는 위원장이 직권으로 30일을 연장할 수 있다.

② 위원장은 제1항 단서에 따라 재결 기간을 연장할 경우에는 재결 기간이 끝나기 7일 전까지 당사자에게 알려야 한다.

제46조(재결의 방식) ① 재결은 서면으로 한다.

② 제1항에 따른 재결서에는 다음 각 호의 사항이 포함되어야 한다.

   1. 사건번호와 사건명

   2. 당사자·대표자 또는 대리인의 이름과 주소

   3. 주문

   4. 청구의 취지

   5. 이유

   6. 재결한 날짜

③ 재결서에 적는 이유에는 주문 내용이 정당하다는 것을 인정할 수 있는 정도의 판단을 표시하여야 한다.

제47조(재결의 범위) ① 위원회는 심판청구의 대상이 되는 처분 또는 부작위 외의 사항에 대하여는 재결하지 못한다.

② 위원회는 심판청구의 대상이 되는 처분보다 청구인에게 불리한 재결을 하지 못한다.

제48조(재결의 송달과 효력 발생) ① 위원회는 지체 없이 당사자에게 재결

서의 정본을 송달하여야 한다. 이 경우 중앙행정심판위원회는 재결 결과를 소관 중앙행정기관의 장에게도 알려야 한다.

② 재결은 청구인에게 제1항 전단에 따라 송달되었을 때에 그 효력이 생긴다.

③ 위원회는 재결서의 등본을 지체 없이 참가인에게 송달하여야 한다.

④ 처분의 상대방이 아닌 제3자가 심판청구를 한 경우 위원회는 재결서의 등본을 지체 없이 피청구인을 거쳐 처분의 상대방에게 송달하여야 한다.

제49조(재결의 기속력 등) ① 심판청구를 인용하는 재결은 피청구인과 그 밖의 관계 행정청을 기속(羈束)한다.

② 재결에 의하여 취소되거나 무효 또는 부존재로 확인되는 처분이 당사자의 신청을 거부하는 것을 내용으로 하는 경우에는 그 처분을 한 행정청은 재결의 취지에 따라 다시 이전의 신청에 대한 처분을 하여야 한다. <신설 2017. 4. 18.>

③ 당사자의 신청을 거부하거나 부작위로 방치한 처분의 이행을 명하는 재결이 있으면 행정청은 지체 없이 이전의 신청에 대하여 재결의 취지에 따라 처분을 하여야 한다. <개정 2017. 4. 18.>

④ 신청에 따른 처분이 절차의 위법 또는 부당을 이유로 재결로써 취소된 경우에는 제2항을 준용한다. <개정 2017. 4. 18.>

⑤ 법령의 규정에 따라 공고하거나 고시한 처분이 재결로써 취소되거나 변경되면 처분을 한 행정청은 지체 없이 그 처분이 취소 또는 변경되었다는 것을 공고하거나 고시하여야 한다. <개정 2017. 4. 18.>

⑥ 법령의 규정에 따라 처분의 상대방 외의 이해관계인에게 통지된 처분이 재결로써 취소되거나 변경되면 처분을 한 행정청은 지체 없이 그 이해관계인에게 그 처분이 취소 또는 변경되었다는 것을

알려야 한다. <개정 2017. 4. 18.>

제50조(위원회의 직접 처분) ① 위원회는 피청구인이 제49조제3항에도 불구하고 처분을 하지 아니하는 경우에는 당사자가 신청하면 기간을 정하여 서면으로 시정을 명하고 그 기간에 이행하지 아니하면 직접 처분을 할 수 있다. 다만, 그 처분의 성질이나 그 밖의 불가피한 사유로 위원회가 직접 처분을 할 수 없는 경우에는 그러하지 아니하다. <개정 2017. 4. 18.>

② 위원회는 제1항 본문에 따라 직접 처분을 하였을 때에는 그 사실을 해당 행정청에 통보하여야 하며, 그 통보를 받은 행정청은 위원회가 한 처분을 자기가 한 처분으로 보아 관계 법령에 따라 관리·감독 등 필요한 조치를 하여야 한다.

제50조의2(위원회의 간접강제) ① 위원회는 피청구인이 제49조제2항(제49조제4항에서 준용하는 경우를 포함한다) 또는 제3항에 따른 처분을 하지 아니하면 청구인의 신청에 의하여 결정으로 상당한 기간을 정하고 피청구인이 그 기간 내에 이행하지 아니하는 경우에는 그 지연기간에 따라 일정한 배상을 하도록 명하거나 즉시 배상을 할 것을 명할 수 있다.

② 위원회는 사정의 변경이 있는 경우에는 당사자의 신청에 의하여 제1항에 따른 결정의 내용을 변경할 수 있다.

③ 위원회는 제1항 또는 제2항에 따른 결정을 하기 전에 신청 상대방의 의견을 들어야 한다.

④ 청구인은 제1항 또는 제2항에 따른 결정에 불복하는 경우 그 결정에 대하여 행정소송을 제기할 수 있다.

⑤ 제1항 또는 제2항에 따른 결정의 효력은 피청구인인 행정청이 소속된 국가·지방자치단체 또는 공공단체에 미치며, 결정서 정본은 제4항에 따른 소송제기와 관계없이 「민사집행법」에 따른 강제집행에 관하여는 집행권원과 같은 효력을 가진다. 이 경우 집행문은 위원장

의 명에 따라 위원회가 소속된 행정청 소속 공무원이 부여한다.

⑥ 간접강제 결정에 기초한 강제집행에 관하여 이 법에 특별한 규정이 없는 사항에 대하여는 「민사집행법」의 규정을 준용한다. 다만, 「민사집행법」 제33조(집행문부여의 소), 제34조(집행문부여 등에 관한 이의신청), 제44조(청구에 관한 이의의 소) 및 제45조(집행문부여에 대한 이의의 소)에서 관할 법원은 피청구인의 소재지를 관할하는 행정법원으로 한다. [본조신설 2017. 4. 18.]

제51조(행정심판 재청구의 금지) 심판청구에 대한 재결이 있으면 그 재결 및 같은 처분 또는 부작위에 대하여 다시 행정심판을 청구할 수 없다.

제7장 전자정보처리조직을 통한 행정심판 절차의 수행

제52조(전자정보처리조직을 통한 심판청구 등) ① 이 법에 따른 행정심판 절차를 밟는 자는 심판청구서와 그 밖의 서류를 전자문서화하고 이를 정보통신망을 이용하여 위원회에서 지정·운영하는 전자정보처리조직(행정심판 절차에 필요한 전자문서를 작성·제출·송달할 수 있도록 하는 하드웨어, 소프트웨어, 데이터베이스, 네트워크, 보안요소 등을 결합하여 구축한 정보처리능력을 갖춘 전자적 장치를 말한다. 이하 같다)을 통하여 제출할 수 있다.

② 제1항에 따라 제출된 전자문서는 이 법에 따라 제출된 것으로 보며, 부본을 제출할 의무는 면제된다.

③ 제1항에 따라 제출된 전자문서는 그 문서를 제출한 사람이 정보통신망을 통하여 전자정보처리조직에서 제공하는 접수번호를 확인하였을 때에 전자정보처리조직에 기록된 내용으로 접수된 것으로 본다.

④ 전자정보처리조직을 통하여 접수된 심판청구의 경우 제27조에 따른 심판청구 기간을 계산할 때에는 제3항에 따른 접수가 되었을

때 행정심판이 청구된 것으로 본다.

⑤ 전자정보처리조직의 지정내용, 전자정보처리조직을 이용한 심판청구서 등의 접수와 처리 등에 관하여 필요한 사항은 국회규칙, 대법원규칙, 헌법재판소규칙, 중앙선거관리위원회규칙 또는 대통령령으로 정한다.

제53조(전자서명등) ① 위원회는 전자정보처리조직을 통하여 행정심판 절차를 밟으려는 자에게 본인(本人)임을 확인할 수 있는 「전자서명법」 제2조제3호에 따른 공인전자서명이나 그 밖의 인증(이하 이 조에서 "전자서명등"이라 한다)을 요구할 수 있다.

② 제1항에 따라 전자서명등을 한 자는 이 법에 따른 서명 또는 날인을 한 것으로 본다.

③ 전자서명등에 필요한 사항은 국회규칙, 대법원규칙, 헌법재판소규칙, 중앙선거관리위원회규칙 또는 대통령령으로 정한다.

제54조(전자정보처리조직을 이용한 송달 등) ① 피청구인 또는 위원회는 제52조제1항에 따라 행정심판을 청구하거나 심판참가를 한 자에게 전자정보처리조직과 그와 연계된 정보통신망을 이용하여 재결서나 이 법에 따른 각종 서류를 송달할 수 있다. 다만, 청구인이나 참가인이 동의하지 아니하는 경우에는 그러하지 아니하다.

② 제1항 본문의 경우 위원회는 송달하여야 하는 재결서 등 서류를 전자정보처리조직에 입력하여 등재한 다음 그 등재 사실을 국회규칙, 대법원규칙, 헌법재판소규칙, 중앙선거관리위원회규칙 또는 대통령령으로 정하는 방법에 따라 전자우편 등으로 알려야 한다.

③ 제1항에 따른 전자정보처리조직을 이용한 서류 송달은 서면으로 한 것과 같은 효력을 가진다.

④ 제1항에 따른 서류의 송달은 청구인이 제2항에 따라 등재된 전자문서를 확인한 때에 전자정보처리조직에 기록된 내용으로 도달한

것으로 본다. 다만, 제2항에 따라 그 등재사실을 통지한 날부터 2주 이내(재결서 외의 서류는 7일 이내)에 확인하지 아니하였을 때에는 등재사실을 통지한 날부터 2주가 지난 날(재결서 외의 서류는 7일이 지난 날)에 도달한 것으로 본다.

⑤ 서면으로 심판청구 또는 심판참가를 한 자가 전자정보처리조직의 이용을 신청한 경우에는 제52조·제53조 및 이 조를 준용한다.

⑥ 위원회, 피청구인, 그 밖의 관계 행정기관 간의 서류의 송달 등에 관하여는 제52조·제53조 및 이 조를 준용한다.

⑦ 제1항 본문에 따른 송달의 방법이나 그 밖에 필요한 사항은 국회규칙, 대법원규칙, 헌법재판소규칙, 중앙선거관리위원회규칙 또는 대통령령으로 정한다.

제8장 보칙

제55조(증거서류 등의 반환) 위원회는 재결을 한 후 증거서류 등의 반환 신청을 받으면 신청인이 제출한 문서·장부·물건이나 그 밖의 증거 자료의 원본(原本)을 지체 없이 제출자에게 반환하여야 한다.

제56조(주소 등 송달장소 변경의 신고의무) 당사자, 대리인, 참가인 등은 주소나 사무소 또는 송달장소를 바꾸면 그 사실을 바로 위원회에 서면으로 또는 전자정보처리조직을 통하여 신고하여야 한다. 제54조제2항에 따른 전자우편주소 등을 바꾼 경우에도 또한 같다.

제57조(서류의 송달) 이 법에 따른 서류의 송달에 관하여는 「민사소송법」 중 송달에 관한 규정을 준용한다.

제58조(행정심판의 고지) ① 행정청이 처분을 할 때에는 처분의 상대방에게 다음 각 호의 사항을 알려야 한다.

1. 해당 처분에 대하여 행정심판을 청구할 수 있는지

2. 행정심판을 청구하는 경우의 심판청구 절차 및 심판청구 기간

② 행정청은 이해관계인이 요구하면 다음 각 호의 사항을 지체 없이 알려주어야 한다. 이 경우 서면으로 알려줄 것을 요구받으면 서면으로 알려주어야 한다.

1. 해당 처분이 행정심판의 대상이 되는 처분인지

2. 행정심판의 대상이 되는 경우 소관 위원회 및 심판청구 기간

제59조(불합리한 법령 등의 개선) ① 중앙행정심판위원회는 심판청구를 심리·재결할 때에 처분 또는 부작위의 근거가 되는 명령 등(대통령령·총리령·부령·훈령·예규·고시·조례·규칙 등을 말한다. 이하 같다)이 법령에 근거가 없거나 상위 법령에 위배되거나 국민에게 과도한 부담을 주는 등 크게 불합리하면 관계 행정기관에 그 명령 등의 개정·폐지 등 적절한 시정조치를 요청할 수 있다. 이 경우 중앙행정심판위원회는 시정조치를 요청한 사실을 법제처장에게 통보하여야 한다. <개정 2016. 3. 29.>

② 제1항에 따른 요청을 받은 관계 행정기관은 정당한 사유가 없으면 이에 따라야 한다.

제60조(조사·지도 등) ① 중앙행정심판위원회는 행정청에 대하여 다음 각 호의 사항 등을 조사하고, 필요한 지도를 할 수 있다.

1. 위원회 운영 실태

2. 재결 이행 상황

3. 행정심판의 운영 현황

② 행정청은 이 법에 따른 행정심판을 거쳐 「행정소송법」에 따른 항고소송이 제기된 사건에 대하여 그 내용이나 결과 등 대통령령으로 정하는 사항을 반기마다 그 다음 달 15일까지 해당 심판청구에 대한 재결을 한 중앙행정심판위원회 또는 제6조제3항에 따라 시·도지사 소속으로 두는 행정심판위원회에 알려야 한다.

③ 제6조제3항에 따라 시·도지사 소속으로 두는 행정심판위원회는 중앙행정심판위원회가 요청하면 제2항에 따라 수집한 자료를 제출하여야 한다.

제61조(권한의 위임) 이 법에 따른 위원회의 권한 중 일부를 국회규칙, 대법원규칙, 헌법재판소규칙, 중앙선거관리위원회규칙 또는 대통령령으로 정하는 바에 따라 위원장에게 위임할 수 있다.

행정심판 관련 각종 서식

[별지 제1호서식]

○ ○ ○ 행 정 심 판 위 원 회
송 달 서

① 사 건	행심 심판청구사건		
② 청 구 인		③ 피 청 구 인	
④ 송 달 서 류			
⑤ 근거 법조문	「행정심판법」 제 조제 항, 같은 법 시행령 제 조제 항		

위와 같이 송달합니다.

.   .   .

○ ○ ○ 행 정 심 판 위 원 회 (인)

귀하

210mm×297mm
[일반용지 60g/㎡(재활용품)]

○ ○ ○ 행 정 심 판 위 원 회
통 지 서

① 사 건	행심 심판청구사건		
② 청 구 인		③ 피 청 구 인	
④ 통 지 사 항			
⑤ 근거 법조문	「행정심판법」 제 조제 항, 같은 법 시행령 제 조제 항		

위와 같이 통지합니다.

. . .

○ ○ ○ 행 정 심 판 위 원 회 (인)

귀하

210mm×297mm
[일반용지 60g/㎡(재활용품)]

① 행심		② 우편번호	
우편송달통지서		③ 발송일	
		④ 요 금	원

⑤ 송달서류	기 관 명	. . .발송
⑥ 송달받을 사람		귀하

⑦ 영수인		
1.	⑧ 송달받을 사람 본인에게 내주었음	
2.	⑨ 송달받을 사람이 부재중이므로 사리를 잘 아는 다음 사람에게 내주었음	
	가. 사무원	
	나. 고용인	
	다. 동거인	
3.	⑩ 다음 사람이 정당한 사유없이 송달받기를 거부하므로 그 장소에 서류를 두었음	
	가. 송달받을 사람	
	나. 사무원	
	다. 고용인	
	라. 동거인	

⑪ 송달 연월일	. . . 시 분	⑫ 배달하지 못한 사유			
		구 분 \ 배달횟수	1회	2회	3회
⑳송 달 장 소		1. 수취인 부재			
		2. 폐문 부재			
위와 같이 송달하였습니다.		3. 수취인 불명			
		4. 주소 불명			
		5. 이사 불명			
. . .		배달일	/	/	/
우편집배원 우체국 [인]		확 인	㉑	㉑	㉑

1. 영수인란에 받은 사람이 서명 또는 날인하게 하시기 바랍니다.
2. 송달장소란에는 시, 군, 읍, 면, 리, 번지를 자세하게 쓰시기 바랍니다.
3. 각 난 중 불필요한 난은 비워 두시기 바랍니다.

210mm×297mm
[일반용지 60g/㎡(재활용품)]

접 수 증

접수번호

① 접 수 내 용	

② 청 구 인		③ 피청구인	

④ 제 출 내 용	

위와 같이 접수하였습니다.

. . .

접수자 ()

○○○행정심판위원회 (인)

210mm×297mm
[일반용지 60g/㎡(재활용품)]

	○○○행정심판위원회 출석통지서		
① 사 건	행심		심판청구사건
② 청구인		③ 피청구인	
④ 출석할 사람			
⑤ 근거 법조문	「행정심판법」 제36조, 제40조제1항		

위 사건에 관하여 귀하의 진술을 청취하고자 하오니 아래와 같이 출석해 주시기 바랍니다.

－ 아   래－

1. 일시: .   .   .   오전:
                                오후:

2. 장소:

.   .   .

○○○행정심판위원회 (인)

귀하

주의사항
1. 문의사항이 있으면 우리 위원회(전화:)로 연락하시기 바랍니다.
2. 출석하실 때에는 이 통지서, 주민등록증, 도장 및 그 밖의 참고자료를 지참하시기 바랍니다.

210mm×297mm
[일반용지 60g/㎡(재활용품)]

○○○ 행 정 심 판 위 원 회
결 정 서

① 사　　건	행심		심판청구사건
② 청 구 인		③ 피 청 구 인	
④ 신 청 인		⑤ 피 신 청 인	
⑥ 주문(主文)			
⑦ 신청취지			
⑧ 근거 법조문	「행정심판법」 제　조제　항, 같은 법 시행령 제　조제　항		

위 사건에 대하여 주문과 같이 결정합니다.

．　　　．　　　．

○○○ 행정심판위원회 (인)

210mm×297mm
[일반용지 60g/㎡(재활용품)]

○○○ 행 정 심 판 위 원 회 위 원 장
결 정 서

① 사　　건	행심　　　　　　　　　　　　　　　　　　심판청구사건		
② 청 구 인		③ 피청구인	
④ 신 청 인		⑤ 피신청인	
⑥ 주　　문			
⑦ 신청취지			
⑧ 근거법조	「행정심판법」 제　　조제　　항, 같은 법 시행령 제　　조제　　항		

　　　　위 사건에 대하여 주문과 같이 결정합니다.

　　　　　　　　　　　　　　　　.　　　　　　　.　　　　　　.

○○○ 행정심판위원회 위원장 (인)

210mm×297mm

[일반용지 60g/㎡(재활용품)]

	○○○행정심판위원회 심판참가 요구서		
① 사 건	행심		심판청구사건
② 청 구 인		③ 피청구인	
④ 참가를 요구받은 자			
⑤ 근거 법조문	「행정심판법」 제21조제1항, 같은 법 시행령 제18조		

　　위 사건의 심리 결과에 대하여 이해관계가 있다고 판단되어 참가를 요구
하오니　　　.　　.　　　.까지 참가 여부를 우리 위원회에 알려 주시기 바
랍니다.

　　　　　　　　　　　　.　　　　.　　　　.

　　　　　　　○○○행정심판위원회 위원장 (인)

　　　　　귀하

210mm×297mm
[일반용지 60g/㎡(재활용품)]

○ ○ ○ 행정심판위원회 보정요구서		
① 사 건	행심 심판청구사건	
② 청 구 인		③ 피청구인
④ 보정할 사항		
⑤ 보정이 필요한 이유		
⑥ 그 밖에 필요한 사항		
⑦ 근거 법조문	「행정심판법」 제32조제1항, 같은 법 시행령 제24조제1항	

　　위와 같이 보정할 것을 요구하오니 　 .　　.　　.까지 「행정심판법 시행규칙」 별지 제36호서식에 따른 보정서를 작성하여 제출하시기 바랍니다.

.　　　　.　　　　.

○ ○ ○ 행정심판위원회 위원장 (인)

　　　　귀하

210mm×297mm
[일반용지 60g/㎡(재활용품)]

<table>
<tr><td colspan="4" align="center">○○○행정심판위원회
증거조사조서</td></tr>
<tr><td>① 사 건</td><td colspan="3">행심

 심판청구사건 </td></tr>
<tr><td>② 청 구 인</td><td></td><td>③ 피청구인</td><td></td></tr>
<tr><td>④ 일 시</td><td>.　　　.　　　.</td><td>⑤ 장 소</td><td></td></tr>
<tr><td>⑥ 참여한 위원</td><td colspan="3"></td></tr>
<tr><td>⑦ 출석한
　당사자 등</td><td colspan="3"></td></tr>
<tr><td>⑧ 증거조사의
　방법 및 대상</td><td colspan="3"></td></tr>
<tr><td>⑨ 조사 결과</td><td colspan="3">별지에 적은 내용과 같음</td></tr>
<tr><td>⑩ 근거 법조문</td><td colspan="3">「행정심판법」 제36조, 같은 법 시행령 제25조제3항부터 제5
항까지</td></tr>
<tr><td colspan="4">위와 같이 증거조사를 하였습니다.

 .　　　.　　　.
　　　　조사자 소속:
　　　　　　　직급:　　　성명　　　　　(서명 또는 인)
　　　　　　○○○행정심판위원회 위원장　　　(서명 또는 인)</td></tr>
</table>

210mm×297mm
[일반용지 60g/㎡(재활용품)]

○○○행정심판위원회 증거자료 영치증명서			
① 사 건	행심 <div align="right">심판청구사건</div>		
② 청 구 인		③ 피 청 구 인	
④ 영 치 일		⑤ 영 치 장 소	
⑥ 제 출 인			
⑦ 영치 목적			
⑧ 영 치 물 건 (품명·수량)			
⑨근 거 법 조	「행정심판법」 제36조제1항		
위와 같이 증거자료를 영치합니다. .　　　.　　　. <div align="center">**○○○행정심판위원회** (인)</div>			

210mm×297mm
[일반용지 60g/㎡(재활용품)]

○○○행정심판위원회
감정의뢰서

① 사 건	행심 심판청구사건		
② 청 구 인		③ 피청구인	
④ 감정의 대상			
⑤ 감 정 사 항			
⑥ 참 고 사 항			
⑦ 근거 법조문	「행정심판법」　제36조제1항		

　　위와 같이 감정을 의뢰하오니 「행정심판법 시행규칙」　별지 제13호서식에 따른 감정통보서를 작성하여　　　.　　　.　　　.까지 그 결과를 알려 주시기 바랍니다.

　　　　　　　　　　.　　　.　　　.

○○○행정심판위원회 (인)

　　　귀하

210mm×297mm
[일반용지 60g/㎡(재활용품)]

감정통지서			
① 사 건	행심 심판청구사건		
② 청 구 인		③ 피청구인	
④ 감정의 대상			
⑤ 감 정 사 항			
⑥ 감 정 의 견	별지에 적은 내용과 같음		
⑦ 참 고 사 항			
⑧ 감 정 인	직위: 성명:		
⑨ 감정료 지급계좌	은행명: 예금주:　　　　　　　(주민등록번호　　　－　　　　) 계좌번호:		
⑩ 근거 법조문	「행정심판법」　제36조제1항		

　위와 같이 감정의견을 알려 드립니다.

　　　　　　　　　　　.　　　　.　　　.

　　　　　　　　　감정인　　　　　　(서명 또는 날인)

○○○행정심판위원회 귀중

210mm×297mm
[일반용지 60g/㎡(재활용품)]

\<center\>○○○행정심판위원회\</center\>\<center\>증거조사 촉탁서\</center\>	

① 사 건	행심 \<br\> 심판청구사건
② 청 구 인	③ 피청구인
④ 증거조사의 대상	
⑤ 증거조사 사항	
⑥ 참고사항	
⑦ 근거 법조문	「행정심판법」 제36조제2항, 같은 법 시행령 제25조제5항

　

　

　

위와 같이 증거조사를 촉탁하오니 「행정심판법 시행규칙」 별지 제10호서식에 따른 증거조사조서를 작성하여 　 . 　 . 　 .까지 알려 주시기 바랍니다.

　 . 　 . 　 .

\<center\>**○○○행정심판위원회** (인)\</center\>

귀하

　

210mm×297mm
[일반용지 60g/㎡(재활용품)]

○○○ 행정심판위원회 서면심리 통지서			
① 사 건	행심 　　　　　　　　　　　　심판청구사건		
② 청구인		③ 피청구인	
④ 신 청 인			
⑤ 신청 취지			
⑥ 근거 법조문	「행정심판법」 제40조제2항		

　　귀하의 구술심리 신청에 대하여 우리 위원회는 서면심리만으로 결정할 수 있다고 인정하여 서면심리를 하게 되었음을 알려 드립니다.

．　　　　　．　　　　　．

○○○ 행정심판위원회 위원장 (인)

　　　　귀하

○○○ 행정심판위원회
재 결 서

① 사 건	행심	심판청구사건	
청 구 인	② 이 름		
	③ 주 소		
선정대표자·관리인·대리인	④ 이 름		
	⑤ 주 소		
⑥ 피청구인		⑦ 참 가 인	
⑧ 주 문			
⑨ 청구 취지			
⑩ 이 유	별지에 적은 내용과 같음		
⑪ 근거 법조문	「행정심판법」 제46조		

위 사건에 대하여 주문과 같이 재결합니다.

· · ·

○○○ 행정심판위원회 (인)

210mm×297mm
[일반용지 60g/㎡(제활용품)]

([ ]승계)집 행 문

사 건	행심	
		간접강제사건

이 정본은 위원장의 명에 따라 피신청인(○○○ 또는 ○○○의 승계인 △△△)에 대한 강제집행을 실시하기 위하여 신청인(××× 또는 ×××의 승계인 □□□)에게 내어 준다.

<유의사항>

※ 이 집행문은 간접강제 (변경)결정서 정본과 분리하여서는 사용할 수 없습니다.

년 월 일

○○○행정심판위원회
○○○ 부서의 장 [직인]

210mm×297mm[백상지(150g/㎡)]

○○○행정심판위원회 회 의 록	
① 사 건	행심 　　　　　　　　심판청구사건 외　　건
② 일 시	
③ 장 소	
④ 참 석 위 원	
⑤ 회 의 내 용	별지에 적은 내용과 같음
⑥ 근거 법조문	「행정심판법 시행령」 제28조

위 사건들에 관한 　　년도 제 　　회 ○○○행정심판위원회의 회의록을 작성합니다.

○○○행정심판위원회 위원장 (서명 또는 인)

210mm×297mm
[일반용지 60g/㎡(재활용품)]

■ 행정심판법 시행규칙 [별지 제18호서식] <개정 2012.9.20>

행정심판위원회 위원 [ ] 제척 [ ] 기피 신청서

접수번호		접수일	
사건명			
청구인	성명		
	주소		
피청구인			
신청 취지			
신청 원인			
소명 방법			

「행정심판법」 제10조 및 같은 법 시행령 제12조에 따라 위와 같이 신청합니다.

년   월   일

신청인   (서명 또는 인)

○○행정심판위원회 귀중

첨부서류	없음		수수료 없음
처리 절차			

신청서 작성	→	접수	→	결정	→	송달
신청인		○○행정심판위원회		○○행정심판위원장		

210mm×297mm[백상지 80g/㎡]

■ 행정심판법 시행규칙 [별지 제19호서식] <개정 2012.9.20>

선정대표자 선정서

접수번호	접수일	
사건명		
청구인	○○○외 ○명	
피청구인		

선정대표자	성명	
	주소	
	성명	
	주소	
	성명	
	주소	

「행정심판법」 제15조제1항에 따라 위와 같이 선정대표자를 선정합니다.

년   월   일

선정인   (서명 또는 인)

○○행정심판위원회 귀중

첨부서류	없음	수수료 없음

처리 절차		
선정서 작성	→	접수
선정인		○○행정심판위원회

210㎜×297㎜[백상지 80g/㎡]

선정대표자 해임서

접수번호		접수일	
사건명			
청구인	○○○외 ○명		
피청구인			
해임된 선정대표자	성명		
	주소		
	성명		
	주소		
	성명		
	주소		

「행정심판법」 제15조제5항에 따라 위와 같이 선정대표자를 해임합니다.

년   월   일

해임인   (서명 또는 인)

○○행정심판위원회 귀중

첨부서류	없음	수수료 없음

처리 절차		
해임서 작성	→	접수
해임인		○○행정심판위원회

210mm×297mm[백상지 80g/㎡]

■ 행정심판법 시행규칙 [별지 제21호서식] <개정 2012.9.20>

청구인 지위 승계 신고서

접수번호		접수일	
사건명			
청구인	성명		
	주소		
피청구인			
승계인	성명		
	주민등록번호(외국인등록번호)		
	주소		
승계 원인			
증명 방법			

「행정심판법」 제16조제3항에 따라 위와 같이 신고합니다.

년   월   일

신고인   (서명 또는 인)

○○행정심판위원회 귀중

첨부서류	사망 등에 의한 권리·이익의 승계 또는 합병 사실을 증명하는 서류	수수료 없음

처리 절차

신고서 작성	→	접수
신고인		○○행정심판위원회

210mm×297mm[백상지 80g/㎡]

■ 행정심판법 시행규칙 [별지 제22호서식] <개정 2012.9.20>

청구인 지위 승계 허가신청서

접수번호		접수일		
사건명				
청구인	성명			
	주소			
피청구인				
승계인	성명			
	주민등록번호(외국인등록번호)			
	주소			
승계 원인				
증명 방법				

「행정심판법」 제16조제5항에 따라 위와 같이 허가를 신청합니다.

년   월   일

신청인   (서명 또는 인)

○○행정심판위원회 귀중

첨부서류	없음	수수료 없음

처리 절차			
신청서 작성	접수	결정	송달
신청인	○○행정심판위원회	○○행정심판위원회	

210mm×297mm[백상지 80g/㎡]

■ 행정심판법 시행규칙 [별지 제23호서식] <개정 2012.9.20>

00행정심판위원회 결정에 대한 이의신청서

접수번호	접수일	
사건명		
청구인	성명	
	주소	
피청구인		
신청대상 결정의 종류	[ ] 청구인 지위 승계 불허가 결정	
	[ ] 피청구인 경정 불허가 결정	
	[ ] 심판참가 불허가 결정	
	[ ] 청구변경 불허가 결정	
결정 일자		
결정서 수령일		
이의신청 취지		
이의신청 이유		
소명 방법		

「행정심판법」 제16조제8항·제17조제6항 제20조제6항 제29조제7항 및 같은 법 시행령 제
14조제1항·제15조제3항·제17조·제21조에 따라 귀 위원회의 결정에 대하여 이의신청합니
다.

년   월   일

신청인   (서명 또는 인)

○○행정심판위원회 귀중

첨부서류	이의신청 이유를 소명할 수 있는 서류	수수료 없음

처리 절차			

신청서 작성	→	접수	→	결정	→	통지
신청인		○○행정심판위원회		○○행정심판위원회		

210mm×297mm[백상지 80g/㎡]

■ 행정심판법 시행규칙 [별지 제24호서식] <개정 2012.9.20>

피청구인 경정신청서

접수번호		접수일	
사건명			
청구인	성명		
	주소		
피청구인			
신청 취지			
신청 이유			

「행정심판법」 제17조제2항·제5항 및 같은 법 시행령 제15조제1항에 따라 위와 같이 신청합니다.

년　월　일

신청인　　　　　　　(서명 또는 인)

○○행정심판위원회 귀중

첨부서류	없음		수수료 없음

처리 절차			
신청서 작성 →	접수 →	결정 →	통지
신청인	○○행정심판위원회	○○행정심판위원회	

210mm×297mm[백상지 80g/㎡]

■ 행정심판법 시행규칙 [별지 제25호서식] <개정 2012.9.20>

대리인 선임서(위임장)

접수번호	접수일	
사건명		
청구인	성명	
	주소	
피청구인		
대리인이 될 자	성명	
	주소	
	주민등록번호(법인등록번호, 외국인등록번호)	
선임 이유		
대리인과의 관계		
증명 방법		

「행정심판법」 제18조에 따라 위와 같이 대리인을 선임합니다.

년   월   일

선임인   (서명 또는 인)

○○행정심판위원회 귀중

첨부서류	없음	수수료 없음

처리 절차	
선임서 작성	접수
선임인	○○행정심판위원회

210mm×297mm[백상지 80g/㎡]

■ 행정심판법 시행규칙 [별지 제26호서식] <개정 2012.9.20>

대리인 선임 허가신청서

접수번호		접수일	
사건명			
청구인	성명		
	주소		
피청구인			
대리인이 될 자	성명		
	주소		
	주민등록번호(법인등록번호, 외국인등록번호)		
선임 이유			
대리인과의 관계			
증명 방법			

「행정심판법」 제18조제1항·제2항 및 같은 법 시행령 제16조에 따라 위와 같이 대리인 선임 허가를 신청합니다.

년   월   일

신청인   (서명 또는 인)

○○행정심판위원회 귀중

첨부서류	없음	수수료 없음

처리 절차

신청서 작성	→	접수	→	결정	→	통지
신청인		○○행정심판위원회		○○행정심판위원회		

210mm×297mm[백상지 80g/㎡]

대리인 해임서

접수번호	접수일	

사건명		
청구인	성명	
	주소	
피청구인		
해임된 대리인	성명	
	주소	

「행정심판법」 제18조제3항에 따라 위와 같이 대리인을 해임합니다.

년   월   일

해임인   (서명 또는 인)

○○행정심판위원회 귀중

첨부서류	없음	수수료 없음

처리 절차		
해임서 작성	→	접수
해임인		○○행정심판위원회

210mm×297mm[백상지 80g/㎡]

■ 행정심판법 시행규칙 [별지 제27호의2서식] <개정 2020. 6. 19.>

국선대리인 선임 신청서

※ [ ]에는 해당되는 곳에 √표시를 합니다.

사건명(사건번호)		

청 구 인	성명	주민등록번호
	주소	
	연락처(전화번호, 휴대전화번호)	

국선대리인 선임 신청 요건	[ ] 1. 「국민기초생활 보장법」 제2조제2호에 따른 수급자
	[ ] 2. 「한부모가족지원법」 제5조 및 제5조의2에 따른 지원대상자
	[ ] 3. 「기초연금법」 제2조제3호에 따른 기초연금 수급자
	[ ] 4. 「장애인연금법」 제2조제4호에 따른 수급자
	[ ] 5. 「북한이탈주민의 보호 및 정착지원에 관한 법률」 제2조제2호에 따른 보호대상자
	[ ] 6. 그 밖에 위원장이 경제적 능력으로 인하여 대리인을 선임할 수 없다고 인정하는 사람

「행정심판법」 제18조의2제1항, 같은 법 시행령 제16조의2 및 같은 법 시행규칙 제5조제3항제10호의2에 따라 위와 같이 국선대리인의 선임을 신청합니다.

20   년   월   일

신청인   (서명 또는 인)

○○○행정심판위원회 귀중

신청인 첨부 서류		
3. 「기초연금법」 제2조제3호에 따른 기초연금 수급자	「기초연금법」 제2조제3호에 따른 기초연금 수급자임을 소명하는 서류	수수료 없음
5. 「북한이탈주민의 보호 및 정착지원에 관한 법률」 제2조제2호에 따른 보호대상자	「북한이탈주민의 보호 및 정착지원에 관한 법률」 제2조제2호에 따른 보호대상자임을 소명하는 서류	

행정정보 공동이용 동의서
본인은 이 건의 업무처리와 관련하여 담당공무원이 「전자정부법」 제36조제1항에 따른 행정정보의 공동이용을 통하여 본인에 대한 「행정심판법 시행령」 제16조의2제1항 다음 각 호의 사항을 확인하는 것에 동의합니다(해당하는 곳에 √표시를 합니다). [ ] 1. 「국민기초생활 보장법」제2조제2호에 따른 수급자임을 소명하는 서류 [ ] 2. 「한부모가족지원법」 제5조 및 제5조의2에 따른 지원대상자임을 소명하는 서류 [ ] 4. 「장애인연금법」 제2조제4호에 따른 수급자임을 소명하는 서류 [ ] 6. 관련 소명서류 중 국세청 소득금액증명 　* 동의하지 않는 경우에는 신청인이 직접 관련 서류를 제출해야 합니다.

신청인   (서명 또는 인)

처리 절차			
신청서 작성	→ 접수	→ 선정 여부 결정	→ 통지
신청인	○○행정심판위원회	○○행정심판위원회 위원장	

210mm×297mm[백상지(80g/㎡)]

■ 행정심판법 시행규칙 [별지 제28호서식] <개정 2012.9.20>

대표자 등의 자격상실 신고서

접수번호		접수일	
구분	[ ] 대표자　　[ ] 관리인　　[ ] 선정대표자　　[ ] 대리인		
사건명			
청구인	성명		
	주소		
피청구인			
대표자	성명		
	주소		
자격상실일			
자격상실 사유			
증명 방법			

「행정심판법」 제19조제2항에 따라 위와 같이 대표자 등의 자격상실을 신고합니다.

년　　월　　일

신고인　　　　　　　(서명 또는 인)

○○행정심판위원회 귀중

첨부서류	대표자 등의 자격상실을 소명할 수 있는 자료	수수료 없음

처리 절차		

신고서 작성	→	접수
신고인		○○행정심판위원회

210mm×297mm[백상지 80g/㎡]

■ 행정심판법 시행규칙 [별지 제29호서식] <개정 2012.9.20>

심판참가 허가신청서

접수번호		접수일	
사건명			
청구인	성명		
	주소		
피청구인			
참가 신청인	성명		
	주소		
	주민등록번호(외국인등록번호)		
신청 취지			
신청 이유			

「행정심판법」 제20조제2항에 따라 위와 같이 심판참가 허가를 신청합니다.

년   월   일

신청인   -   (서명 또는 인)

○○행정심판위원회 귀중

| 첨부서류 | 없음 | | 수수료
없음 |
|---|---|---|---|

처리 절차			

신청서 작성	➡	접수	➡	결정	➡	통지
신청인		○○행정심판위원회		○○행정심판위원회		

210mm×297mm[백상지 80g/㎡]

행정심판 청구서

접수번호		접수일	
청구인	성명		
	주소		
	주민등록번호(외국인등록번호)		
	전화번호		
[　] 대표자 [　] 관리인 [　] 선정대표자 [　] 대리인	성명		
	주소		
	주민등록번호(외국인등록번호)		
	전화번호		
피청구인			
소관 행정심판위원회	[　] 중앙행정심판위원회　　　[　] ○○시·도행정심판위원회　　　[　] 기타		
처분 내용 또는 부작위 내용			
처분이 있음을 안 날			
청구 취지 및 청구 이유	별지로 작성		
처분청의 불복절차 고지 유무			
처분청의 불복절차 고지 내용			
증거 서류			

「행정심판법」 제28조 및 같은 법 시행령 제20조에 따라 위와 같이 행정심판을 청구합니다.

년　　　월　　　일

청구인　　　　　　　　　(서명 또는 인)

○○행정심판위원회 귀중

첨부서류	1. 대표자, 관리인, 선정대표자 또는 대리인의 자격을 소명하는 서류(대표자, 　관리인,선정대표자 또는 대리인을 선임하는 경우에만 제출합니다.) 2. 주장을 뒷받침하는 증거서류나 증거물	수수료 없음

처리 절차

청구서 작성	→	접수	→	재결	→	송달
청구인		○○행정심판위원회		○○행정심판위원회		

210mm×297mm[백상지 80g/㎡]

■ 행정심판법 시행규칙 [별지 제31호서식] <개정 2012.9.20>

청구변경신청서

접수번호		접수일	
사건명			
청구인	성명		
	주소		
피청구인			
변경 대상	[ ] 청구 취지 [ ] 청구 이유		
변경 내용			

「행정심판법」 제29조에 따라 위와 같이 청구변경을 신청합니다.

년   월   일

신청인   (서명 또는 인)

○○행정심판위원회 귀중

첨부서류	없음		수수료 없음
처리 절차			

신청서 작성	→	접수	→	결정	→	송달
신청인		○○행정심판위원회		○○행정심판위원회		

210mm×297mm[백상지 80g/㎡]

■ 행정심판법 시행규칙 [별지 제32호서식] <개정 2012.9.20>

집행정지결정 취소신청서

접수번호		접수일	
사건명			
청구인	성명		
	주소		
피청구인			
집행정지 결정일			
신청인	성명		
	주소		
신청 취지			
신청 원인			
소명 방법			

「행정심판법」 제30조제5항에 따라 위와 같이 집행정지결정의 취소를 신청합니다.

년   월   일

신청인   (서명 또는 인)

○○행정심판위원회 귀중

첨부서류	신청의 이유를 소명하는 서류 또는 자료	수수료 없음

처리 절차			

신청서 작성	→	접수	→	결정	→	송달
신청인		○○행정심판위원회		○○행정심판위원회		

210mm×297mm[백상지 80g/㎡]

집행정지신청서

접수번호		접수일	
사건명			
신청인	성명		
	주소		
피신청인			
신청 취지			
신청 원인			
소명 방법			

「행정심판법」 제30조제5항 및 같은 법 시행령 제22조제1항에 따라 위와 같이 집행정지를 신청합니다.

년   월   일

신청인   (서명 또는 인)

○○행정심판위원회 귀중

첨부서류	1. 신청의 이유를 소명하는 서류 또는 자료 2. 행정심판청구와 동시에 집행정지 신청을 하는 경우에는 심판청구서 사본과 접수증명서	수수료 없음

처리 절차			

신청서 작성 → 접수 → 결정 → 송달

신청인   ○○행정심판위원회   ○○행정심판위원회

210mm×297mm[백상지 80g/㎡]

■ 행정심판법 시행규칙 [별지 제34호서식] <개정 2012.9.20>

임시처분 신청서

접수번호	접수일	
사건명		
신청인	성명	
	주소	
피신청인		
신청 취지		
신청 원인		
소명 방법		

「행정심판법」 제31조제2항에 따라 위와 같이 임시처분을 신청합니다.

년   월   일

신청인   (서명 또는 인)

○○행정심판위원회 귀중

첨부서류	1. 신청의 이유를 소명하는 서류 또는 자료 2. 행정심판청구와 동시에 임시처분 신청을 하는 경우에는 심판청구서 사본과 접수증명서	수수료 없음

처리 절차

신청서 작성	→	접수	→	결정	→	송달
신청인		○○행정심판위원회		○○행정심판위원회		

210mm×297mm[백상지 80g/㎡]

■ 행정심판법 시행규칙 [별지 제35호서식] <개정 2012.9.20>

임시처분 취소신청서

접수번호		접수일	
사건명			
청구인	성명		
	주소		
피청구인			
임시처분 결정일			
신청 취지			
신청 원인			
소명 방법			

「행정심판법」 제31조제2항에 따라 위와 같이 임시처분의 취소를 신청합니다.

년   월   일

신청인   (서명 또는 인)

○○행정심판위원회 귀중

첨부서류	신청의 이유를 소명하는 서류 또는 자료	수수료 없음

처리 절차

신청서 작성	→	접수	→	결정	→	송달
신청인		○○행정심판위원회		○○행정심판위원회		

210mm×297mm[백상지 80g/㎡]

심판청구 보정서

접수번호		접수일	
사건명			
청구인	성명		
	주소		
피청구인			
보정을 요구받은 사항			
보정 사항			
보정 이유			

「행정심판법」 제32조제2항에 따라 위와 같이 보정합니다.

년   월   일

보정인   (서명 또는 인)

○○행정심판위원회 귀중

첨부서류	다른 당사자의 수 만큼의 보정서 부본	수수료 없음

처리 절차		

보정서 작성	→	접수
보정인		○○행정심판위원회

210mm×297mm[백상지 80g/㎡]

■ 행정심판법 시행규칙 [별지 제37호서식] <개정 2012.9.20>

증거서류 등 제출서

접수번호	접수일	
사건명		

청구인	성명
	주소

피청구인	

구분	[ ] 증거서류　　　　[ ] 증거물

제출 내용	

「행정심판법」 제34조제1항에 따라 위와 같이 증거서류(증거물)를 제출합니다.

년　　월　　일

제출인　　　　　　　　　　　　　　(서명 또는 인)

○○행정심판위원회 귀중

첨부서류	증거서류 또는 증거물(이 경우 증거서류는 다른 당사자의 수 만큼 증거서류 부본을 함께 제출하여야 합니다)	수수료 없음

처리 절차		

증거서류 등 작성 · 제출	→	접수
제출인		○○행정심판위원회

210mm×297mm[백상지 80g/㎡]

증거조사 신청서

접수번호		접수일	
사건명			
청구인	성명		
	주소		
피청구인			
증명할 사실			
증거 방법			

「행정심판법」 제36조제1항 및 같은 법 시행령 제25조제1항에 따라 위와 같이 증거조사를 신청합니다

년   월   일

신청인   (서명 또는 인)

○○행정심판위원회 귀중

첨부서류	증거조사 관련 서류	수수료 없음

처리 절차	
신청서 작성	접수
신청인	○○행정심판위원회

210mm×297mm[백상지 80g/㎡]

■ 행정심판법 시행규칙 [별지 제39호서식] <개정 2012.9.20>

구술심리 신청서

접수번호	접수일	

사건명	

| 청구인 | 성명 |
| | 주소 |

피청구인	

신청 취지	

신청 이유	

「행정심판법」 제40조제1항 단서 및 같은 법 시행령 제27조에 따라 위와 같이 구술심리를 신청합니다

년   월   일

신청인   (서명 또는 인)

○○행정심판위원회 귀중

첨부서류	없음	수수료 없음

처리 절차		

신청서 작성 ➡ 접수 ➡ 결정 ➡ 통지

신청인   ○○행정심판위원회   ○○행정심판위원회

210mm×297mm[백상지 80g/㎡]

■ 행정심판법 시행규칙 [별지 제40호서식] <개정 2012.9.20>

심판청구 취하서

접수번호		접수일	
사건명			
청구인	성명		
	주소		
피청구인			
청구인과의 관계	[ ] 본인 [ ] 대표자 [ ] 관리인 [ ] 선정대표자 [ ] 대리인		
취하 취지			
취하 이유			

「행정심판법」 제15조제3항, 제42조제1항·3항 및 같은 법 시행령 제30조에 따라 위와 같이 심판청구를 취하합니다.

년   월   일

취하인   (서명 또는 인)

○○행정심판위원회 귀중

첨부서류	선정대표자가 취하하는 경우에는 다른 청구인들의 취하 동의서	수수료 없음

처리 절차		
취하서 작성	→	접수
취하인		○○행정심판위원회

210mm×297mm[백상지 80g/㎡]

■ 행정심판법 시행규칙 [별지 제41호서식] <개정 2012.9.20>

심판참가신청 취하서

접수번호	접수일	
사건명		
청구인	성명	
	주소	
피청구인		
참가인		
참가인과의 관계	[ ] 본인 [ ] 대표자 [ ] 관리인 [ ] 선정대표자 [ ] 대리인	
취하 취지		
취하 이유		

「행정심판법」 제42조제2항·3항 및 같은 법 시행령 제30조에 따라 위와 같이 심판참가신청을 취하합니다

년   월   일

취하인   (서명 또는 인)

○○행정심판위원회 귀중

첨부서류	없음	수수료 없음

처리 절차	
취하서 작성	접수
취하인	○○행정심판위원회

210mm×297mm[백상지 80g/㎡]

■ 행정심판법 시행규칙 [별지 제42호서식] <개정 2012.9.20>

의무이행심판 인용재결 이행신청서

접수번호		접수일	
사건명			
청구인	성명		
	주소		
피청구인			
재결서 정본 수령일			
재결불이행을 안 날			

「행정심판법」 제50조제1항에 따라 위와 같이 의무이행심판 인용재결의 이행을 신청합니다.

년 월 일

신청인 (서명 또는 인)

○○행정심판위원회 귀중

첨부서류	없음		수수료 없음

처리 절차		
신청서 작성	➡	접수
신청인		○○행정심판위원회

210mm×297mm[백상지 80g/㎡]

■ 행정심판법 시행규칙 [별지 제42호의2서식] <신설 2017. 10. 19.>

간접강제 신청서

※ 색상이 어두운 란은 신청인이 적지 않습니다.

접수번호	접수일시	처리기간
심판청구 사건명		
신청인	성명	
	주소	
피신청인		
신청 취지		
신청 이유		
소명 방법		

「행정심판법」 제50조의2제1항 및 같은 법 시행령 제33조의2제1항에 따라 위와 같이 간접강제를 신청합니다.

년   월   일

신청인   (서명 또는 인)

○○행정심판위원회   귀중

첨부서류	신청의 이유를 소명하는 서류 또는 자료	수수료 없 음

처 리 절 차			
신청서 작성 →	접수 →	결정 →	송달
신청인	처 리 기 관 : ○○행정심판위원회		

210mm×297mm[백상지(80g/㎡) 또는 중질지(80g/㎡)]

■ 행정심판법 시행규칙 [별지 제42호의3서식] <신설 2017. 10. 19.>

간접강제결정 변경신청서

※ 색상이 어두운 란은 신청인이 적지 않습니다.

접수번호	접수일시	처리기간

간접강제 결정명	
신청인	성명
	주소
피신청인	
간접강제 결정 일	
변경신청인	성명
	주소
신청 취지	
신청 이유	
소명 방법	

「행정심판법」 제50조의2제2항 및 같은 법 시행령 제33조의2제1항에 따라 위와 같이 간접강제결정의 변경을 신청합니다.

년   월   일

신청인   (서명 또는 인)

○○행정심판위원회 귀중

첨부서류	신청의 이유를 소명하는 서류 또는 자료	수수료 없음

처 리 절 차						
신청서 작성	→	접수	→	결정	→	송달
신청인		처 리 기 관 : ○○행정심판위원회				

210mm×297mm[백상지(80g/㎡) 또는 중질지(80g/㎡)]

집행문부여 신청서

※ 색상이 어두운 란은 신청인이 적지 않습니다.

접수번호	접수일시	처리기간

간접강제(변경) 결정명	

신청인	성명
	주소

피신청인	

신청 취지	위 당사자 간 사건의 간접강제 (변경)결정서 정본에 집행문을 부여하여 주시기 바랍니다.

신청 이유	

「행정심판법」 제50조의2제5항에 따라 위와 같이 집행문 부여를 신청합니다.

년   월   일

신청인   (서명 또는 인)

○○행정심판위원회   귀중

첨부서류	1. 간접강제 (변경)결정서 정본 2. 대리인에 의하여 절차를 밟는 경우 그 대리권을 증명하는 서류	수수료 없음

처 리 절 차			
신청서 작성	접수	명령	부여
신청인	○○행정심판위원회	○○행정심판위원장	담당부서장

210mm×297mm[백상지(80g/㎡) 또는 중질지(80g/㎡)]

■ 행정심판법 시행규칙 [별지 제42호의5서식] <신설 2017. 10. 19.>

승계집행문 부여신청서

※ 색상이 어두운 란은 신청인이 적지 않습니다.

접수번호		접수일시	처리기간
간접강제 결정명			
신청인	성명		
	주소		
피신청인			
승계인	성명		
	주민등록번호(외국인등록번호, 법인등록번호)		
	주소		
신청 취지	위 사건에 관하여 ○○○의 승계인 △△△를 위하여(또는 ×××의 승계인 □□□에 대하여) 승계집행문을 부여하여 주시기 바랍니다.		
신청 이유			

「행정심판법」 제50조의2제6항 및 「민사집행법」 제31조에 따라 위와 같이 승계집행문 부여를
신청합니다.

년   월   일

신청인

(서명 또는 인)

○○행정심판위원회   귀중

첨부서류	승계사실을 증명하는 서류	수수료 없음

처 리 절 차						
신청서 작성	→	접수	→	명령	→	부여
신청인		○○행정심판위원회		○○행정심판위원장		담당부서장

210mm×297mm[백상지(80g/㎡) 또는 중질지(80g/㎡)]

■ 행정심판법 시행규칙 [별지 제43호서식] <개정 2012.9.20>

증거서류 등 반환신청서

접수번호		접수일	
사건명			
청구인	성명		
	주소		
피청구인			
제출인	성명		
	주소		
반환신청 물건 (품목, 수량)			

「행정심판법」 제55조에 따라 위와 같이 위와 같이 반환을 신청합니다.

년   월   일

신청인   (서명 또는 인)

○○행정심판위원회 귀중

첨부서류	없음	수수료 없음

처리 절차		
신청서 작성	→	접수
신청인		○○행정심판위원회

210mm×297mm[백상지 80g/㎡]

재결경정신청서

접수번호		접수일	
사건명			
청구인	성명		
	주소		
피청구인			
재결일			
신청 취지			
신청 이유			

「행정심판법 시행령」 제31조제1항에 따라 위와 같이 재결경정을 신청합니다.

년   월   일

신청인   (서명 또는 인)

○○행정심판위원회 귀중

첨부서류	없음	수수료 없음

처리 절차						
신청서 작성	→	접수	→	결정	→	송달
신청인		○○행정심판위원회		○○행정심판위원회		

210mm×297mm[백상지 80g/㎡]

※ [별지 제45호]부터 [별지 제48호]까지는 생략

주요 행정심판위원회 인터넷 주소

❯ 중앙행정심판위원회 등 국가행정기관

중앙행정심판위원회(center.simpan.go.kr)

장기요양심판위원회(longtermcare.simpan.go.kr)

국가인권위원회 행정심판위원회(nhrc.simpan.go.kr)

건강보험분쟁조정위원회(hi.simpan.go.kr)

방송통신위원회 행정심판위원회(kcc.simpan.go.kr)

지리적표시심판위원회(pgi.simpan.go.kr)

헌법재판소사무처 행정심판위원회(ccourt.simpan.go.kr)

소청심사위원회(sochung.mpm.go.kr)

❯ 시 · 도 행정심판위원회

강원도 행정심판위원회(gw.simpan.go.kr)

경기도 행정심판위원회(gg.simpan.go.kr)

경상남도 행정심판위원회(gsnd.simpan.go.kr)

경상북도 행정심판위원회(gb.simpan.go.kr)

광주광역시 행정심판위원회(gwangju.simpan.go.kr)

대구광역시 행정심판위원회(daegu.simpan.go.kr)

대전광역시 행정심판위원회(daejeon.simpan.go.kr)

부산광역시 행정심판위원회(busan.simpan.go.kr)

서울특별시 행정심판위원회(seoul.simpan.go.kr)

세종특별자치시 행정심판위원회(sejong.simpan.go.kr)

울산광역시 행정심판위원회(ulsan.simpan.go.kr)

인천광역시 행정심판위원회(incheon.simpan.go.kr)

전라남도 행정심판위원회(jeonnam.simpan.go.kr)

전라북도 행정심판위원회(jb.simpan.go.kr)

제주특별자치도 행정심판위원회(jeju.simpan.go.kr)

충청남도 행정심판위원회(ccnd.simpan.go.kr)

충청북도 행정심판위원회(cc21.simpan.go.kr)

▶ 시 · 도 교육청 행정심판위원회

강원도 교육청 행정심판위원회(gwe.simpan.go.kr)

경기도 교육청 행정심판위원회(goe.simpan.go.kr)

경상남도 교육청 행정심판위원회(gne.simpan.go.kr)

경상북도 교육청 행정심판위원회(gbe.simpan.go.kr)

광주광역시 교육청 행정심판위원회(gen.simpan.go.kr)

대구광역시 교육청 행정심판위원회(dge.simpan.go.kr)

대전광역시 교육청 행정심판위원회(dje.simpan.go.kr)

부산광역시 교육청 행정심판위원회(bse.simpan.go.kr)

서울특별시 교육청 행정심판위원회(sen.simpan.go.kr)

세종특별자치시 교육청 행정심판위원회(sje.simpan.go.kr)

울산광역시 교육청 행정심판위원회(use.simpan.go.kr)

인천광역시 교육청 행정심판위원회(ice.simpan.go.kr)

전라남도 교육 · 학예에관한 행정심판위원회(jne.simpan.go.kr)

전라북도 교육청 행정심판위원회(jbe.simpan.go.kr)

제주특별자치도 교육청 행정심판위원회(jje.simpan.go.kr)

충청남도 교육청 행정심판위원회(cne.simpan.go.kr)

충청북도 교육청 행정심판위원회(cbe.simpan.go.kr)

❯ 교정청 행정심판위원회

서울지방교정청 행정심판위원회(seoulcorr.simpan.go.kr)
대전지방교정청 행정심판위원회(daejeoncorr.simpan.go.kr)
광주지방교정청 행정심판위원회(gwangjucorr.simpan.go.kr)
대구지방교정청 행정심판위원회(dkcorr.simpan.go.kr)

❯ 검찰청 행정심판위원회

서울고등검찰청 행정심판위원회(seoulspo.simpan.go.kr)
대전고등검찰청 행정심판위원회(djpros.simpan.go.kr)
부산고등검찰청 행정심판위원회(busanspo.simpan.go.kr)
광주고등검찰청 행정심판위원회(gjpros.simpan.go.kr)
대구고등검찰청 행정심판위원회(dkpros.simpan.go.kr)
수원고등검찰청 행정심판위원회(suwonspo.simpan.go.kr)

찾아보기

[지은이]

박태식 변호사

광주에서 태어나 광주 대동고등학교, 한양대학교 법학과, 전남대학교 법학전문대학원을 졸업했다. 2012년부터 광주광역시청에서 행정심판위원회·소청심사위원회 운영, 납세자 보호, 법률자문, 소송사무 처리, 무료법률상담실 운영 등의 업무를 맡고 있다. 행정심판 관련 공로를 인정받아 국민권익위원장 표창을 받기도 했다.

현장에서 바로 쓰는
행정심판 설명서

초판발행	2021년 1월 3일
초판2쇄 발행	2021년 1월 20일
지은이	박태식
펴낸이	안종만 · 안상준
편 집	이면희
기획/마케팅	이후근
표지디자인	BEN STORY
제 작	고철민 · 조영환
펴낸곳	(주) **박영사**
	서울특별시 금천구 가산디지털2로 53, 210호(가산동, 한라시그마밸리)
	등록 1959. 3. 11. 제300-1959-1호(倫)
전 화	02)733-6771
f a x	02)736-4818
e-mail	pys@pybook.co.kr
homepage	www.pybook.co.kr
ISBN	979-11-303-1081-7 03350

copyright©박태식, 2021, Printed in Korea

정 가	23,000원